大數據時代的
必勝競爭力

大數據時代最欠缺的人才──
正確**分析與解讀數字**的能力！

一次搞懂
統計與分析

献給我們的妻子
瑪莉蓮和瑪莉

献給我們的孩子雪倫和馬克

以及我們的父母
李、盧本、露絲、法蘭西斯

## 鳴　謝

　　我們要特別感謝金融時報／培生公司的員工：艾咪‧內德林格催生這本書，莎拉‧肯恩斯替我們校稿，克莉絲塔‧漢辛負責編輯，貝絲蒂‧葛萊特納替我們處理文字方面的問題。

　　我們努力要讓本書的內容盡量清楚、精確、無誤。如果內容有任何不符我們目標之處，也請你不吝指教。歡迎寫信到davidlevine@davidlevinestatistics.com，主旨中請註明「Even You Can Learn Statistics and Analytics 3/e」。

# 本書使用說明

　　在今日的世界中，統計與解析比以往更加重要。本書能夠教你基本的觀念，讓你具備足夠的知識，以便在日常生活中運用統計與解析。你也會學到最常使用的統計學方法，也能有機會練習使用Microsoft Excel工作表來練習那些方法。

　　請往下閱讀簡介的其他部分，就能夠了解本書獨特之處。你也可以造訪本書的網站（www.ftpress.com/evenyoucanlearnstatistics3e），就能更了解本書，並且下載幫助你學習統計學的檔案。

## 數學並非絕對必要！

　　一直都沒辦法弄懂高深的數學，或是根本害怕數學嗎？別擔心，因為在本書中，你會發現每個觀念都用淺白易懂的字詞說明，不會用到高深的數學或數學符號。你對統計學背後的數學基礎有興趣嗎？本書中獨立的**進階公式**部分告訴你統計方法背後的公式，以作為補充。不管用哪種方式，你都能學會統計學。

## 透過觀念解說的方式學習

　　本書透過「觀念說明」的方式幫助你學習統計學。針對每個重要的統計學觀念，你都會看到：

◎ **觀念**：用簡單的話來定義，沒有艱澀的數學術語。

◎ **說明**：完整地說明觀念，並且說明在統計學中的重要性，必要時也會在這部分中討論這種觀念中的常見錯誤觀念，以及大家在應用這個觀念時常會犯的錯誤。

若觀念較為簡單，則會有「**範例**」列出日常生活中常見的範例，或是應用該統計學觀念的例子。若觀念較為複雜，則會有「**例題**」完整解析統計學問題，包括利用實際的工作表與計算機解決問題，示範應如何運用觀念來解題。

## 邊學統計邊練習

　　要把統計學得更好，別忘了時時複習書中的例題。在複習例題時，可以多利用補充的**圖表解題**部分來進行練習。

　　圖表解題部分會教你如何使用Microsoft Excel來學習統計學。

　　你比較喜歡用計算機嗎？**計算機關鍵**部分（請見**www.ftpress.com/evenyoucanlearnstatistics3e**）提供了詳細的逐步指導，教你如何利用德州儀器TI-83/84系列的計算機來進行統計分析（我們也提供了許多設定說明，教你如何使用其他型號的 TI 計算機）。

　　如果你不想練習工作表技巧，也可以直接在書中看到運用工作表計算的結果（或是在網站上看見利用計算機計算的結果）。你也可以免費在www.ftpress.com/evenyoucanlearnstatistics3e下載工作表計算結果。

　　利用工作表程式的人，也能從附錄 D 與附錄 E 中獲益良多，這兩個附錄能夠讓你在學習統計時更了解工作表。

　　如果以前你在使用Microsoft Excel 時遇到一些讓你困惑的技術問題或解說，請參考附錄A，這部分中詳述了你可能遇到的技術配置問題，並且說明本書中所有技術指導的慣例。

## 各章中的輔助符號

在你閱讀本書的章節時，會遇到下列的輔助符號：

◎ 「✐重點提示」的符號點出了關鍵的定義與說明。

◎ 「▤」符號表示你可以檢視精選例題的檔案（你可以在www.ftpress.com/evenyoucanlearnstatistics3e中免費下載這些檔案）。

◎ 對統計學的數學原理有興趣嗎？那麼就請你參閱書中「你對數學有興趣嗎？」的部分。但別忘了，就算你跳過任何與數學有關的部分，也不會無法理解書中呈現的統計學方法，因為在本書中，數學並非絕對必要。

## 章節末的特色

在本書大部分章節的最後，都會看見下列特色，讓你能夠複習並且加強學過的內容。

◎ **重要公式**：會列出該章節中所有討論到的重要公式。如果你之前跳過了「進階公式」與「你對數學有興趣嗎？」的部分，你可參考這個部分的列表，以供未來進一步學習時使用。

◎ **一分鐘總結**：以大綱的形式列出每章的重要主題。在需要的時候，這些總結也能讓你在分析時做出正確的判斷。

◎ **自我評量**：這部分包含了一些簡短的問題以及應用題，讓你能夠測驗自己（附解答），以了解自己在這個章節當中學到了多少觀念。

## 第三版新增特色

　　本書第三版中納入了之前版本沒有的幾個特色：

◎ 新增一個章節介紹解析學及其應用，這是統計學當中的新興主題（第十二章）。

◎ 說明描述與預測統計方法的新章節（第十三與十四章）。

◎ 更多有關Microsoft Excel的內容與補充，主要使用Excel 2013（Microsoft Windows）、Excel 2011（OS X）、Office 365 Excel。

　　本書也修訂了許多章節內的例題，以及章節最後的問答題。

## 總結

　　無論你正式修習統計學的課程，只是想要複習其中一種統計學的分析方式，或是需要學習解析學，本書都能讓你獲益良多。請你造訪本書的網站（www.ftpress.com/evenyoucanlearnstatistics3e），必要時可以透過電子郵件與作者聯絡。如果你對本書有任何問題，別忘了再來信時的主旨中註明與《一次搞懂統計與分析》有關。

# 目 錄

# 第一章

$$\mu = \sum_{t=1}^{N} X_i P(X_i)$$

# 統計學的基本概念

每天媒體都運用數字來描述或分析我們的世界：

・**六個有關臉書的事實**（A. Smith，www.pewresearch.org/author/asmith，2014年2月3日）。這項調查的結果指出，女性比男性更會引用看到的照片或影片，同時與許多人分享；看有趣或好笑的照片；學習幫助他人的方式，並且從自己認識的人當中獲得幫助。這些都是他們使用臉書的原因。

・**大學的前兩年在浪費時間？**（M. Marklein，《今日美國》，2011年1月18日，3A版）這項調查針對超過三千位應屆入學的全職學生進行研究，發現學生花費51%的時間從事社交、休閒及其他活動，9%的時間用於聽課與實驗室當中，7%的時間則花在讀書上。

・**追蹤推特**（H. Rui、A. Whinston、E. Winkler，《華爾街日報》，2009年11月30日，R4版）。在這份研究報告當中，作者發現，在推特社交網路上提到某個特定產品的次數，能夠精準地預測某樣產品的銷售趨勢。

如果你了解統計學，就更能理解看到的數字。「統計學」是數學的一個分支，能夠運用一些程序讓你更正確地分析數字。這些程序又稱為「統計方法」，能將數字轉換為有用的資訊，供你決策所需。統計方法也能告訴你作決定時的已知風險，讓你在看到數字時能作出一致的判斷。

學習統計學時，在面臨決策的過程之際，你必須考量結果的影響大小與重要性的高低。這種統計學的詮釋，讓你知道何時因為統計方法錯誤造成誤導，而應該忽略結果，或者只是重述明顯的結果，因此可忽略不計，例如：「這本書的作者百分之百都叫做『大衛』。」

在這個章節當中，你首先會學到五個基本的詞：母體（population）、樣本（sample）、變數（variable）、參數（parameter）、統計量（statistic；單數名詞），這些就構成了統計學的基本概念。本章所介紹的這五個名詞及其概念，讓你能夠探索並說明後續章節中探討的統計方法。

# 第一節　統計學中首要的三個詞

你已經知道統計學與分析事物有關。雖然數字在本章開頭用來代表事物，但統計學中首要的三個詞：母體、樣本、變數，能夠讓你更了解運用統計學所分析的事物。

## 母體

**觀念：**你所研究的群體總量。

**範例：**所有具有投票權的美國公民、去年在某間醫院中接受治療的所有病人、在某天當中瀏覽某個網站的所有人。

## 樣本

**觀念：**母體中被挑選出來作分析的部分。

**範例：**接受下次選舉意向調查的選民、被選出來填寫病人滿意度問卷的病人、從工廠生產線中挑出的100盒早餐穀片、在某天中瀏覽某個網頁的其中500人。

## 變數

**觀念：**將要運用統計學來分析的某項物品或人物特色。

**範例：**性別、某位選民的政黨傾向、住在某個地理區人民的家庭收入、圖書分類（精裝、貿易平裝版、大眾平裝版、教科書）、某個家庭中擁有的手機數量。

**說明：**所有的變數形成了分析的數據。雖然大家常說他們在分析資料，但精確地說，他們分析的其實是變數。

你必須將變數獨立出來，例如性別，以及這個變數對應某人的值，例如男性。觀察樣本當中特定對象的所有數值。例如一項調查可能同時包含了性別與年齡兩個變數。第一位觀察對象很可能是40歲的男性，第二位則是55歲的女性。在繪製表格時，通常會將某個變數的待分析數值放在同一欄。因此，有些人會將變數稱為「資料欄」。同樣的，有些人會將觀察對象稱為「資料列」。

|  | 類別變數 | 數值變數 |
|---|---|---|
| 概念 | 這些變數的值由某些分類當中選取而出。 | 這些變數的值與算術或計量有關。 |
| 次分類 | 無 | 離散型：數值為某件事物的計數。<br>連續型：數值為量測值，任何數字都有可能出現，端賴測量的精準度而定。 |
| 範例 | 性別，分為「男性」、「女性」兩個變數。<br>主修科系，變數的類別包含了「英文」、「數學」、「科學」、「歷史」等。 | 一戶當中的人口數，為離散型數值。<br>某個人通勤上班的時間，為連續型數值。 |

重點提示

　　所有的變數都應該有操作型定義，亦即只要所有熟悉分析的人都能了解並接受的定義。如果沒有操作型定義，很可能會出現混淆的情形。關於這種情形，耳熟能詳的例子就是「sex」（英文中可指性別或性行為），有些人在接受問卷調查時就會回答「有」或「無」，而非問卷原本希望回答者填寫的「男性」或「女性」。

# 第二節　參數與統計量

　　在你知道要分析的是什麼之後，或是用前述的詞彙來說，在你從母體或研究樣本中找出變數之後，就能夠定義你分析內容中的「參數」與「統計量」。

## 參數

　　**觀念**：母體當中描述一個變數（特徵）的數值量測值。

　　**範例**：所有願意在下次選舉中投票的選民比例，所有對接受的醫療照護感到滿意的病人比例，在某天當中某個網站所有訪客停留時間的平均值。

## 統計量

　　**觀念**：樣本當中描述一個變數（特徵）的數值量測值。

範例：願意在下次選舉中投票的樣本選民比例、對接受的醫療照護感到滿意的樣本病人比例、在某天某個網站樣本訪客停留時間的平均值。

說明：計算某個樣本的統計量是最常見的活動，因為在作決策時，要蒐集母體的資料是不切實際的作法。

# 第三節　統計學的分支

你可以運用參數或統計量來描述變數或是針對資料下結論。這兩種用途定義了統計學的兩個分支：「描述型統計」（descriptive statistics）與「推論統計」（inferential statistics）。

## 描述型統計

觀念：著重在蒐集、總結、呈現一組資料的統計學分支。

範例：某地區市民的年齡平均值、所有統計學書籍的平均長度、訪客造訪一個網站的時間變化量。

說明：你應該最熟悉統計學的這個分支，因為日常生活當中的相關實例多到不勝枚舉。許多領域皆以描述型統計作為分析與討論的依據，例如證券交易、社會科學、政府機構、健康科學、職業運動等等。由於資料容易計算與取得，描述型的方式看似相當容易，但這種看來容易的方式並非全無缺點，本書會在第二章與第三章中針對這點進行說明。

## 推論統計

觀念：分析樣本資料以針對母體作出結論的統計學分支。

範例：針對1,246位女性樣本進行的調查，結果發現有45%的人認為朋友或家人能夠在購物時提供可信的建議；只有7%的人認為廣告能在購物時提供可信的建議。利用本書第六章第四節中提到的方式，你就能夠利用這些統計量來對所有的女性母體作出結論。

說明：在運用推論統計時，會從建立假設開始，接著檢視這些資料是否與假設一致。這種進一步的分析意味著推論統計方法很容易遭到誤用與誤解，許多推論統計也必須透過計算工具或程式才能完成（本書第六章至第九

章提到了你最容易遇到的推論統計方法）。

# 第四節　資料來源

　　每次進行統計學分析時，都必須蒐集資料，也就是找出你要運用的資料來源。重要的資料來源包括了「公開資訊」、「實驗」、「調查」。

## 公開資訊

　　**觀念**：印刷品或電子資料，包含了在網站上找到的資料。第一手資料指的是個人或團體蒐集且出版的資料；第二手資料則是將第一手資料編纂整理而成的資料。

　　**範例**：許多美國的聯邦機構，包括了美國人口調查局，他們會把第一手資料公布在「www.fedstats.gov」網站上。個別產業團體或商業新聞網站通常都會在網站上，或是以書面的方式提供第二手資料，這些多半是彙編商業組織與政府機構的資料而來。

　　**說明**：在使用這些資料時，你必須考慮出版機構與資料是否有所偏頗，在發布資料時是否包含了所有必要且相關的變數。在使用網路上蒐集而來的資料時，特別需要注意這一點。

## 實驗

　　**觀念**：僅改變另一個或數個變數的值，並維持其他條件不變，以檢驗某個變數影響的研究方式。典型的實驗包含了實驗組與對照組。實驗組當中包含了接受實驗或治療的個人、物品。對照組則包含了未接受實驗或治療的個人、物品。

　　**範例**：藥廠透過實驗來判定某項新藥物是否有效。一群具有相同特徵的病患會被分為兩組。其中一組，亦即實驗組，會接受新藥的治療；另外一組，亦即對照組，則通常僅服用沒有療效的安慰劑。在一段時間之後，再比較兩組的統計數字。

　　**說明**：適當的實驗方式包括了「單盲實驗」與「雙盲實驗」。「單盲實驗」意味著僅有操作實驗的人員知道實驗組與對照組的差別。如果操作實驗

者與受試者皆不知道誰是實驗組，誰是對照組，則這種實驗方式即稱為「雙盲實驗」。

在利用安慰劑進行實驗時，研究人員也必須將安慰劑效應納入考量，亦即對照組的受試者是否因為相信自己服用了有效的藥物，因而使病情好轉。如果對照組好轉的程度與實驗組相同，研究人員就能判定安慰劑效應對兩組皆造成重要的影響。

## 調查

觀念：利用問卷或類似方式蒐集一群參與者回應的值。

範例：美國十年一次的書面人口普查、選舉的民調、網路即時投票或是「每日票選」。

說明：調查的方式包括「非正式調查」，亦即任何有意願者皆可參加，以及「特定目標調查」，亦即針對特定團體或個人進行的調查；或是「隨機抽樣的調查」。調查的類型會影響資料蒐集、運用、說明的方式。

# 第五節　抽樣概念

在前述的統計量定義中，你得知計算樣本的統計量是最常見的活動，因為蒐集母體資料通常過於不切實際。由於抽樣的方式相當常見，因此你必須了解母體當中組成分子的概念，以及說明如何採取樣本。

## 組織體

觀念：母體中所有組成分子的清單，樣本即從這些清單當中取出。

範例：選舉人名冊，市公所不動產紀錄、客戶或人資資料庫、索引目錄等。

說明：組織體會影響分析的結果。採用不同的組織體可能會造成不同的結果。因此你必須仔細確認組織體能夠完全代表一個母體；否則的話，以任何方式抽樣都會造成偏頗，分析這些樣本的結果也會不精確。

# 抽樣

**觀念：**從母體中選出一個樣本的過程。

**範例：**從每五位離開投票所的選舉人中找出一位進行訪談、從一副牌中隨機抽取一張牌、針對今天每十位造訪某網站的訪客進行調查。

**說明：**有些抽樣方式，例如網站上的「即時投票」，往往並非從健全的組織體當中抽樣。從健全組織體中抽樣的技巧，稱為「機率抽樣」。

# 機率抽樣

**觀念：**將選取每樣物件的機率納入考量的抽樣過程。機率抽樣能夠提升母體當中樣本的代表性。

**範例：**被選出來參加下次選舉意向調查的登記選民、被選出來填寫服務滿意度問卷的病患、從工廠生產線當中選出的100盒早餐穀片。

**說明：**你必須盡可能採用機率抽樣的方式，因為只有這種抽樣方式能夠讓你在搜集來的資料上運用推論統計的方式。相較之下，在每個單一事件發生機率不明時，若要以低成本的方式進行初步或實驗性質的研究，之後會再以嚴謹的方式分析時，則應採用非機率抽樣的方式。歡迎大眾自行來電投票，或是在網路上開放大眾填寫的問卷，皆屬於非機率抽樣。

# 簡單隨機抽樣

**觀念：**在機率抽樣的過程當中，母體中的每個人或每樣物件與其他人或其他物件被選中的機率相等。某個數量中的可能樣本被選中的機會，與另一個同樣數量中樣本被選中的機會相同。

**範例：**利用統計學的方式，例如亂數表，從洗過的一副牌中抽取一張牌。

**說明：**簡單隨機抽樣是其他隨機抽樣方式的基礎。在這個詞彙當中，隨機的意思必須特別說明。這個詞彙中的隨機指的是沒有重複的模式，意即沒有特定的順序，或是某種排列方式很可能或很不可能出現，和我們一般所謂的「意料之外」或「沒料想到」（如：意外的善意行為）的意思完全不同。

## 其他機率抽樣方式

**觀念：**在調查抽樣時，也會使用其他較複雜的抽樣方式。在分類樣本當中，組織體中的物件會先細分為數個次母體，或是數個階層，再從每個階層當中隨機抽樣。在一群樣本當中，組織體內的物件會先分為幾群，讓每一群都能代表整個母體，隨後進行隨機抽樣，接著再針對每群中選出的物件或樣本進行研究。

# 第六節　樣本選擇方式

在抽樣時，可以選擇重置或不重置選出的樣本。但大部分的調查抽樣都是採用不重置的方式。

## 重置抽樣

**觀念：**將選出物件重新放回原本的組織體當中，讓這個物件再被選中的機率維持不變的抽樣方式。

**範例：**從魚缸當中選取某些物件，每次選出後都會將該物件再放回去。

## 不重置抽樣

**觀念：**不將選出的物件放回原本的組織體當中的抽樣方式。使用這種方式時，每個物件僅會被選出一次。

**範例：**抽出樂透彩的號碼、在玩二十一點或其他撲克牌遊戲時從一副牌中抽出一張。

**說明：**使用不重置抽樣的方式時，每個物件僅會被選出一次。你應該選擇不重置抽樣的方式，而非重置抽樣的方式，因為大部分的統計學家皆認為前者較能抽出較具代表性的樣本。

## 輸入資料

在工作表的空白欄中輸入一個變數的資料值。請在第一行的表格當中輸入變數的名稱。

若要開啟新檔（新活頁簿），請點選「檔案」→「新活頁簿」，並且在新視窗當中點擊「空白活頁簿」的圖示兩下。（在Excel 2007中，則應點擊「Office 圖示」，而非選擇「檔案」。）要在某個空格中輸入資料，則可利用箭頭鍵移動游標，用滑鼠移動游標，或是利用觸控的功能。在輸入一筆資料之後，該筆資料就會出現在工作表上方的程式欄中。你可以按下「Tab」或「enter」鍵，或是點一下程式欄旁的勾號，以完成該筆資料的輸入。

要將新檔案存檔時，選擇「檔案」→「另存新檔」，然後在跳出來的新對話框中，找到你想要存檔的資料夾位置。你可以使用出現的檔名，或者修改檔名之後再按「儲存」。之後要開啟這個檔案時，請點選「檔案」→「開啟」，接著在跳出的對話框中找到欲開啟檔案所在的資料夾，再按一下「開啟」。（在Excel 2007中，則應點擊「Office圖示」，而非選擇「檔案」。）

在本書當中，箭號「→」用來表示選擇圖示或選單的順序。「檔案」→「新活頁簿」表示先選擇「檔案」的標籤，然後再選擇標籤中出現的「新活頁簿」項目。

 一分鐘總結

學好統計學的第一步，就是要先完全了解基本的詞彙。要了解統計方法的類型、蒐集資料時運用的資料來源、抽樣方式，以及統計分析時使用的變數類型，這些都是重要的入門觀念。在接下來的幾章當中，將會著重於說明學習統計學的四個重要理由：

◎ 呈現與描述資訊（第二章與第三章）。

◎ 僅根據抽樣的結果針對母體作出結論（第四章至第九章）。

◎ 作出可靠的結論（第十章與第十一章）。

◎ 利用分析結果對大量的資料作出結論（第十二、十三、十四章）。

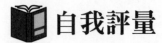 **自我評量**

## 選擇題

1. 母體當中選出來進行分析的部分叫做：

   (a) 樣本

   (b) 組織體

   (c) 參數

   (d) 統計量

2. 母體中其中一個樣本所計算出來的測量值稱為：

   (a) 參數

   (b) 母體

   (c) 離散型變數

   (d) 統計量

3. 某個人的身高是：

   (a) 離散變數

   (b) 連續變數

   (c) 類別變數

   (d) 常數

4. 汽車的車型（轎車、廂型車、休旅車等等）屬於：

   (a) 離散變數

   (b) 連續變數

   (c) 類別變數

   (d) 常數

5. 某人皮夾中的信用卡數量屬於：

(a) 離散變數

(b) 連續變數

(c) 類別變數

(d) 常數

6. 在何種情況之下會出現統計推論：

(a) 計算一個樣本的描述性統計量

(b) 對一個母體進行普查

(c) 作出某個資料的圖表

(d) 利用其中一個樣本的結果對母體作出結論

7. 一間大型公司的人資部主管想要研發牙齒保健的福利，因此從5,000名員工當中選出100位，以了解他們對各種可能方案的偏好。公司裡的所有員工構成了＿＿＿＿。

(a) 樣本

(b) 母體

(c) 統計量

(d) 參數

8. 一間大型公司的人資部主管想要研發牙齒保健的福利，因此從5,000名員工當中選出100位，以了解他們對各種可能方案的偏好。即將參與這項研究的100位員工構成了＿＿＿＿。

(a) 樣本

(b) 母體

(c) 統計量

(d) 參數

9. 為了要以適當的方式描述資料的各種特色，因而蒐集、呈現、計算一組資料特色的方式稱為：

(a) 統計推論

(b) 科學方法

(c) 抽樣

(d) 描述型統計

10. 根據500位選民的投票結果推論美國民主黨總統候選人將會贏得選舉，這種方式屬於：

(a) 推論統計

(b) 描述型統計

(c) 參數

(d) 統計量

11. 計算一個數值的量，以描述整個母體的特色，稱為：

(a) 參數

(b) 母體

(c) 離散型變數

(d) 統計量

12. 你正在進行一項計畫，目的是要檢視美元與英鎊間的相對值。你登入一個網站，取得了過去五十年來的相關資訊。這種資料蒐集方法屬於哪一種？

(a) 公開資訊

(b) 實驗

(c) 調查

13. 下列何者屬於離散型變數？

(a) 在地小學生最喜歡的冰淇淋口味

(b) 某位學生步行到在地小學的時間

(c) 某位學生從住家到在地小學的距離

(d) 在地小學裡聘用的教師人數

14. 下列何者屬於連續型變數？

(a) 某間連鎖速食店裡用餐兒童的眼睛顏色

(b) 某間連鎖速食分店中的員工數量

(c) 某間連鎖速食店其烹飪漢堡肉使用的溫度

(d) 某間連鎖速食分店一天售出的漢堡數量

15.一戶中擁有的手機數量屬於：

(a) 類別變數

(b) 離散型變數

(c) 連續型變數

(d) 統計量

# 是非題：正確請寫「○」，錯誤請寫「×」

16.「您已在目前的住處住了多久？」的可能答案值屬於連續型變數。

17.「過去七天來您在網路上看了多少電影或電視節目？」的可能答案屬於離散型變數。

# 填空題

18.一間保險公司會評估許多變數，以決定某位保險人適用的汽車保險費率。過去三年來，某人發生車禍的數字屬於_____變數。

19.一間保險公司會評估許多變數，以決定某位保險人適用的汽車保險費率。某人每天駕車的距離屬於_____變數。

20.一間保險公司會評估許多變數，以決定某位保險人適用的汽車保險費率。某人的婚姻狀態屬於_____變數。

21.僅根據母體中一個樣本計算的數值量測稱為_____。

22.母體當中被選出來進行分析的部分稱為_____。

23.大學入學申請包含了許多變數。學生修習進階課程的數量屬於_____變數。

24.大學入學申請包含了許多變數。學生的性別屬於_____變數。

25.大學入學申請包含了許多變數。學生住家到學校的距離屬於_____變數。

### 自我評量簡答題解答

| | | | | | |
|---|---|---|---|---|---|
| 1. a | 2. d | 3. b | 4. c | 5. a | 6. d |
| 7. b | 8. a | 9. d | 10. a | 11. a | 12. a |
| 13. d | 14. c | 15. b | 16.○ | 17.○ | 18.離散型 |
| 19.連續 | 20.類別 | 21.統計量 | 22.樣本 | 23.離散型 | 24.類別 |
| 25.連續 | | | | | |

參考資料

1. Berenson, M. L., D. M. Levine, and K. A. Szabat. *Basic Business Statistics: Concepts and Applications*, Thirteenth Edition. Upper Saddle River, NJ: Pearson Education, 2015.
2. Cochran, W. G. *Sampling Techniques*, Third Edition. New York: John Wiley & Sons, 1977.

# 第二章

# 利用圖表呈現資料

　　圖表和表格都是用來歸納類別變數與數值變數的方式，能夠幫助你以有效的方式呈現資訊。在本章當中，你會學到各類變數適用的表格與圖表。

# 第一節　呈現類別變數

　　首先，你必須根據變數的類別將數值分類，以方便呈現類別變數。接著將個數、數量、百分比（部分占全體的比率）等填入總表或其他表格當中。

## 總表

　　**觀念**：為兩欄的表格，將類別名稱列在第一欄，個數、數量、數值的百分比列在第二欄。有時會增加其他欄位，用不同的方式呈現同樣的資訊（例如個數與百分比）。

　　**範例**：針對青年進行網購原因調查的結果可用總表來呈現。

| 原因 | 百分比 |
| --- | --- |
| 價格較優惠 | 37% |
| 避免在假日購物 | 29% |
| 便利性 | 18% |
| 有較好的選擇 | 13% |
| 產品直接送到家 | 3% |

資料來源：摘錄並改編自〈年輕人上網購物的理由？〉，《今日美國》，2012年12月5日，1A版。

　　**說明**：總表讓你能夠看見一組資料的全貌。在這個範例之中，你可以說37％在網路上購物的人主要是因為價格較優惠與便利性，29％在網路上購物的人主要是為了避免在假日購物。

## 長條圖

　　**觀念**：包含了長方形（方形長條），每個長條的長度代表了一個類別的個數、數量、百分比。

　　**範例**：下圖這個百分比的長條圖呈現了前述總表的資料。

　　**說明**：用長條圖呈現時，比總表更容易凸顯「價格較優惠」是這個範例中比例最高的類別。對大部分的人而言，瀏覽長條圖比瀏覽未排序過的總表（例如繳費單上列出的明細表）容易許多。

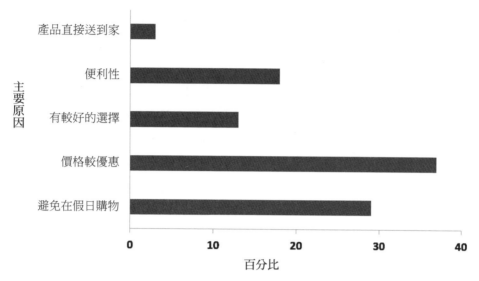

**網購原因長條圖**

主要原因

- 產品直接送到家
- 便利性
- 有較好的選擇
- 價格較優惠
- 避免在假日購物

百分比

# 圓餅圖

　　**觀念**：為圓形的圖表，當中每塊扇形（好像每一塊餅）代表了每個類別的個數、數量、百分比，整個圓圈（整塊餅）就代表了全體。

　　**範例**：下圖這個圓餅圖呈現了前兩個總表的資料。

**網購原因圓餅圖**

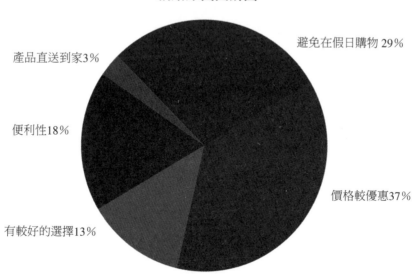

產品直送到家3%

便利性18%

有較好的選擇13%

避免在假日購物 29%

價格較優惠37%

　　說明：圓餅圖讓你能夠清楚看到每個類別占全部的比例。你可以看到有較多的青年為了較優惠的價格或避免在假日購物而上網購物，有一小部分的人因為有較好的選擇而上網購物，因為貨物能夠直接送到家而上網購物的人則相當少。

　　除了利用Microsoft Excel等程式來繪製圓餅圖，你也可以利用量角器來劃分手繪的圓圈。首先，你必須計算每個類別的百分比。接著再將百分比乘以360，也就是圓的角度，以得到代表每個類別的弧（圓的一部分）的角度。例如，以價格較優惠的這一項為例，37％乘以360度後，得到的是133.2度。利用量角器在這點上作記號，然後將這一點和圓心連起來（如果你用圓規畫圓，很容易就能找到圓心）。

## 長條圖和圓餅圖

　　第二章長條圖和第二章圓餅圖分別為一張長條圖與圓餅圖。請在B欄當中輸入自己的資料。

**最佳練習方式：**

　　在繪製圖表之前，請將你總表內第二欄的數值分類。這樣就能繪製可供比較的圖表。在繪製長條圖時，如果你想讓最長的條柱出現在上方，請將數值由小到大排列；反之則讓數值由大到小排列。

　　重新調整表格，以刪除你不想要的隔線、圖例，或是變更標題與兩軸文字標示的字型與大小。

**操作方式：**

　　製圖技巧一（請見附錄D）說明了如何將總表中的資料分類。

　　製圖技巧二列出了重新調整圖表的指令。

　　製圖技巧三列出了繪製表格的基本步驟。

# 柏拉圖

**觀念：**是一種特殊的長條圖，能夠以從左至右遞減的方式呈現各類別的個數、數量、百分比，同時也包含了重疊的折線以呈現累積的百分比。

**範例：**下表為「自動提款機交易未完成的原因」。

| 原因 | 次數 | 百分比 |
|---|---|---|
| 自動提款機故障 | 32 | 4.42% |
| 自動提款機現金用罄 | 28 | 3.87% |
| 提款金額不正確 | 23 | 3.18% |
| 帳戶餘額不足 | 19 | 2.62% |
| 機器無法讀取提款卡 | 234 | 32.32% |
| 提款卡變形卡在機器內 | 365 | 50.41% |
| 輸入錯誤 | 23 | 3.18% |
| 總計 | 724 | 100.00% |

資料來源：A.Bhalla，〈不要誤用柏拉圖〉，《六個標準差論壇雜誌》，2009年五月號，第15-18頁。

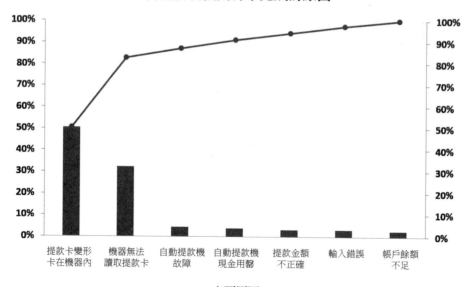

這個柏拉圖利用了上方表格中的資料來呈現自動提款機交易未完成的主因。

說明：在類別繁多時，柏拉圖讓你能夠注意到最重要的項目，一目了然地看出重要的少數與不重要的多數。在自動提款機交易未完成的資料中，可由柏拉圖看出「提款卡變形卡在機器內」與「機器無法讀取提款卡」兩項就占了所有問題的80%以上，這兩個類別再加上「自動提款機故障」與「自動提款機現金用罄」兩項，就占了所有問題的90%以上

## 柏拉圖

第二章柏拉圖中包含了一個柏拉圖的範例。請自行在B欄的第2至11列中輸入數值由大到小的資料，以動手繪製柏拉圖（請勿變更第12列與C欄及D欄的項目）。

操作方式：

製圖技巧四（請見附錄D）說明了如何繪製柏拉圖。

# 雙向交叉分類表

觀念：為多欄的表格，能夠呈現兩個類別變數的數量或回應的百分比。在雙向交叉分類表中，其中一個變數的類別形成了表格的欄，另一個變數的類別則為表格的列。在表格「之外」有額外的一欄與一列為合計。雙向交叉分類表又稱為交叉表。

範例：下表為「下載與行動呼籲按鈕交叉分類表」。

### 行動呼籲按鈕

| | | 原按鈕 | 新按鈕 | 總和 |
|---|---|---|---|---|
| | 是 | 351 | 451 | 802 |
| 下載 | 否 | 3,291 | 3,105 | 6,396 |
| | 總和 | 3,642 | 3,556 | 7,198 |

這個雙向交叉分類表統整了一個網頁設計的調查，目的在於了解新的行動呼籲按鈕是否會增加下載數。下方的表格則呈現了列的百分比、欄的百分比、總計的百分比。

## 列百分比表

**行動呼籲按鈕**

| | | 原按鈕 | 新按鈕 | 總和 |
|---|---|---|---|---|
| **下載** | 是 | 43.77 | 56.23 | 100.00 |
| | 否 | 51.45 | 48.55 | 100.00 |
| | 總和 | 50.60 | 49.40 | 100.00 |

## 欄百分比表

**行動呼籲按鈕**

| | | 原按鈕 | 新按鈕 | 總和 |
|---|---|---|---|---|
| **下載** | 是 | 9.64 | 12.86 | 11.14 |
| | 否 | 90.36 | 87.32 | 88.86 |
| | 總和 | 100.00 | 100.00 | 100.00 |

## 總百分比表

**行動呼籲按鈕**

| | | 原按鈕 | 新按鈕 | 總和 |
|---|---|---|---|---|
| **下載** | 是 | 4.88 | 6.26 | 11.14 |
| | 否 | 45.72 | 43.14 | 88.86 |
| | 總和 | 50.64 | 49.40 | 100.00 |

說明：最簡單的雙向交叉分類表包含了一個有兩類的列變數，以及有兩類的欄變數。這樣所繪製的表格內側就包含兩列與兩欄（請見下方說明）。當中的每一格代表每個變數的類別中一對或交叉分類的個數或百分比。

| | 第一欄分類 | 第一欄分類 | 總和 |
|---|---|---|---|
| 第一列分類 | 第一列第一欄分類的個數或百分比 | 第一列第二欄分類的個數或百分比 | 第一列類別的總和 |
| 第二列分類 | 第二列第一欄分類的個數或百分比 | 第二列第二欄分類的個數或百分比 | 第二列類別的總和 |
| 總和 | 第一欄類別總和 | 第二欄類別總和 | 全部總和 |

　　雙向交叉分類表能夠呈現資料中最常出現的數值組合。在這個範例當中，顯示了新的行動呼籲按鈕比原本的行動呼籲按鈕讓人更願意下載。由於在這個範例當中，每個網頁的訪客數並不相同，因此你在欄百分比表中最容易看出這一點。那個表顯示新的按鈕比原有的按鈕更容易增加下載的次數。

　　樞紐分析表能夠利用樣本的資料繪製工作表總表，也是利用樣本資料繪製雙向分析表的好方法。附錄E中的「進階操作方式一」中說明了繪製這些表格的方式。

### 雙向交叉分類表

　　第二章雙向表中為下載與行動呼籲按鈕中的變數數量，為簡單的雙向表。

　　第二章雙向樞紐分析表中包括了下載與行動呼籲按鈕中的變數數量，並以Excel的樞紐分析表呈現。

**操作方式：**

　　附錄E的進階操作方式一中，說明了繪製雙向樞紐分析表的方式。

# 第二節 呈現數值變數

　　在呈現數值變數時，首先必須建立代表各個數值範圍的群組，接著再將各個數值放進適當的群組中。之後，依照次數（數量）或百分比來繪製表格，再根據表格繪製直方圖等圖表，本章接下來的內容將會說明此點。

# 次數與百分比分配

**觀念**：為分組的數值資料表，當中包括第一欄的各組的名稱，第二欄中各組的計數（次數），以及第三欄中各組的百分比。這種表格亦可以雙欄的方式呈現，僅列出頻率或百分比。

**範例**：下列的球迷消費指數（單位為美元）列出了在最近球季中，球迷於三十個美國國家籃球協會（以下稱「NBA」）主場中購買四張門票、兩罐啤酒、四罐汽水、四支熱狗、兩份節目表、兩頂球帽、一個停車位的費用。

## 📑 NBA消費

| 主場 | 球迷消費（美元） | 主場 | 球迷消費（美元） |
|---|---|---|---|
| 亞特蘭大 | 240.04 | 邁阿密 | 472.20 |
| 波士頓 | 434.96 | 密瓦基 | 309.30 |
| 布魯克林 | 382.00 | 明尼蘇達 | 273.98 |
| 夏洛特 | 203.06 | 紐奧良 | 208.48 |
| 芝加哥 | 456.60 | 紐約 | 695.92 |
| 克里夫蘭 | 271.74 | 奧克拉荷馬 | 295.40 |
| 達拉斯 | 321.18 | 奧蘭多 | 263.10 |
| 丹佛 | 319.10 | 費城 | 266.40 |
| 底特律 | 262.40 | 鳳凰城 | 344.92 |
| 金州 | 324.08 | 波特蘭 | 308.18 |
| 休士頓 | 336.05 | 薩加緬度 | 268.28 |
| 印第安那 | 227.36 | 聖安東尼奧 | 338.00 |
| 洛杉磯快艇 | 395.20 | 多倫多 | 321.63 |
| 洛杉磯湖人 | 542.00 | 猶他 | 280.98 |
| 曼菲斯 | 212.16 | 華盛頓 | 249.22 |

資料來源：摘錄自FanCostExperience.com, bit.ly/1nnu9rf。

別忘了，出現「📑」符號之處，表示你可以從網路上免費下載書中這部分的內容（www.ftpress.com/evenyoucanlearnstatistics3e）。請參閱附錄 F 以了解更多檔案下載的訊息。

下列則為NBA球迷消費指數的次數與百分比分配：

| 球迷消費 | 次數 | 百分比 |
|---|---|---|
| 200～未滿250 | 6 | 20.00% |
| 250～未滿300 | 8 | 26.67% |
| 300～未滿350 | 9 | 30.00% |
| 350～未滿400 | 2 | 6.67% |
| 400～未滿450 | 1 | 3.33% |
| 450～未滿500 | 2 | 6.67% |
| 500～未滿550 | 1 | 3.33% |
| 550～未滿600 | 0 | 0.00% |
| 600～未滿650 | 0 | 0.00% |
| 650～未滿700 | 1 | 3.33% |
| | 30 | 100.00% |

　　說明：次數與百分比分布能讓你迅速看出許多數值群組間的差異。在這個範例當中，你很快就能看出大部分球迷的消費指數落在200至350美元間，消費指數超過500美元的則寥寥可數。

　　在列出分布群組時你必須特別謹慎，因為每個群組間的範圍會影響你對資料的觀察。例如，假設你將群組分為300美元以上與300美元以下，就無法觀察到任何分布模式。

# 直方圖

　　觀念：是適用於分組數值資料的長條圖，每組當中的次數或百分比會以長柱的形式標在垂直的Y軸上，變數則列在水平的X軸上。與呈現類別變數資料的長條圖相異之處，在於相鄰的長柱間不會有任何空隙。

　　範例：下列的直方圖呈現了上個範例的球迷消費指數。下方長柱的值（225、275、325、375、425、475、525、575、625、675）為中位數，亦即每組資料約略的中間值。這個圖表和上方的次數與百分比分配圖一樣，你很快就能夠看出消費指數超過500美元的僅占少數。

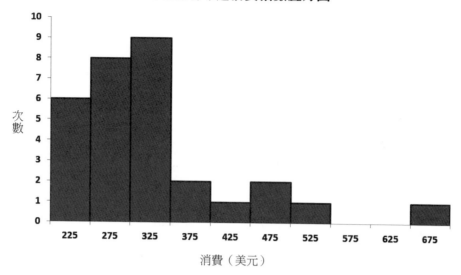

**NBA主場球迷消費指數直方圖**

消費（美元）

說明：直方圖能夠顯示群組中各個次數的整體圖形。如果直方圖兩側約略為鏡像，那麼就會是對稱的圖形（這個範例中的直方圖裡，數值較低的占多數，所以並非對稱的圖形）。

## 次數分配與直方圖

第二章直方圖中包含了球迷消費指數（NBA消費）資料的次數分配與直方圖。你可以在B欄的第3到第12列中輸入不同的值，以練習繪製直方圖。

**操作方式：**

在附錄E進階操作方式二以及附錄D製圖技巧五中，說明了如何繪製次數分配表與直方圖的方式。

## 時間序列圖

　　觀念：圖表中的每個點代表了某個特定時間點的數值變數。通常X軸（水平軸）多半代表時間單位，Y軸（垂直軸）則代表變數的單位。

　　範例：下列的資料呈現了1995年至2013年間電影業的收入情形：

### 📑 電影收入

| 年度 | 收入（10億美元） | 年度 | 收入（10億美元） |
|------|------------------|------|------------------|
| 1995 | 5.29 | 2005 | 8.93 |
| 1996 | 5.59 | 2006 | 9.25 |
| 1997 | 6.51 | 2007 | 9.63 |
| 1998 | 6.78 | 2008 | 9.95 |
| 1999 | 7.30 | 2009 | 10.65 |
| 2000 | 7.48 | 2010 | 10.54 |
| 2001 | 8.13 | 2011 | 10.19 |
| 2002 | 9.19 | 2012 | 10.83 |
| 2003 | 9.35 | 2013 | 9.77 |
| 2004 | 9.11 | | |

資料來源：摘錄自www.the-numbers.com/market，2014年2月12日。

　　上述資料的時間序列圖則如以下圖所示：

### 1995至2013年間每年電影業收入時間序列圖

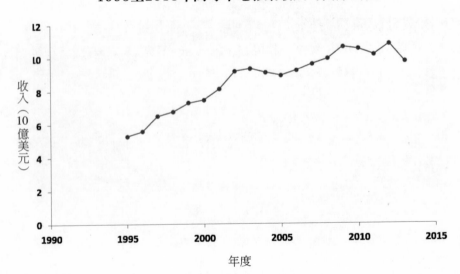

說明：時間序列圖能夠呈現隨時間變化所展現的模式，這很可能是在你看著一長串數值時不會發現的地方。在這個範例當中，序列圖顯示了在1995至2003年間，電影業的收入維持了穩定的成長，在2003至2006年間趨於緩和，接著在2007至2009年間進一步成長，在2010至2012年間又趨於緩和，在2013年則衰退至2008年的水準之下。在那段期間當中，電影業的收入從1995年的60億美元增加至2009至2012年間的超過百億美元。

# 散布圖

觀念：這種表格標示出每筆觀察資料的兩個數值變數。在散布圖中，X軸（水平軸）永遠代表一個變數的單位，Y軸（垂直軸）永遠代表第二個變數的單位。

範例：下表列出了在36次搬運工作中，每立方英尺物體搬運所需的工時：

## 搬運

| 工作 | 工時 | 立方英尺 | 工作 | 工時 | 立方英尺 |
|------|------|---------|------|------|---------|
| M-1 | 24.00 | 545 | M-19 | 25.00 | 557 |
| M-2 | 13.50 | 400 | M-20 | 45.00 | 1,028 |
| M-3 | 26.25 | 562 | M-21 | 29.00 | 793 |
| M-4 | 25.00 | 540 | M-22 | 21.00 | 523 |
| M-5 | 9.00 | 220 | M-23 | 22.00 | 564 |
| M-6 | 20.00 | 344 | M-24 | 16.50 | 312 |
| M-7 | 22.00 | 569 | M-25 | 37.00 | 757 |
| M-8 | 11.25 | 340 | M-26 | 32.00 | 600 |
| M-9 | 50.00 | 900 | M-27 | 34.00 | 796 |
| M-10 | 12.00 | 285 | M-28 | 25.00 | 577 |
| M-11 | 38.75 | 865 | M-29 | 31.00 | 500 |
| M-12 | 40.00 | 831 | M-30 | 24.00 | 695 |
| M-13 | 19.50 | 344 | M-31 | 40.00 | 1,054 |
| M-14 | 18.00 | 360 | M-32 | 27.00 | 486 |
| M-15 | 28.00 | 750 | M-33 | 18.00 | 442 |
| M-16 | 27.00 | 650 | M-34 | 62.50 | 1,249 |
| M-17 | 21.00 | 415 | M-35 | 53.75 | 995 |
| M-18 | 15.00 | 275 | M-36 | 79.50 | 1,397 |

這些資料的散布圖如下所示。

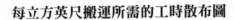

**每立方英尺搬運所需的工時散布圖**

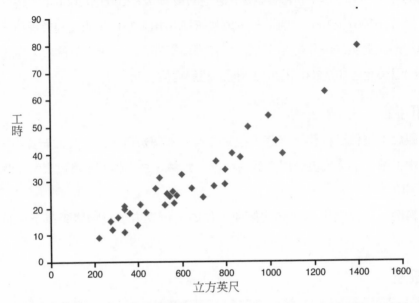

說明：散布圖有助於展現兩個數值變數間的關係。這些資料的散布圖展現了工時與移動的立方英尺間有強烈的線性（直線）正相關。在觀察了這樣的關係之後，你就能判定在某個搬運工作當中，搬運的立方英尺能夠用來預測所需的工時。在本書第十章當中，將會更完整地探討利用一個數值變數來預測另一個變數的值。

## 時間序列圖與散布圖

**圖表解題**

第二章時間序列圖中包含了年度電影業收入資料的時間序列圖。你可以在B欄中的第2至20列中輸入不同的數字，以進行練習。

**操作方式：**製圖技巧六（在附錄 D 中）說明了如何繪製時間序列圖。

第二章散布圖中包含了搬運工作的散布圖。你可以在 B 欄與 C 欄中的第2至37列中輸入不同的數字，以進行練習。

**操作方式：**製圖技巧七說明了如何繪製散布圖。

# 第三節 「不佳」的圖表

所謂「好」的圖表，例如本章中已提到的這些圖表，都能夠以視覺的方式呈現資料，幫助讀者理解資料。然而，在現今的世界中，你常常都會看到「不佳」的圖表，這些圖表模糊不清，甚至會讓你對資料感到困惑。這樣的圖表不是無法適當地運用本章之前提及的技巧，就是加入了一些妨礙讀者理解的元素。

**觀念：**不佳的圖表無法以清楚的方式呈現資料，會讓資料無法提供有用的訊息或是遭到扭曲。

**說明：**使用圖案式的符號會讓資訊模糊，也可能讓讀者留下錯誤的印象，如果圖片以立體的方式呈現時更是如此。例如，在範例1中，這些酒杯無法反應1992年的資料（225萬加侖）是1989年（104萬加侖）的兩倍多一點。此外，酒杯之間的距離，也會讓人誤以為這些時間點的間距相等，模糊了葡萄酒出口的趨勢（提示：將這些資料繪製成時間序列圖，你就會發現真正的趨勢）。

**範例1：**澳洲出口至美國的葡萄酒。

我們喝的酒越來越多……
澳洲出口至美國的酒高達好幾百萬加侖

在範例2當中，同時出現了利用圖片（葡萄藤）標示，且未標出兩軸刻度的問題，造成圖表不夠精確。由於未標出X軸的刻度，讀者無法立刻看出1997至1998年的值其實標示的位置並不正確。由於未標出Y軸的刻度，讀者也無法更清楚地了解這段期間中種葡萄植面積改變的比例。另外還有其他的錯誤。

你能再找出一個以上的錯誤嗎？（提示：比較1949至1950與1969至1970年間的資料）

範例2：釀酒業種植葡萄的土地面積

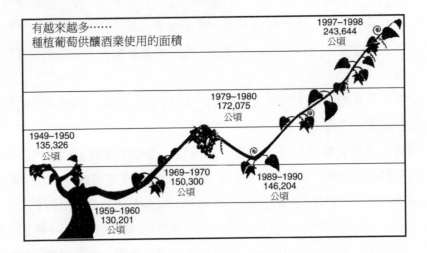

自行繪製表格時，請遵循以下的原則：

◎ 選擇最簡單的圖表來呈現你的資料。

◎ 要加上標題。

◎ 要替兩軸加上標示。

◎ 避免在邊框或是背景加上非必要的裝飾或插圖。

◎ 避免使用繁複的圖示來代表資料的數值。

◎ 避免使用立體的長條圖或圓餅圖。

◎ 如果圖表有軸線，則必須標上刻度。

◎ 如果表格上沒有標上數值，則縱軸的刻度應該從零開始。

# 一分鐘總結

選擇適當表格的第一步，就是先判斷你要呈現的資料為類別變數或數值變數。

如果你的資料屬於類別變數：

◎ 先判斷你要呈現的變數為一個還是兩個。

◎ 如果只有一個變數，則可運用總表與（或）長條圖、圓餅圖、柏拉圖。

◎ 如果有兩個變數，則應使用雙向交叉分類表。

如果你的資料屬於數值變數：

◎ 如果只有一個變數，則可運用次數與百分比分配或直方圖。

◎ 如果有兩個變數，且資料的時間順序相當重要，則使用時間序列圖，否則的話應使用散布圖。

 # 自我評量

## 選擇題

1. 下列哪種圖表的呈現方式不適合運用在類別變數的資料上？

   (a) 柏拉圖

   (b) 散布圖

   (c) 長條圖

   (d) 圓餅圖

2. 下列哪種圖表的呈現方式不適合運用在數值變數的資料上？

   (a) 直方圖

   (b) 圓餅圖

   (c) 時間序列圖

   (d) 散布圖

3. 一種將各類別發生次數按高至低順序排列的直方圖稱為：

(a) 長條圖

(b) 圓餅圖

(c) 散布圖

(d) 柏拉圖

4. 下列哪種圖表最能展現所有類別的總和為100%？

(a) 圓餅圖

(b) 直方圖

(c) 散布圖

(d) 時間序列圖

5. _____ 的基本原則是能夠將重要的少數與不重要的多數區分出來。

(a) 散布圖

(b) 長條圖

(c) 柏拉圖

(d) 圓餅圖

6. 同時研究兩個類別變數的回應時，你應該繪製：

(a) 直方圖

(b) 圓餅圖

(c) 散布圖

(d) 交叉分類表

7. 在交叉分類表中，欄數與列數：

(a) 必須完全相同

(b) 必須為2

(c) 相加的結果必須為100%

(d) 以上皆非

# 是非題：正確請寫「〇」，錯誤請寫「×」

8. 直方圖用來呈現數值資料，而長條圖適合用來呈現類別資料。

9. 有個網站負責監控客訴資料，並且將這些客訴內容分為六大類。在過去一年以來，公司接到了534筆客訴。柏拉圖是適合用來呈現這些資料的圖表之一。

10. 有個網站負責監控客訴資料，並且將這些客訴內容分為六大類。在過去一年以來，公司接到了534筆客訴。散布圖是適合用來呈現這些資料的圖表之一。

11. 有個社交媒體網站蒐集了客戶的年齡資料。最年輕的客戶為5歲，最年長的為96歲。為了研究客戶年齡的分布，這間公司應該使用圓餅圖。

12. 有個社交媒體網站蒐集了客戶的年齡資料。最年輕的客戶為5歲，最年長的為96歲。為了研究客戶年齡的分布，這間公司可以使用直方圖。

13. 有個網站想要蒐集每日訪客數量的資訊。要研究每日訪客數量，可使用圓餅圖。

14. 有個網站想要蒐集每日訪客數量的資訊。要研究每日訪客數量，可使用時間序列圖。

15. 有位教授想研究學生準備考試的時數以及考試成績間的關係。這位教授可繪製時間序列圖。

16. 有位教授想研究學生準備考試的時數以及考試成績間的關係。這位教授可繪製長條圖。

17. 有位教授想研究學生準備考試的時數以及考試成績間的關係。這位教授可繪製散布圖。

18. 如果你想要比較某個類別中各個物件的百分比，以及其他類別的百分比，你應該使用圓餅圖而非長條圖。

## 填空題

19. 要同時評估兩個類別變數，應使用＿＿＿＿＿。

20. ＿＿＿＿＿是一種垂直的長條圖，其中每個長方柱都畫在每個類別區間的間隔上。

21. ＿＿＿＿＿圖用在強調每個類別占整體的比例時。

22. ＿＿＿＿＿圖主要用於比較不同類別的百分比時。

23. ＿＿＿＿＿用於想要研究兩個數值變數間的模式時。

24. ＿＿＿＿＿用於研究一個數值變數的分布。

25. 你30天以來持續測量了自己的脈搏。你應該使用＿＿＿＿＿圖來研究30天來的脈搏。

26. 你蒐集了朋友最喜愛哪些飲料的資料。你應該使用＿＿＿＿＿圖來研究朋友最喜愛的飲料。

27. 你蒐集了朋友每天早上花多少時間準備就緒才能出門。你應該使用＿＿＿＿＿來研究這個變數。

### 自我評量簡答題解答

| 1. b | 2. b | 3. d | 4. a | 5. c | 6. d |
|------|------|------|------|------|------|
| 7. d | 8.○ | 9.○ | 10.× | 11.× | 12.○ |
| 13. × | 14.○ | 15. × | 16.× | 17.○ | 18.× |
| 19.交叉分類表 | 20.直方圖 | 21.圓餅圖 | 22.長條圖 | 23.散布圖 | 24.直方圖 |
| 25.時間序列圖 | 26.長條圖、圓餅圖、柏拉圖 | 27.直方圖 | | | |

## 應用題

1. 一項針對503位員工進行等待電子郵件回覆時間的調查（〈回覆電子郵件〉，《今日美國》，2013年6月6日，1A版），結果如下：

| 等待電子郵件回覆的時間 | 百分比 |
|---|---|
| 30分鐘以下 | 31% |
| 一小時 | 22% |
| 幾個小時 | 19% |
| 一個工作天 | 23% |
| 一週或一週以上 | 5% |

(a) 請繪製長條圖與圓餅圖。

(b) 你覺得哪種圖表最適合呈現這些資料？

(c) 關於回覆電子郵件的時間，你可以作出何種結論？

2. 醫院中給藥錯誤是相當嚴重的問題。下列的資料列出了最近醫院藥局給藥錯誤的原因：

| 錯誤原因 | 次數 |
|---|---|
| 額外的指示 | 16 |
| 劑量 | 23 |
| 誤植為舊的處方 | 14 |
| 用藥頻率 | 22 |
| 疏漏 | 47 |
| 收到時未停止舊有處方 | 21 |
| 未收到處方 | 12 |
| 病人問題 | 5 |
| 方法問題 | 4 |
| 其他問題 | 8 |

(a) 請繪製柏拉圖。

(b) 討論藥局給要錯誤的「重要少數」以及「不重要多數」的原因。

3. 國內啤酒檔案中列出了美國國內銷路最好的152種啤酒，以及各種啤酒的酒精濃度，與每12盎司中的熱量及碳水化合物的含量（以克計）。（資料摘錄自www.beer100.com/beercalories.htm， 2013年3月20日）（📱國內啤酒）

   (a) 請繪製酒精濃度、每12盎司熱量、每12盎司碳水化合物（以克計）的次數與百分比分配表。

   (b) 請繪製酒精濃度、每12盎司熱量、每12盎司碳水化合物（以克計）的直方圖。

   (c) 請繪製三幅散布圖：酒精濃度與熱量、酒精濃度與碳水化合物含量、熱量與碳水化合物含量。

   (d) 關於酒精濃度、每12盎司熱量、每12盎司碳水化合物（以克計），你可以得到何種結論？

4. 地價稅檔案中包含了美國50州與哥倫比亞特區每人應付的地價稅資料。（📱地價稅）

   (a) 請繪製直方圖。

   (b) 有關每人應付的地價稅，你可以得到何種結論？

5. 下表中列出了2009至2013年間美國每人飲用的瓶裝水量：（📱瓶裝水）

| 年度 | 每人飲用的瓶裝水量 |
|------|--------------------|
| 2009 | 27.6 |
| 2010 | 28.3 |
| 2011 | 29.2 |
| 2012 | 30.8 |
| 2013 | 32.0 |

資料來源：摘錄自〈美國人對瓶裝水的渴望〉，《今日美國》，2014年1月22日，1A版。

   (a) 請繪製2009至2013年間美國每人飲用瓶裝水量的時間序列圖。

   (b) 這筆資料呈現了什麼特殊的模式？

   (c) 如果你要預測2014年美國每人飲用的瓶裝水量，你會怎麼說？

6. 下表中列出了七種早餐穀片的熱量與含糖量（以克計）。（📋穀片）

| 穀片 | 熱量 | 含糖量 |
|---|---|---|
| 家樂氏全穀物 | 80 | 6 |
| 家樂氏玉米片 | 100 | 2 |
| 小麥片 | 100 | 4 |
| Nature's Path有機多穀物脆片 | 110 | 4 |
| 家樂氏米脆片 | 130 | 4 |
| 寶氏香草杏仁小麥麥片 | 190 | 11 |
| 家樂氏純穀物迷你脆麥絲捲 | 200 | 10 |

(a) 請繪製散布圖。

(b) 你是否能夠看出這些穀片中熱量與含糖量間的關係？

## 自我評量應用題解答

1. (b) 如果你比較想知道哪種回信時間出現的頻率最高，那麼最好使用長條圖。如果你比較想了解所有類別的分布情形，那麼圓餅圖是較好的選擇。

   (c) 一半以上的員工期待在一小時內收到回信。很少有人期待回信的時間超過一星期。

2. (b) 最重要的用藥錯誤類別為未收到處方、用藥頻率、誤植為舊的處方、疏漏。

3. (c) 酒精濃度集中在4％到6％之間，其中4％到5％之間者居多。熱量則在140到160之間。碳水化合物則集中在12到15之間。你會發現兩端都有這個範圍之外的項目。酒精濃度低於這個範圍的，是不含酒精成分的「O'Doul's」啤酒；酒精濃度超過這個範圍的，則濃度約為11.5％。有些啤酒的熱量高達327.5，碳水化合物的含量則高達31.5。酒精濃度與熱量、熱量與碳水化合物含量間有強烈的正相關。酒精濃度與碳水化合物含量間則有中度的正相關。

4. (b) 地價稅似乎集中在每人1,000到1,500美元之間，以及500到1,000美元之

間。每人地價稅低於1,500美元的州多過每人地價稅高於1,500美元的州。

5. (b) 你會發現在2009到2013年間瓶裝水的飲用量有上升的趨勢。

(c) 由此圖表向外推論,便能夠預測2014年每人飲用瓶裝水的量約為33加侖,因為飲用量增加的幅度約為每年一加侖。

6. (b) 熱量與含糖量有強烈的正相關。熱量較高的穀片含糖量較高。

參考資料
1. Beninger, J. M., and D. L. Robyn. 1978. "Quantitative Graphics in Statistics." *The American Statistician*, 32: 1-11.
2. Berenson, M. L., D. M. Levine, and K. A. Szabat. *Basic Business Statistics: Concepts and Applications*, Thirteenth Edition. Upper Saddle River, NJ: Pearson Education, 2015.
3. Microsoft Excel 2013. Redmond, WA: Microsoft Corporation, 2012.
4. Tufte, E. R. *Beautiful Evidence*. Cheshire, CT: Graphics Press, 2006.
5. Tufte, E. R. *Envisioning Information*. Cheshire, CT: Graphics Press, 1990.
6. Tufte, E. R. *The Visual Display of Quantitative Information*, 2nd ed. Cheshire, CT: Graphics Press, 2002.
7. Tufte, E. R. *Visual Explanations*. Cheshire, CT: Graphics Press, 1997.

# 第三章

# 描述型統計

　　除了在第二章中討論的圖表與表格之外，你也可以利用描述型量數來替數值變數作結論，這種量數能夠顯現數值變數的特質，如趨中、變異、圖形等。

# 第一節　趨中量數

大部分數值變數的資料值往往會趨近一個特定的值。趨中量數有助於說明某個數值變數的特定模式。在這個章節當中，會討論到三種最常見的量數：算術平均數（亦稱為平均數或平均）、中位數、眾數。你所計算的這些量數很可能是樣本的統計量，或是母體的參數。

## 平均數

**觀念**：等於資料值總和除以資料筆數的數字。

**範例**：許多運動類的統計數字，例如棒球的平均打擊率，以及籃球每場比賽的平均得分，大學入學考試的平均分數，某個社交網站成員的平均年齡，在某間銀行中的平均等候時間等。

**說明**：平均數是在一組資料中找出最具代表性數值的方式之一，是唯一代表集中趨勢的量數，適用於單一樣本或母體的資料值。但平均數有個致命的缺點，就是個別的極端值會扭曲了大部分的一般值，如下列例題二所示。

**例題一**：雖然許多人在準備要出門工作時，都覺得自己快來不及了，但很少有人真正測量早上出門前需要的準備時間。假設你想知道鬧鐘響後到實際上出門的時間有多久，因此你決定去測量連續十個工作天中的準備時間（以分鐘計），記錄的結果如下所示：

### 🗒 時間

| 天 | 1 | 2 | 3 | 4 | 5 | 6 | 7 | 8 | 9 | 10 |
|----|----|----|----|----|----|----|----|----|----|----|
| 時間 | 39 | 29 | 43 | 52 | 39 | 44 | 40 | 31 | 44 | 35 |

要計算平均時間，首先就要將所有的資料加總：39＋29＋43＋52＋39＋44＋40＋31＋44＋35，得到的值為396。接著，再將396除以資料的筆數，也就是10，得到的結果39.6分鐘，就是準備好的平均時間。

**例題二**：如果問題不變，但假設第四天出現突發狀況，例如，接到一通電話，讓你那天早上花了102分鐘（而非原本的52分鐘）才能出門。這樣就會讓時間的加總變成了446分鐘，平均數（446除以10）則變成了44.6分鐘。

這顯示了一個極端值會大幅影響平均值。新的平均值44.6其實一點都不接近中間值，比10天當中9天的準備時間還久。在這個範例當中，平均數就無法代表典型的值，或是「中間的趨勢」。

在例題當中，計算了準備時間的平均數。要計算平均數時，你需要三個符號來書寫計算平均數的公式：

● 大寫斜體的$X$上方加一條水平線，成為$\overline{X}$，唸作$X$ bar，代表一個樣本的平均數。

● 斜體的大寫$X$加上下標的數字（例如$\overline{X}$）代表加總的其中一個數字。因為這個問題包含了十筆資料，這些資料第一筆為$X_1$，最後一筆為$X_{10}$。

● 小寫的斜體 $n$ 代表這個範例中資料加總的筆數，亦即「樣本大小」。通常 $n$ 我們會稱為樣本大小，以避免和代表母體大小的大寫 $N$（就直接念為 $N$）造成混淆。

利用這些符號，就寫出了下列的公式：

$$\overline{X} = \frac{X_1 + X_2 + X_3 + X_4 + X_5 + X_6 + X_7 + X_8 + X_9 + X_{10}}{n}$$

你可以利用刪節號將公式簡寫為：$\overline{X} = \dfrac{X_1 + X_2 + \cdots + X_{10}}{n}$

觀察之後，你會發現最後一個下標的數字總是與 $n$ 值相等，因此歸納過後的公式就變成了：$\overline{X} = \dfrac{X_1 + X_2 + \cdots + X_n}{n}$

利用數學中的標準符號，亦即希臘字母 $\Sigma$ 來代表各個值的總和，就可進一步將公式簡化為：$\overline{X} = \dfrac{\Sigma X}{n}$

或是更簡單的：$\overline{X} = \dfrac{\sum\limits_{i=1}^{n} X_i}{n}$

在這個公式當中，$i$ 代表一個下標的數字，下方分母與$\Sigma$上方的 $n$ 代表算式中下標數值的範圍。

# 中位數

**觀念：** 一組資料由小到大排列時，位於中間的數值即為中位數。在資料的筆數為偶數時，則沒有自然存在的中位數。你必須計算中間兩筆資料的平均數，以獲得中位數，如下說明所示。

**範例：** 經濟學上的一些統計數字，例如某地區每戶所得的中位數；行銷時的一些統計數據，例如購買某樣消費性產品者的年齡中位數；在教育方面，則是用於許多標準化測驗的中間值。

**說明：** 中位數會將排序好的一組資料值分成數量相同的兩組資料。在資料中出現極端值時，中位數是替代平均數的好方法，因為中位數與平均數相異之處，在於極端值不會影響到中位數。

在個數為奇數的資料中，中位數即為資料由高至低依序排列之後，位於正中間的那個數值。例如，如果資料中共有五個依序排列的數值，那麼中位數就是依序排列的第三個值。

在個數為偶數的資料中，你則必須先將資料由低至高排序好後，取最接近中間的兩個值來計算平均。例如，資料中共有六個依序排列的數值，那麼你就必須計算第三與第四個值的平均數。如果你有十個依序排列的數值，那麼就必須計算第五與第六個值的平均數（有些人會用「序列」來代表排序好的數值，所以會說「如果你有十個排序好的數字，那麼就應該計算第五個序列與第六個序列的平均值」，這樣的說法和之前的說法相同）。

數值變數的資料值有非常多筆時，你要用目測的方式找出正中間的數字（或在資料筆數為偶數時，找出正中間的兩個數字）並不容易。在資料量非常大時，可把資料的筆數加1再除以2，以找出排序後資料的中位數位置。例如，你手上有個共有127筆資料的數據，你可以用128除以2得到64，得知中位數就是第64個數字。如果總共有70筆資料，你可以用71除以2得到35.5，那麼中位數就是第35與36個數字的平均值。

**例題三：** 你要找出一群員工年齡的中位數，他們的年齡分別為47、23、34、22、27歲。首先，你必須將這些數字由低至高依序排好，變成了22、23、27、34、47。由於總共有五筆資料，因此中位數就是排第三位的數字，亦即27。這表示有半數的員工年齡為27歲以下，另外半數則為27歲以上。

例題四：你必須找出前述「例題一」準備時間的中位數。將那些數值由低至高排序後，會得到：

| 時間 | 29 | 31 | 35 | 39 | 39 | 40 | 43 | 44 | 44 | 52 |
|------|----|----|----|----|----|----|----|----|----|----|
| 順序 | 第一 | 第二 | 第三 | 第四 | 第五 | 第六 | 第七 | 第八 | 第九 | 第十 |

由於資料數為偶數筆（十筆），因此必須計算最接近中間兩個數值的平均數，也就是第五與第六個數字（39和40）。39和40的平均數為39.5，因此這十筆準備時間資料的中位數即為39.5。

利用之前在第51頁中所定義的 $n$，你可以將中位數定義為：

中位數＝第 $\frac{n+1}{2}$ 個值

## 眾數

**觀念**：在一組資料的數值當中，出現次數最多的數值。

**範例**：某次考試當中最常出現的分數，某間商店當中單次交易最常見的購買物品數、最常見的通勤時間。

**說明**：有些資料當中不會出現眾數，因為所有的數值皆僅出現一次，完全沒有重複。另外有些資料當中可能會出現好幾個眾數，例如在第50頁中的準備時間即為如此。這筆資料出現了兩個眾數，39分鐘與44分鐘，因為這些值出現了兩次，其他值則都只出現了一次。

眾數和中位數一樣，不會受到極端值的影響。然而，眾數和中位數及平均數不同的地方，在於不同的樣本中，眾數出現的情形可能會有所不同。

# 第二節　位置量數

「位置量數」用來描述數值變數中，其中一筆資料值與其他變數值間的關係。其中一種常用的位置量數為四分位數（如同本書第52頁提到的內容，有些人會用「序列」這個詞來指稱排列的順序。在討論四分位數時，通常會用到這個詞）。

# 四分位數

**觀念：** 在排序好的資料當中，將這些資料分為四等分的三個值。第一四分位數Q1表示有25％排序的數值小於這個數字，有75％的數值則大於這個數字。第二四分位數則將排序好的數值分成相等的兩部分。（第二四分位數又稱為中位數，定義請見第52頁）。第三四分位數Q3，則表示有75％的值小於這個值，25％的值大於這一個。

**範例：** 標準化測驗中的成績報告常以四分位數的觀念呈現。

**說明：** 四分位數有助於了解一個特定數值在一大串資料當中的位置。例如，如果你知道自己在滿分為800分的標準化測驗中得到580分，其實不如你知道自己位在第三四分位數，亦即你的得分為前25％來得有用。

要知道排序後的哪個數值為第一四分位數，你可以將數值的筆數加1，然後再除以4。例如，總共有11筆數值，將12除以4後得到3，則排在第三位的數字就是第一四分位數。要找出代表第三四分位數的數值，則將筆數加1，除以4後再將所得的商數乘以3。例如，總共有11筆數值，則第三四分位數為排在第九位的數值。（12除以4等於3，3再乘以3等於9。）若要找出第二四分位數，則請利用第52頁中計算中位數的方式。

如果四分位數的排序並非整數：

1. 選出比計算值低以及比計算值高的兩個數值。例如，假設計算結果是3.75，則選出排在第三位與第四位的值。

2. 如果兩個選出的值一模一樣，那麼四分位數就是那個值。如果兩個值不同，那麼請繼續進行下列3～5的步驟。

3. 請將排序較大的數值，乘以要計算的那個四分位的小數（也就是要乘以0.25、0.5或0.75）。

4. 請將排序較小的數值乘以1減去上述數值。

5. 將得到的兩個數字相加，得出要求的四分位數。

例如，如果你總共有十個數值，算出來的第一四分位數應為2.75（即10＋1＝11，11/4＝2.75）。由於2.75並非整數，你必須選擇排第二與第三的兩個數值。如果這兩個值相同，那麼這個數值就是第一四分位數。否則的話，根

據步驟3與步驟4，你必須將排第三的數值乘以0.75，並且將排第二的數值乘以0.25（即1－0.75＝0.25）。接著，根據步驟5，你必須將兩個數字加總，最後得到的就是第一四分位數。

在標準化測驗當中，除了使用這種量數以外，還會使用其他的統計量，例如百分位數。百分位數能夠呈現比該數值低的百分比。根據前述定義，第一四分位數，則是第25個百分位數。第二四分位數，則是第50個百分位數。第三四分位數，則是第75個百分位數。如果收到的成績單為第99個百分位數，那成績一定相當傑出，因為這代表了這個成績高過99％的成績；也就是獲得了最頂尖1％的成績。

例題五：你必須從第53頁中準備時間的數據找出第一四分位數。

| 時間 | 29 | 31 | 35 | 39 | 39 | 40 | 43 | 44 | 44 | 52 |
|------|----|----|----|----|----|----|----|----|----|----|
| 順序 | 第一 | 第二 | 第三 | 第四 | 第五 | 第六 | 第七 | 第八 | 第九 | 第十 |

首先，你必須計算出第一四分位數的排序值為2.75（10＋1＝11，11/4＝2.75）。由於2.75並非整數，你必須選出排第二位與第三位的數值。接著根據第54頁的步驟，你必須將排第三的值35乘以0.75，得到26.25，接著再把排第二的值31乘以0.25，得到7.75。最後根據步驟5，算出第一四分位數為34（26.25＋7.75＝34）。這表示準備時間的25％為34分鐘以下，而其他75％的值則超過34分鐘。

例題六：你必須找出準備時間的第三四分位數。計算之後得知，第三四分位數的排序為8.25（10＋1＝11，11/4＝2.75，2.75×3＝8.25）。由於8.25並非整數，你必須選出排序第8與第9的數值。根據步驟2，由於兩個值皆為44，因此第三四分位數就是44（不需要再相乘）。

進階
公式

利用之前求得的中位數公式，中位數＝第 $\frac{n+1}{2}$ 個值

你可以將「第一四分位數Q1」寫為：Q1＝第 $\frac{n+1}{4}$ 個排序的值

你可以將「第三四分位數Q3」寫為：Q3＝第 $\frac{3(n+1)}{4}$ 個排序的值

你對數學 有興趣嗎？

例題七：你正在進行一項研究，目的是要比較大城市中餐廳的餐點費用與鄰近郊區餐廳中的餐點費用。你分別蒐集了50筆城市與郊區餐廳中的每人消費資料，並分別將兩組資料排序如下：

📋 **餐廳**

| 城市餐廳中餐點費用的資料 |
|---|
| 25　26　27　29　32　32　33　33　34　35　35　36　37　39　41　42　42　43　43　43　44　44　44　44 |
| 45　48　50　50　50　50　51　53　54　55　56　57　57　60　61　61　65　66　67　68　74　74　76　77 |
| 77　80 |

| 郊區餐廳中餐點費用的資料 |
|---|
| 26　27　28　29　31　33　34　34　34　34　34　34　35　36　37　37　37　38　39　39　39　40　41　41 |
| 43　44　44　44　46　47　47　48　48　49　50　51　51　51　51　52　52　54　56　59　60　60　67　68 |
| 70　71 |

由於你有兩組50筆排序好的資料，就可以製作一個類似第57頁圖表解題所示的工作表。你在不同的欄位中分別輸入城市與郊區餐點費用的資料，利用第一列的表格來標示標題（城市與郊區）。接著於另一欄中輸入各個描述性量數的名稱，然後再輸入公式，於下一欄中計算這些量數。你可以建立類似第三章例題七的工作表，如下所示：

| 描述型統計 | | |
|---|---|---|
| 趨中量數 | | |
| | 城市 | 郊區 |
| 算術平均數 | 49.3 | 44.4 |
| 中位數 | 46.5 | 43.5 |
| 眾數 | 44 | 34 |
| 只會顯示第一個眾數 | | |
| 位置量數 | | |
| | 城市 | 郊區 |
| 第一四分位數 | 36.75 | 34.75 |
| 第三四分位數 | 60.25 | 51.00 |

從這個工作表中，你可以得知：

◎城市中一餐的平均費用為49.3美元，比郊區一餐費用的平均值44.4美元來得高。

◎城市中一餐的中位數46.5美元，比郊區一餐費用的中位數43.5美元來得高。

◎城市中一餐的第一與第三四分位數（36.75美元與60.25美元）比郊區一餐的值（34.75美元與51.00美元）來得高。

從以上結果，你可以推論城市當中每人每餐的花費比郊區要高。

## 趨中與位置量數

第三章描述型的檔案中，包含了下圖所示的工作表，能夠用來計算例題中準備時間的趨中量數與位置量數。你可以在B欄中輸入自己的資料，以進行練習。

**最佳練習方式：**

在變數資料的欄位中進行加總。

在工作表中利用「AVERAGE」計算平均數，並且利用「MEDIAN」、「MODE」等函數來計算趨中量數。

利用「QUARTILE.EXC」函數來計算第一與第三四分位數。

**操作方式：**

附錄D函數技巧一中說明了輸入第三章描述型中使用的函數。

附錄E分析工具箱技巧二說明了如何利用分析工具箱作為產生趨中量數的第二種方式。

| | A | B | C | D | |
|---|---|---|---|---|---|
| 1 | 資料 | | 描述型統計 | | |
| 2 | | 29 | | | |
| 3 | | 31 | 趨中量數 | | |
| 4 | | 35 | 算術平均數 | 39.6 | =AVERAGE(A:A) |
| 5 | | 39 | 中位數 | 39.5 | =MEDIAN(A:A) |
| 6 | | 39 | 眾數 | 39 | =MODE(A:A) |
| 7 | | 40 | 僅列出第一組眾數 | | |
| 8 | | 43 | | | |
| 9 | | 44 | 位置量數 | | |
| 10 | | 44 | 第一四分位數 | 34.00 | =QUARTILE.EXC(A:A,1) |
| 11 | | 52 | 第三四分位數 | 44.00 | =QUARTILE.EXC(A:A,3) |
| 12 | | | | | |
| 13 | | | 變異量數 | | |
| 14 | | | 最大值 | 52 | =MAX(A:A) |
| 15 | | | 最小值 | 29 | =MIN(A:A) |
| 16 | | | 範圍 | 23 | =D14 - D15 |
| 17 | | | 變異值 | 45.82 | =VAR.S(A:A) |
| 18 | | | 標準差 | 6.77 | =STDEV.S(A:A) |

# 第三節　變異量數

變異量數能夠呈現數值變數資料當中的離差，亦即分布的情形。四個最常用的變異量數，分別為範圍、變異數、標準差、Z分數，這些都可用來計算樣本的統計量或母體的參數。

## 範圍

**觀念：** 在一組資料值中，最大值與最小值之間的差異。

**範例：** 每日最高溫與最低溫、52週股市收盤指數的最高值與最低值、在某項計時的運動賽事當中，完賽時間最長與最短的值。

**說明：** 範圍代表了一組資料當中最大的可能差異值。範圍越大，則資料值中的變異就越大。

**例題八：** 在第50頁準備時間的資料裡，範圍為23分鐘（即52至29）。在用餐費用的研究當中，城市餐點費用的範圍為55美元，郊區餐點費用的範圍則為45美元。因此你可以說城市中餐點費用的變異大於郊區餐點費用的變異。

**進階公式**

在一組資料值當中，範圍＝最大值－最小值

## 變異數與標準差

**觀念：** 這兩個量數描述了對一個變數來說，在平均值附近的分布情形。標準差為變異數的正平方根。

**範例：** 美國大學入學新生考試（SAT）成績的變異數、訪客在一個網站停留時間的標準差、某支共同基金年度收益的標準差。

**說明：** 就大部分的資料值而言，標準差多半落在平均數的正一與負一之間。因此，找出平均數與標準差，通常有助於判定大部分資料值落在哪個範圍之中。

要計算變異數，你必須要先算出每筆資料值和平均數的差，將這個差數平方，然後把所有平方後的差數加總。接著若是計算樣本的標準差，請將這個平方總和除以資料筆數減一；若是計算母體的標準差，則將平方總和除以資料筆數。計算出來的結果就是變異數。

由於計算變異數時必須將每筆資料值與平均數的差平方，這個步驟會讓數字永遠為正，因此變異數不可能為負數。由於標準差是這個正數的平方根，因此也不會是負數。

例題九：你想要計算第50頁中準備時間的變異數與標準差值。首先，你必須分別計算10次時間與平均數（39.6分鐘）的差，並且把這些數字平方後再相加（請見下表）。

| 天 | 時間 | 差：時間減平均數 | 差的平方 |
|---|---|---|---|
| 1 | 39 | -0.6 | 0.36 |
| 2 | 29 | -10.6 | 112.36 |
| 3 | 43 | 3.4 | 11.56 |
| 4 | 52 | 12.4 | 153.76 |
| 5 | 39 | -0.6 | 0.36 |
| 6 | 44 | 4.4 | 19.36 |
| 7 | 40 | 0.4 | 0.16 |
| 8 | 31 | -8.6 | 73.96 |
| 9 | 44 | 4.4 | 19.36 |
| 10 | 35 | -4.6 | 21.16 |
| | | | 平方總和：412.40 |

由於這是準備時間的樣本，因此平方的總和412.40必須除以資料筆數減一，也就是9，得到45.82，這就是樣本的變異數。45.82的平方根（四捨五入之後為6.77）就是樣本的標準差。因此，你可以合理地推論大部分的準備時間介於32.83（39.6－6.77）與46.37（39.6＋6.77）分鐘之間，由於這個例題中的資料數量不多，這點你只需要用目測的方式就能夠驗證。

例題十：你想要計算餐廳中餐點費用的標準差。城市餐廳中餐點費用標準差為14.92美元，因此你可以判定大部分的餐點費用落在34.38美元與64.22美元（平均數49.30±14.92美元）之間。郊區餐廳的餐點費用標準差為11.38美元，因此你可以判定大部分的餐點費用落在33.02美元與55.78美元（平均數44.40±11.38美元）之間。

## 變異量數

在第57頁首次提到的第三章描述型工作表也可以用來計算準備時間樣本的變異量數（如下所示）。你可以在B 欄中輸入自己的資料進行練習。

**最佳練習方式：**

輸入變數資料並在該欄位後加總。

利用VAR.S和STDEV.S函數來計算樣本的變異數與標準差。利用VAR.P與STDEV.P函數來計算母體的量數。

首先利用MAX與MIN函數來找出最大值與最小值，接著運用公式來計算兩個值之間的差，以得知範圍。

**操作方式：**

附錄D函數技巧一中說明了如何輸入第三章描述型檔案中的函數。

附錄E分析工具箱技巧二說明了利用分析工具箱作為產生變異量數的第二種方式。

| | A | B | C | D | |
|---|---|---|---|---|---|
| 1 | 資料 | | 描述型統計 | | |
| 13 | | | 變異量數 | | |
| 14 | | | 最大值 | 52 | =MAX(A:A) |
| 15 | | | 最小值 | 29 | =MIN(A:A) |
| 16 | | | 範圍 | 23 | =D14 - D15 |
| 17 | | | 變異數 | 45.82 | =VAR.S(A:A) |
| 18 | | | 標準差 | 6.77 | =STDEV.S(A:A) |

**進階公式**

你對數學有興趣嗎？

利用本章之前介紹的符號，你可以將樣本的變異數與標準差寫成：

樣本的變異數= $S^2 = \dfrac{\sum (X_i - \overline{X})^2}{n-1}$

樣本的標準差= $S = \sqrt{\dfrac{\sum (X_i - \overline{X})^2}{n-1}}$

要計算母體的變異數與標準差，只要將分母從樣本資料筆數減一（樣本的筆數）改成母體的資料之筆數即可，這個值也稱為「母體大小」，用斜體的大寫「$N$」表示。

$$母體的變異數= \sigma^2 = \frac{\sum(X_i-\mu)^2}{N}$$

$$母體的標準差= \sigma = \sqrt{\frac{\sum(X_i-\mu)^2}{N}}$$

統計學家用小寫的希臘字母sigma（$\sigma$）來表示母體的標準差，而非用大寫斜體的「$s$」表示。在統計學當中，母體的參數都是用希臘文字母表示〔請注意，在變異數與標準差的公式當中，小寫的希臘字母mu（$\mu$）代表了母體的平均數，而非樣本的平均數「$\overline{X}$」〕。

# 標準（Z）分數

**觀念：**是一筆資料與變數平均數的差，再除以標準差後的數字。

**範例：**某位入學新生考試測驗的Z分數、準備時間中第四天的Z分數。

**說明：**Z分數有助於讓你判定某筆資料是否為極端值或偏離本體的部分，亦即遠離平均數的數字。一般而言，一筆資料的Z分數小於-3或大於+3就表示該筆資料為極端值。

**例題十一：**你想知道第50頁的準備時間當中，是否有任何一筆資料為極端值，就可以計算每個時間的Z分數（請見下表），然後進行比較。從下表的結果當中，你會發現最大的正Z分數值為1.83（第四天的值），最大的負Z分數值為-1.27（第八天的值）。由於沒有任何Z分數小於-3或大於+3，因此你可以判定在準備時間的資料中，沒有任何一筆為極端值。

| 日 | 時間 | 時間減去平均數 | 差的平方 |
| --- | --- | --- | --- |
| 1 | 39 | -0.6 | -0.09 |
| 2 | 29 | -10.6 | -1.57 |
| 3 | 43 | 3.4 | 0.50 |
| 4 | 52 | 12.4 | 1.83 |
| 5 | 39 | -0.6 | -0.09 |
| 6 | 44 | 4.4 | 0.65 |
| 7 | 40 | 0.4 | 0.06 |
| 8 | 31 | -8.6 | -1.27 |
| 9 | 44 | 4.4 | 0.65 |
| 10 | 35 | -4.6 | -0.68 |

**進階公式**

利用本章之前介紹過的符號，你可以用以下的方式表示Z分數。

$$Z分數 = Z = \frac{X - \bar{X}}{S}$$

# 第四節　分配圖形

一組數值資料的第三種重要特質即為圖形，能夠描述一組資料中各個數值的分布形式。圖形共有三種可能的形式：對稱型、左偏型、右偏型。圖形相當重要，因為一組資料如果偏移的程度很大，很可能會讓某些統計方式無法發揮作用（這點在本書稍後的章節中會說明）。

## 對稱型

**觀念：**在一組資料值中，平均數等於中位數，且其中一半的曲線與另一半互為鏡像。

**範例：**標準化測驗的成績、在一公升的瓶子中實際的飲料量。

## 左偏型

**觀念：**一組資料值的平均數小於中位數，左尾長過右尾，亦稱為負偏。

**範例：**某次考試的成績，其中大部分的學生成績都在70到100分之間，只有少數學生的成績在10到69分。

## 右偏型

**觀念：**一組資料值的平均數大於中位數，右尾長過左尾，亦稱為正偏。

**範例：**某個社區中的房價、家庭年收入。

**說明：**右偏或正偏會發生在一組資料中出現一些極高值的時候（那些數值拉高了平均數）。左偏或負偏會發生在資料中出現極低值的時候（拉低了平均值）。在高低數值達到平衡時，就會出現對稱型。

在分辨圖形時，你要避免常見的思考陷阱，不要誤以為直方圖中大部分資料聚集之處就是偏斜的方向。例如，請見下方的三張直方圖。在第一張圖

中，資料聚集的地方位於圖的右側，但圖形卻是左偏的。為了能夠更清楚地看出圖形，統計學家就創造了曲線下方的區域，亦稱為分布圖，圖中的曲線代表所有長方柱的頂點。在三張直方圖下方，即為相等的分布圖。如果你還記得尾端較長的一側就是偏斜方向的話，那麼就不會弄錯偏斜的方向。

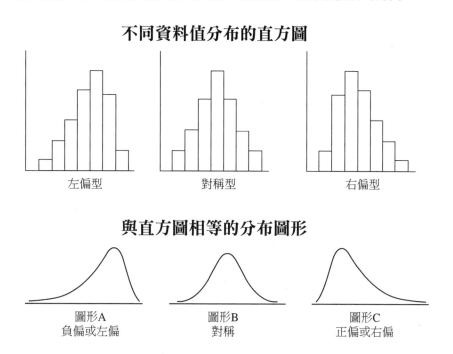

### 不同資料值分布的直方圖

左偏型　　　　　　　對稱型　　　　　　　右偏型

### 與直方圖相等的分布圖形

圖形A　　　　　　　圖形B　　　　　　　圖形C
負偏或左偏　　　　　對稱　　　　　　　　正偏或右偏

除了畫出分布圖形以外，也可以計算偏斜度的統計量。這個統計量若為0，則為對稱圖形。

例題十二：你想要知道本書第34頁中出現的美國國家籃球協會（以下稱「NBA」）球迷消費指數圖形。在參考了第35頁的直方圖之後，你就可以判斷這個圖形是右偏的，因為當中較低值的數量多過較高值。

例題十三：準備時間資料的偏斜度是0.086。因為這個值相當接近0，因此結論就是準備的時間很接近平均數，大致上為對稱的圖形。

# 盒鬚圖

觀念：在一組資料值中，下列五個數字組成的圖：最小值、第一四分位數Q1、中位數、第三四分位數Q3、最大值。這種圖又稱為箱型圖。

63

　　說明：這種用五個數字來表示這組資料的方式，簡單扼要地概述這組資料的圖形。從這個圖形中，你可以根據五個數字之間的距離來判定圖形對稱的程度（偏斜度）。想要有效比較這些數字間的距離，你可以繪製盒鬚圖。在這張圖當中，會將五個數字用垂直的線標示出來，並互相連接之後，如果你的想像力夠豐富，就會發現這個圖形看起來像一個盒子，以及一對貓鬚。

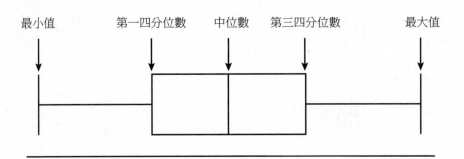

如果盒鬚圖中出現下列特色，則這個圖就會是對稱圖形：

◎代表最小值的線到代表中位數的線之間的距離，與代表中位數的線到最大值的線間距離相等。

◎代表最小值的線到代表第一四分位數的線之間的距離，與代表第三四分位數的線到最大值的線間距離相等。

◎代表第一四分位數的線到代表中位數的線之間的距離，與代表中位數的線到第三四分位數的線間距離相等。

如果盒鬚圖中出現下列特色，則這個圖就會是右偏的圖形：

◎代表最大值的線到代表中位數的線之間的距離，長過代表中位數的線到最小值的線間距離。

◎代表第三四分位數的線到代表最大值的線之間的距離，長過代表最小值的線到第一四分位數的線間距離。

◎代表第一四分位數的線到代表中位數的線之間的距離，短過代表中位數的線到第三四分位數的線間距離。

如果盒鬚圖中出現下列特色，則這個圖就會是左偏的圖形：

◎代表最小值的線到代表中位數的線之間的距離，長過代表中位數的線到最大值的線間距離。

◎代表最小值的線到代表第一四分位數的線之間的距離，長過代表第三四分位數的線到最大值的線間距離。

◎代表第一四分位數的線到代表中位數的線之間的距離，長過代表中位數的線到第三四分位數的線間距離。

例題十四：下圖為晨間準備時間的盒鬚圖：

## 準備時間的盒鬚圖

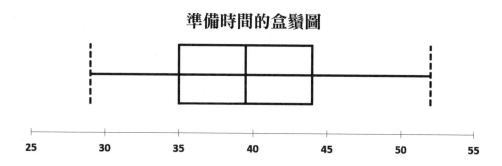

這張盒鬚圖顯示準備時間的分布大致上為對稱圖形。中間代表中位數的線約與盒子的兩端等距，兩條鬍鬚的長度也相去不遠。

例題十五：你想要更了解之前例題中的餐點費用問題，因此繪製了城市與郊區餐點費用的盒鬚圖。

## 餐廳餐點費用研究盒鬚圖

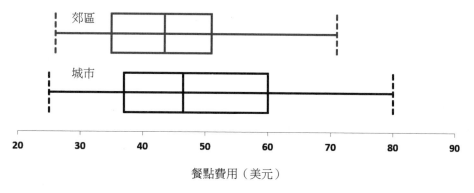

餐點費用（美元）

在檢視了城市餐廳中餐點費用的盒鬚圖後，你會發現以下幾點：

◎代表最小值（$25）的線到代表中位數（$46.50）的線之間的距離，遠短於代表中位數的線到代表最大值（$80）的線之間的距離。

◎代表最小值（$25）的線到代表第一四分位數（$36.75）的線之間的距離，短於代表第三四分位數（$60.25）的線到代表最大值（$80）的線之間的距離。

◎代表第一四分位數（$36.75）的線到代表中位數（$46.50）的線之間的距離，遠短於代表中位數（$46.50）的線到代表第三四分位數（$60.25）的線之間的距離。

因此你可以判定城市餐廳中的餐點費用為右偏的圖形。

在檢視了郊區餐廳中餐點費用的盒鬚圖後，你會發現以下幾點：

◎代表最小值（$26）的線到代表中位數（$43.50）的線之間的距離，遠短於代表中位數的線到代表最大值（$71）的線之間的距離。

◎代表最小值（$26）的線到代表第一四分位數（$34.75）的線之間的距離，遠短於代表第三四分位數（$51）的線到代表最大值（$71）的線之間的距離。

◎代表第一四分位數（$34.75）的線到代表中位數（$43.50）的線之間的距離，稍微短於代表中位數（$43.50）的線到代表第三四分位數（$51）的線之間的距離。

因此你可以判定郊區餐廳中的餐點費用為右偏的圖形。

在比較了城市與郊區餐廳中餐點費用的圖形之後，你可以判定城市的費用高於郊區的費用，因為城市餐廳中的最小值、第一四分位數、中位數、第三四分位數、最大值都比較高。

## 形狀的量數

　　第三章盒鬚圖中包含了準備時間的盒鬚圖，與第65頁中的圖表類似。你可以在A欄中輸入自己的資料以進行練習。

**最佳練習方式：**

　　你可以利用SKEW函數來計算偏斜度。

　　你可以利用MIN、QUARTILE.EXC、MEDIAN、MAX的函數來計算這五個數字，就可以利用這些數字來繪製盒鬚圖。

**操作方式：**

　　附錄D函數技巧一會告訴你如何輸入第三章描述型的函數。

　　利用附錄E分析工具箱技巧二來計算結果，包括計算偏斜度的量數。

　　Excel的圖表當中並未包含盒鬚圖。因此，第三章盒鬚圖中利用了一連串「精心設計」的線條來繪製盒鬚圖，當中包括了在C欄與D欄中五個數字的加總，在F欄與G欄中也有隱藏的公式與資料。

**重要公式**

平均數：（3.1）$\overline{X} = \dfrac{\sum X_i}{n}$

中位數：（3.2）中位數＝第 $\dfrac{n+1}{2}$ 個值

第一四分位數Q1：（3.3）Q1＝第 $\dfrac{n+1}{4}$ 個排序的值

第三四分位數Q3：（3.4）Q3＝第 $\dfrac{3(n+1)}{4}$ 個排序的值

範圍：（3.5）範圍＝最大值－最小值

樣本的變異數：（3.6）$S^2 = \dfrac{\sum (X_i - \overline{X})^2}{n-1}$

樣本的標準差：（3.7）$S = \sqrt{\dfrac{\sum (X_i - \overline{X})^2}{n-1}}$

$$母體的變異數：（3.8）\quad \sigma^2 = \frac{\sum(X_i - \mu)^2}{N}$$

$$母體的標準差：（3.9）\quad \sigma = \sqrt{\frac{\sum(X_i - \mu)^2}{N}}$$

$$Z分數：（3.10）\quad Z = \frac{X - \bar{X}}{S}$$

 **一分鐘總結**

趨中、變異、形狀等特質讓你能夠描述一組數值變數的資料。

| 數值資料的描述型量數 | | |
|---|---|---|
| ◎趨中 | ◎變異 | ◎形狀 |
| 平均數 | 範圍 | 偏斜度統計量 |
| 中位數 | 變異數 | 五個數字的總結 |
| 眾數 | 標準差 | 盒鬚圖 |
| | Z分數 | |

 **自我評量**

## 選擇題

1. 下列哪個統計量屬於趨中量數？

(a) 中位數

(b) 範圍

(c) 標準差

(d) 以上皆是

(e) 以上皆非

2.下列哪個統計量不屬於趨中量數？

(a) 平均數

(b) 中位數

(c) 眾數

(d) 範圍

3. 下列有關中位數的敘述何者不正確？

    (a) 比平均數不容易受到極端值的影響。

    (b) 屬於趨中量數。

    (c) 和範圍相等。

    (d) 在鐘型的「正常」分布曲線中，與眾數相等。

4. 下列有關平均數的敘述何者不正確？

    (a) 比中位數容易受到極端值的影響。

    (b) 是趨中量數的一種。

    (c) 在偏斜的分布圖中，與中位數相等。

    (d) 在對稱的分布圖中，與中位數相等。

5. 下列哪個量數的變化量會因為資料中的每個數值而變化？

    (a) 範圍

    (b) 標準差

    (c) 兩者皆是

    (d) 兩者皆非

6. 下列哪個統計量無法由盒鬚圖得知？

    (a) 標準差

    (b) 中位數

    (c) 範圍

    (d) 第一四分位數

7. 在對稱型的分配圖中：

    (a) 中位數與平均數相等

    (b) 平均數小於中位數

    (c) 平均數大於中位數

(d) 平均數小於眾數

8. 分配的圖形的形狀取決於：

(a) 平均數

(b) 第一四分位數

(c) 偏斜度

(d) 變異數

9. 在五個數字的總結中，不包含下列何者？

(a) 中位數

(b) 第三四分位數

(c) 平均數

(d) 最小值

10. 在右偏的分配圖中：

(a) 中位數與平均數相等

(b) 平均數小於中位數

(c) 平均數大於中位數

(d) 中位數與眾數相等

## 是非題：正確請寫「○」，錯誤請寫「×」

11.在盒鬚圖中，盒子的部分代表第一四分位數到第三四分位數的部分。

12.盒鬚圖中，盒子中所畫的線代表了平均數。

## 填空題

13.在一組資料當中，若資料筆數為奇數，且將資料由小到大排列，正中間的
那個數值即為_____。

14.標準差是_____量數。

15.如果一組資料的所有數值均相同，那麼標準差就是_____。

16.負偏的分配又稱為_____偏。

17.如果分配圖的其中一半與另一半互為鏡像，那麼這種分布圖可稱為 ____。

18.中位數是_____量數。

19.20. 21. 一組數值資料的三種特色為_____，_____，_____。

下列為九位學生樣本在一學期中缺課的日數，請利用這筆資料回答第22～30題。

| 9 | 1 | 1 | 10 | 7 | 11 | 5 | 8 | 2 |

22. 平均數為_____。

23. 中位數為_____。

24. 眾數為_____。

25. 第一四分位數為_____。

26. 第三四分位數為_____。

27. 範圍為_____。

28. 變異數大約為_____。

29. 標準差大約為_____。

30. 這筆資料為：

   (a) 右偏

   (b) 左偏

   (c) 對稱

31. 在左偏的分配圖中：

   (a) 中位數等於平均數

   (b) 平均數小於中位數

   (c) 平均數大於中位數

   (d) 中位數等於眾數

32. 有關標準差的敘述何者正確？

(a) 是平均數附近的變異量數。

(b) 是變異數的平方。

(c) 是中位數附近的變異量數。

(d) 是趨中量數之一。

33. 可能存在的標準差值中，最小的值為 _____。

### 自我評量簡答題解答

| | | | | | |
|---|---|---|---|---|---|
| 1. a | 2. d | 3. c | 4. c | 5. b | 6. a |
| 7. a | 8. c | 9. c | 10. c | 11.○ | 12.× |
| 13.中位數 | 14.變異 | 15. 0 | 16.左 | 17.對稱型 | 18.趨中 |
| 19.趨中 | 20.變異 | 21.形狀 | 22. 6 | 23. 7 | 24. 1 |
| 25. 1.5 | 26. 9.5 | 27. 10 | 28. 15.25 | 29. 3.91 | 30. b |
| 31. b | 32. a | 33. 0 | | | |

# 應用題

1. 網路雜貨商和超市當中的物品價格誰高誰低？購買一籃共14種物品的結果如下：（📥食物價格）

| 店名 | 總價 | 類型 |
|---|---|---|
| 莫頓・威廉斯 | 72.77 | 超市 |
| 比帕德（紐約） | 72.95 | 網站 |
| 新鮮直送 | 75.13 | 網站 |
| 賽福威店面商店 | 58.16 | 超市 |
| 賽福威網站 | 75.85 | 網站 |
| 亞馬遜生鮮 | 62.13 | 網站 |
| 沃爾瑪網站 | 52.70 | 網站 |
| 因斯特卡 | 72.19 | 網站 |
| 克魯格商店 | 57.00 | 超市 |
| 比帕德（印第安納坡里斯） | 70.57 | 網站 |

資料來源：資料摘錄自G. A. Fowler，"Price Check: Do Online Grocers Beat Supermarkets?"，《華爾街日報》，2014年1月8日，D1-D2版。

請分別就超市與網路雜貨商計算：

(a) 平均數與中位數。

(b) 變異數、標準差、範圍。

(c) 根據(a)與(b)的結果，你可以對同樣一籃食物在網路雜貨商與超市的價格做出何種結論？

2. 下列資料代表了2014年中型轎車每加侖可跑的里程數：（🖳⬇轎車）

| 38 | 26 | 30 | 26 | 25 | 27 | 24 | 22 | 27 | 32 | 39 |
| 26 | 24 | 24 | 23 | 24 | 25 | 31 | 26 | 37 | 22 | 33 |

資料來源：摘錄自〈哪部車適合你〉，《消費者報告》，2014年4月，第40-41頁。

(a) 計算平均數與中位數。

(b) 計算第一四分位數與第三四分位數。

(c) 計算變異數、標準差、範圍。

(d) 繪製盒鬚圖。

(e) 資料是否有偏斜？如果有的話，如何偏斜？

(f) 根據(a)到(d)的結果，你可以對中型轎車每加侖里程數做出何種結論？

3. 由於球員的薪水增加了，因此觀賞NBA職業球賽的費用也大幅增加了。下列的資料為球迷消費指數，代表在NBA的30個主場中購買四張門票、兩罐啤酒、四罐汽水、四支熱狗、兩份節目表、兩頂球帽、一個停車位的費用：（🖳⬇NBA消費）

| 240.04 | 434.96 | 382.00 | 203.06 | 456.60 | 271.74 | 321.18 | 319.10 | 262.40 | 324.08 |
| 336.05 | 227.36 | 395.20 | 542.00 | 212.16 | 472.20 | 309.30 | 273.98 | 208.48 | 659.92 |
| 295.40 | 263.10 | 266.40 | 344.92 | 308.18 | 268.28 | 338.00 | 321.63 | 280.98 | 249.22 |

資料來源：摘錄自《NBA球迷消費經驗》，bit.ly/1nnu9rf。

(a) 計算平均數與中位數。

(b) 計算第一四分位數與第三四分位數。

(c) 計算變異數、標準差、範圍。

(d) 繪製盒鬚圖。

(e) 資料是否有偏斜？如果有的話，如何偏斜？

(f) 根據(a)到(d)的結果，你可以對NBA球賽球迷消費指數做出何種結論？

4. 在國內啤酒的檔案中，記錄了美國國內最暢銷的152種啤酒中，每種的酒精濃度，以及每12盎司的熱量（以克計）和碳水化合物含量（以克計）。

（資料摘錄自www.beer100.com/beercalories.htm，2013年3月20日）（📑國內啤酒）

請針對每個變數：

(a) 計算平均數與中位數。

(b) 計算第一四分位數與第三四分位數。

(c) 計算變異數、標準差、範圍。

(d) 繪製盒鬚圖。

(e) 資料是否有偏斜？如果有的話，如何偏斜？

(f) 根據(a)到(d)的結果，你可以對酒精濃度、每12盎司熱量、每12盎司碳水化合物含量（以克計）作出何種結論？

## 自我評量應用題解答

1. (a)平均數：超市為$62.64，網路雜貨商為$68.79；中位數：超市為$58.16，網路雜貨商為$72.19。

(b)變異數：超市為$77.2484，網路雜貨商為$70.8861；標準差：超市為$8.79，網路雜貨商為$8.42；範圍：超市為$15.77，網路雜貨商為$23.15。

(c)超市的平均數略高於中位數，所以資料略微右偏。網路雜貨商的平均數略低於中位數，所以資料略為左偏。

(d)超市的平均費用略低於網路雜貨商。超市的中位數遠低於網路雜貨商。超市的標準差與範圍略低於網路雜貨商。但請注意，這裡採用的樣本規模相當小，就超市而言更是如此。

2. (a) 平均數＝27.7727，中位數＝26

(b) Q1＝24，Q3＝31.25

(c) 變異數＝26.2792，標準差＝5.1263，範圍＝17。

(e)平均數高於中位數。最大值與Q3之間的差為7.75，但Q1與最小值之間的差為2，因此資料為右偏。

(f)中型轎車每加侖里程數的平均數為27.7727。半數中型轎車的里程數大於等於26，另一半則小於等於26。每加侖平均里程數附近的數量為5.1263。每加侖里程數最高值與最低值間的差為17。每加侖的里程數為右偏的，這是因為有幾輛油電混合車帶來了極高值。

3. (a) 平均數＝$326.26，中位數＝$308.74。

(b)Q1= $262.93，Q3 = $354.19。

(c)變異數＝$10,554.2976，標準差＝$102.7341，範圍＝$456.86。

(e)平均數高於中位數。最大值與Q3之間的差為$305.73，但Q1與最小值之間的差為$59.87，因此資料為右偏。

(f)球迷消費指數的平均數為$326.26，但卻有一半球隊的球迷消費指數低於$308.74，另一半則高於$308.74。球迷消費指數在平均數附近的分布為$102.7341。球迷消費指數的最高值和最低值間的差為$456.86。球迷消費指數為右偏的，這是因為有幾支球隊的球迷消費指數非常高，例如洛杉磯湖人隊與紐約尼克隊。

4. (a)平均數：酒精濃度百分比：5.236；熱量：154.309；碳水化合物：11.964。中位數：酒精濃度百分比：4.9；熱量：150；碳水化合物：12.055。

(b)第一四分位數：酒精濃度百分比：4.4；熱量：129.25；碳水化合物：8.375。第三四分位數：酒精濃度百分比：5.6；熱量：166；碳水化合物：14.45。

(c)變異數：酒精濃度百分比：2.045；熱量：1,987.473；碳水化合物：24.227。標準差：酒精濃度百分比：1.430；熱量：44.581；碳水化合物：4.922。範圍：酒精濃度百分比：11.1；熱量：275；碳水化合物：30.2。

(d) 盒鬚圖省略。

(e)酒精濃度百分比的盒鬚圖為右偏型，平均數為5.24%。半數啤酒的酒精

濃度小於4.9％。中間50％的酒精濃度分布範圍為1.2％。酒精濃度的最高值為11.5％，最低值為0.4％。酒精濃度在平均數附近的分布為1.4301％。熱量的盒鬚圖為右偏型，平均數為154.309。半數啤酒的熱量小於150。中間50％的熱量分布範圍為36.75。熱量的最高值為330，最低值為55。熱量在平均數附近的分布為44.581。碳水化合物的盒鬚圖為右偏型，平均數為11.964，略低於中位數的12.055。半數啤酒的碳水化合物小於12.055。中間50％的碳水化合物分布範圍為6.075。碳水化合物的最高值為32.1，最低值為1.9。碳水化合物在平均數附近的分布為4.9221。

參考資料
1. Berenson, M. L., D. M. Levine, and K. A. Szabat. *Basic Business Statistics: Concepts and Applications*, Thirteenth Edition. Upper Saddle River, NJ: Pearson Education, 2015.
2. Levine, D. M., D. Stephan, and K. A. Szabat. *Statistics for Managers Using Microsoft Excel*, Seventh Edition. Upper Saddle River, NJ: Pearson Education, 2014.
3. Microsoft Excel 2013. Redmond, WA: Microsoft Corporation, 2012.

# 第四章

# 機率

$$\mu = \sum_{t=1}^{N} X_i P(X_i)$$

　　機率理論是推論統計的基礎。在本章當中,會先帶大家看一些機率觀念,有了這些觀念,才能了解往後章節中討論的統計學方法。如果你已經很熟悉機率了,就可以快速瀏覽這個章節,以了解本書中用來討論機率觀念的一些詞彙。

# 第一節 各種事件

所有關於機率的討論都建構在事件上。在運用統計學術語定義機率之前，你必須要了解事件的意義。

## 事件

**觀念：**一個經驗或調查的結果。

**範例：**擲骰子結果為六點、在選舉當中某人投給現任的候選人、某人使用一個社交媒體網站

**說明：**還記得在第一章中（請見第15頁），提到進行實驗與調查是兩種重要的資料來源。在討論機率時，許多統計學家會用「實驗」這個字來涵蓋調查，所以如果你了解這種實驗的廣義用法，就可以使用較簡短的定義「實驗的結果」。同樣的，在你閱讀本章並且遇到「實驗」這個字時，就應該採用廣義的定義。

## 基本事件

**觀念：**只滿足一項條件的結果。

**範例：**在一副標準撲克牌中的一張紅色牌、一位投票給民主黨候選人的選民、擁有一支4G智慧型手機的人。

**說明：**基本事件和聯合事件不同。聯合事件會符合兩項以上的條件。

## 聯合事件

**觀念：**滿足兩項以上條件的結果。

**範例：**在一副標準撲克牌中的一張紅心A、一位投票給民主黨總統候選人與參議員的選民、擁有一支4G 智慧型手機的女性。

**說明：**聯合事件和基本事件不同。基本事件只符合一項條件。

# 第二節 更多定義

根據事件的觀念，你還可以定義另外三個機率的專有名詞。

# 隨機變數

**觀念：**一個數值能夠代表實驗事件的變數。

**範例：**某個人在24小時的期間當中傳送的簡訊數量、某次標準化測驗中學生的成績、不同廠牌車輛消費者的行為。

**說明：**你會使用「隨機變數」這個詞來指稱在進行實驗或調查後才產生數據資料的變數。隨機變數可能為不連續的，在這種情況下可能出現的值為一組整數（或是分類資料的編碼）；也可能是連續的，在這種情況下，某個特定範圍內的數字都有可能會出現。

# 機率

**觀念：**在隨機變數中，特定事件發生的機會數量。

**範例：**彩券中獎的機率、擲兩個骰子出現七點的機率、現任候選人連任的機率、某人擁有4G智慧型手機的機率。

**說明：**機率決定了某個隨機變數被賦予特定數值的機率。機率將未來可能會發生的事納入考量，這種前瞻的本質正好可作為通向推論統計的橋樑。

任何隨機變數的基本事件，或是一群聯合事件都可以計算機率。例如，擲出一個標準的六面骰子時，骰子六面所對應的六個基本事件分別為一、二、三、四、五、六。「擲骰子的結果為偶數面朝上」則是三個基本事件（擲出二、四、六）形成的事件。

機率通常以0到1之間的分數表示。如果機率為0，表示該事件絕不會發生（這樣的事件稱為「零事件」）。機率為1的話，表示該事件為「必然事件」，表示該事件一定會發生。例如，在擲骰子的時候，擲到七點為零事件，因為那絕對不可能發生，擲到六點以下則為必然事件，因為最後向上的一面總是在六點以下。以較不正式的方法來說，機率是「（某件事）發生機率的百分比」，或是所謂的賠率，例如「五五波」。

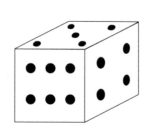

## 互補事件

**觀念：**包含所有可能事件的一組事件。

**範例：**在拋銅板時出現的正面與反面、男性與女性、骰子的六面。

**說明：**在一組互補事件當中，其中必定會有一件發生。銅板必定會正面朝上或反面朝上；骰子朝上的一面必定是六點或是小於六的點數。一組互補事件中個別事件發生的機率總和必定為1。

# 第三節 一些機率規則

基本事件與聯合事件的機率必定受到下列規則的支配。

**規則一：**一個事件的機率必定在0與1之間。機率可能出現的最小值為0。機率不可能為負數值。機率可能出現的最大值為1，不可能出現超過1的機率值。

**範例：**以擲骰子為例，擲出點數為七的事件機率為零，因為這個事件不可能發生。擲出點數小於七的機率為1，因為必然會出現點數為一、二、三、四、五、六基本事件中的一種。

**規則二：**A不會發生的事件稱為A的補集，或是非A，寫作「A'」。如果P(A)代表事件A發生的機率，那麼1−P(A)代表事件A不會發生的機率。

**範例：**在擲骰子的範例中，擲出三點的補集就是擲出非三點的機率。由於擲出三點的機率是1/6，因此擲出非三點的機率則為5/6（即1−1/6）或是0.833。

**規則三：**如果A和B兩個事件互斥，則事件A與事件B同時發生的機率為0。這表示這兩件事不可能同時發生。

**範例：**擲骰子一次時，不可發生同時出現三點與四點的事件，因為這些基本事件是互斥的。出現三點或出現四點都是可能發生的情形，但卻不可能同時發生。

**規則四：**如果兩個事件A與B互斥，A事件或B事件出現的機率為個別出現機率的總和。

**範例：**擲骰子時，出現三點或出現四點的機率為1/3或是0.333，因為這兩

個事件是互斥的。因此，1/3的機率是擲出一個三（1/6）與一個四（1/6）的總和。

**說明：** 你可以將這個適用於互斥事件的規則延伸到兩個以上的事件。例如在擲骰子時，偶數面朝上（二、四、六點）的機率為0.50，也就是1/6、1/6、1/6的總和（3/6或0.5）。

**規則五：** 如果一組事件互斥且為互補事件，那麼這些事件發生機率的總和必定為1。

**範例：** 擲骰子時，偶數點朝上與奇數點朝上的機率互斥且互補。兩者間互斥是因為擲一次骰子時，不可能同時出現偶數與奇數。兩者間亦為互補，因為每次擲骰子時，不是奇數就是偶數。因此，就一顆骰子而言，出現偶數與奇數的總和，就是將出現奇數的機率加上出現偶數的機率，計算方式如下：

$$P（奇數或偶數面）＝P（奇數面）＋P（偶數面）＝\frac{3}{6}＋\frac{3}{6}＝\frac{6}{6}＝1$$

**規則六：** 如果兩個事件，事件A與事件B並非互斥事件，A事件或B事件發生的機率為個別發生機率的總和，再減去同時發生的機率（聯合機率）。

**範例：** 在擲一顆骰子時，擲出偶數的事件與擲出小於五點的事件並非互斥事件，因為兩個事件都包含了（兩個）基本事件：擲出兩點與擲出四點。要算出這兩個事件的機率，你必須把出現偶數點的機率（3/6）與出現小於五點的機率（4/6）相加，接著再減掉同時為偶數點並且小於五的機率（2/6）。你可以用下列方式表示：

P（出現偶數或小於五點）

＝P（偶數）＋P（小於五點）－P（偶數且小於五點）

$$＝\frac{3}{6}＋\frac{4}{6}－\frac{2}{6}＝\frac{5}{6}＝0.833$$

**說明：** 在這個規則中，必須要減掉聯合事件發生的機率，因為那個機率被計算了兩次（在第一個事件與第二個事件中分別計算了一次）。因為聯合事件的機率已經被「計算了兩次」，因此你必須要減掉這個機率，才能獲得正確的結果。

規則七：如果A與B兩個事件為「獨立」事件，A與B事件皆發生的機率為兩者的積。如果一個事件的發生不會影響另一個事件，那麼兩者即為獨立事件。

範例：擲骰子的時候，每次投擲都是一次獨立事件，因為一次的投擲並不會影響下一次（雖然賭徒往往都不這麼想）。因此，要計算兩次擲骰子都投出五點的機率，就把第一次的機率（1/6）乘上第二次的機率（也是1/6）。你可以用下列的方式表示：

P（第一次擲出五點且第二次也擲出五點）

＝P（第一次擲出五點）× P（第二次擲出五點）

$$= \frac{1}{6} \times \frac{1}{6} = \frac{1}{36} = 0.028$$

規則八：如果事件A與事件B並非獨立事件，那麼事件A與事件B發生的機率就是A事件發生的機率，乘上已知A發生後，B發生的機率。

範例：在錄製一個電視益智節目時，參賽者皆從觀眾中隨機選出。在某個人被選出來之後，那個人就不能再回到觀眾席，也不能再次被選中，因此這兩個事件就不是獨立事件。

假設觀眾當中有30位女士與20位男士（共50人），前兩位被選中的人為男性的機率為多少？第一位參賽者為男性的機率為20/50或0.40。然而，第二位參賽者為男性的機率並非20/50，因為再選出第二位參賽者時，可供選擇的觀眾只有49位，其中19位為男性，因為第一位男性不可能再次被選中。因此，第二為男性被選中的機率為19/49或0.388。這表示前兩位參賽者為男性的機率為0.155，計算方式如下：

P（第一次選中男性且第二次選中男性）

＝P（第一次選中男性）×P（第二次選中男性）

$$= \frac{20}{50} \times \frac{19}{49} = \frac{380}{2,450} = 0.155$$

# 第四節　機率測度的方法

　　測度隨機變數事件的機率有三種不同的方式：古典機率法、經驗機率法、主觀機率法。

## 古典機率法

　　**觀念**：根據原本對過程的了解來測度機率。

　　**範例**：擲一顆骰子，並且測度出現三點的機率。

　　**說明**：古典機率通常假設基本事件發生的機率相等。此點為真時，特定事件發生的機率即為事件可能發生的數量除以基本事件的數量。例如，在擲骰子的時候，擲出三點的機率為1/6，因為擲骰子與六個獨立事件有關。因此，你可以期望擲骰子6,000次中，有1,000次為三點。

## 經驗機率法

　　**觀念**：透過實證觀察的資料來測度機率。

　　**範例**：透過投票或市場調查來決定機率。

　　**說明**：經驗機率法不使用理論的推理或是原有對過程的了解來測度機率。和古典方式相同之處，在於所有基本事件的可能性相當時，經驗機率法的計算方式為A事件可能發生的方式除以所有基本事件數。例如，如果在500位選民中，有275位可能會在下次選舉中投票，你就可以說經驗機率為0.55（即275除以500）。

## 主觀機率法

　　**觀念**：根據專家經驗或其他如「預感」等方式測度機率。

　　**範例**：名嘴論斷某位政治候選人能夠贏得選舉的機率、某支球隊能夠贏得冠軍的機率、財務分析師說某支股票明年會上漲的幅度。

　　**說明**：這種方式是利用你本身的直覺或知識來判斷結果的機率。你會在無法得知基本事件的數量或真實資料，而無法計算相對次數時採用這種方式。由於這種方法相當主觀，因此不同人賦予相同事件的機率也會不同。

一分鐘總結

基本觀念

◎ 機率規則

◎ 測度機率

 自我評量

## 選擇題

1. 如果兩個事件為互補事件,其中一個事件會發生的機率為何?

    (a) 0

    (b) 0.50

    (c) 1.00

    (d) 無法從現有資訊得知

2. 如果兩個事件為互補事件,兩個事件同時發生的機率為何?

    (a) 0

    (b) 0.50

    (c) 1.00

    (d) 無法從現有資訊得知

3. 如果兩個事件為互斥事件,那麼兩個事件同時發生的機率為何?

    (a) 0

    (b) 0.50

    (c) 1.00

    (d) 無法從現有資訊得知

4. 如果事件A的結果不受事件B影響,那麼事件A與事件B應為:

    (a) 互斥

    (b) 獨立

(c) 互補

(d) 依賴

# 請利用下列敘述回答第5題到第9題：

一間咖啡店對客戶進行調查，以了解大家較喜歡正常的咖啡或不含咖啡因的咖啡。在200位回答者中，有125位為男性，75位為女性。在所有的回答者中，有120位比較喜歡正常的咖啡，80位比較喜歡不含咖啡因的咖啡。男性受訪者中，有85位比較喜歡正常的咖啡。

5. 任選一位受訪者為男性的機率為：

(a) 125/200

(b) 75/200

(c) 120/200

(d) 200/200

6. 任選一位受訪者為較喜歡正常咖啡或無咖啡因咖啡的機率為：

(a) 0/200

(b) 125/200

(c) 75/200

(d) 200/200

7. 假設隨意選出兩個人，兩個人都喜歡正常咖啡的機率為：

(a) (120/200)(120/200)

(b) (120/200)

(c) (120/200)(119/199)

(d) (85/200)

8. 任選一位受訪者，較喜歡正常咖啡的機率為：

(a) 0/200

(b) 120/200

(c) 75/200

(d) 200/200

9. 任選一位受訪者喜歡正常咖啡或是男性的機率為：

(a) 0/200

(b) 125/200

(c) 160/200

(d) 200/200

# 填空題

10. 可能出現的最小機率值為_____。

11. 可能出現的最大機率值為_____。

12. 如果兩個事件_____，就不可能會同時發生。

13. 如果兩個事件_____，兩個事件皆發生的機率是個別機率的乘積。

14. 在_____機率法中，機率得自於調查獲得的機率結果。

15. 在_____機率法中，機率會因為測度的個人而異。

### 自我評量簡答題解答

| 1. c | 2. d | 3. a | 4. b | 5. a | 6. d |
|------|------|------|------|------|------|
| 7. c | 8. b | 9.c | 10. 0 | 11. 1 | 12.互斥 |
| 13.獨立 | 14.經驗 | 15.主觀 | | | |

# 應用題

1. 企業經常運用AB測試來檢驗不同的網頁設計，以檢視哪一個網頁設計的效果較佳。在一間公司當中，設計師想知道在首頁修改行動呼籲按鈕的效果。每位造訪這間公司網站的訪客會隨機看到原本的行動呼籲按鈕（控制組）或新的按鈕。設計師會以下載率來評斷成功與否：下載資料的人數除以看到新行動呼籲按鈕的人數。實驗的結果如下：

**行動呼籲按鈕**

|  |  | 原按鈕 | 新按鈕 | 總和 |
|---|---|---|---|---|
| | 是 | 351 | 451 | 802 |
| **下載** | 否 | 3,291 | 3,105 | 6,396 |
| | 總和 | 3,642 | 3,556 | 7,198 |

如果隨意選出一位受訪者，這位受訪者出現下列行為的機率為何？

(a) 下載檔案？

(b) 下載檔案並且使用了新的行動呼籲按鈕？

(c) 下載檔案或使用了新的行動呼籲按鈕？

(d) 假設選中了兩位使用原有行動呼籲按鈕的受訪者。兩位皆下載檔案的機率為何？

2. 有1,085位成年人被問到：「你喜歡自己買衣服嗎？」結果（資料摘錄自〈購買衣物的不同決定〉，《今日美國》，2011年1月28日，1B版）顯示有51%的女性喜歡替自己買衣服，喜歡替自己買衣服的男性則為44%。男性與女性樣本數未知。假設調查結果如下表：

**性別**

|  |  | 男性 | 女性 | 總和 |
|---|---|---|---|---|
| | 是 | 238 | 276 | 514 |
| **喜歡購買** | 否 | 304 | 267 | 517 |
| | 總和 | 542 | 543 | 1,085 |

任選一位受訪者，下列事件發生的機率為何：

(a) 喜歡替自己買衣服的機率？

(b) 為女性且喜歡替自己買衣服者？

(c) 為女性或喜歡購買衣服者？

(d) 為男性或女性？

3. 從1950至2013年的63年間，共有41年的標準普爾500指數在年底收盤時比年初高。在這41年中，其中36年前五天的收盤指數比年初開盤時高（在2011年時，沒有任何改變）。第一週收紅盤能為當年帶來好兆頭嗎？下表為63年間第一週與年度表現的情形：

**標準普爾500指數的年度表現**

| | | 年度 | |
| --- | --- | --- | --- |
| | | 較高 | 較低 |
| 頭五天 | 較高 | 36 | 5 |
| | 較低 | 11 | 11 |

如果隨意選出一年，下列的機率為何：

(a) 標準普爾500指數當年收盤指數較高的機率？

(b) 標準普爾500指數頭五天收盤指數較高的機率？

(c) 標準普爾500指數頭五天收盤指數較高且當年收盤指數較高的機率？

(d) 標準普爾500指數頭五天收盤指數較高或當年收盤指數較高的機率？

(e) 假設標準普爾500指數頭五天收盤指數較高，那麼當年收盤指數較高的機率為何？

**自我評量應用題解答**

1. (a) 802/7,198＝0.1114

　 (b) 451/7,198＝0.0627

　 (c) 3,556/7,198＋802/7,198－451/7,198＝3,907/7,198＝0.5428

　 (d)（351/3,642）×（350/3,641）＝0.0093

2. (a) 514/1,085＝0.4737

　 (b) 276/1,085＝0.2544

　 (c) 781/1,085＝0.7198

(d) $542/1{,}085 + 543/1{,}085 = 1{,}085/1{,}085 = 1.0$

3. (a) $47/63 = 0.7460$

   (b) $41/63 = 0.6508$

   (c) $36/63 = 0.5714$

   (d) $52/63 = 0.8254$

   (e) $36/41 = 0.8780$

參考資料
1. Berenson, M. L., D. M. Levine, and K. A. Szabat. *Basic Business Statistics: Concepts and Applications*, Thirteenth Edition. Upper Saddle River, NJ: Pearson Education, 2015.
2. Levine, D. M., D. Stephan, and K. A. Szabat. *Statistics for Managers Using Microsoft Excel*, Seventh Edition. Upper Saddle River, NJ: Pearson Education, 2014.

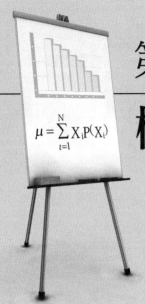

# 第五章

# 機率分配

$$\mu = \sum_{t=1}^{N} X_i P(X_i)$$

　　在第四章中，你已經學會了利用一些機率規則來計算特定事件發生的機率。在許多情況當中，你可以利用特定的機率模型來計算特定事件發生的機率。

# 第一節　離散變數的機率分配

一個變數的機率分配涵蓋了與該變數相關事件的機率。這種分配的形式取決於該變數為離散變數或連續變數。

本部分將要檢視離散變數的機率分配問題，以及與這些分配相關的離散變數。

## 離散變數的機率分配

**觀念：**一個變數所有可能發生的特定（基本）事件與發生機率的列表。

**範例：**請見例題一。

**說明：**在機率分配中，所有事件發生機率的總和永遠為1。這就表示所有列出的（基本）事件為互補事件。雖然你可以利用結果列表來了解機率分配（請見第93頁的例題二），但你也可以利用數學模型的公式來計算某些類型變數的機率分配。

**例題一：**你想要計算連續投擲一個公平銅板（擲出正面與反面的機率相等）三次時，擲出0、1、2、3次正面朝上的機率為何？由於擲出0、1、2、3次正面朝上代表了所有投擲公平銅板時，可能發生的基本事件結果（共八種）如下：

| 結果 | 第一次投擲 | 第二次投擲 | 第三次投擲 |
| --- | --- | --- | --- |
| 1 | 正面 | 正面 | 正面 |
| 2 | 正面 | 正面 | 反面 |
| 3 | 正面 | 反面 | 正面 |
| 4 | 正面 | 反面 | 反面 |
| 5 | 反面 | 正面 | 正面 |
| 6 | 反面 | 正面 | 反面 |
| 7 | 反面 | 反面 | 正面 |
| 8 | 反面 | 反面 | 反面 |

利用這個列出八種可能結果的表，你就可以製作表5.1的總表。

從這個機率分配來看，你就能夠得知投擲三次銅板都是正面的機率為0.125，所有機率的總和為1.0，這正是離散變數應該要有的分配情形。

表5.1　投擲公平銅板三次的機率分配

| 正面次數 | 投出那個正面數的次數 | 機率 |
|---|---|---|
| 0 | 1 | 1/8 = 0.125 |
| 1 | 3 | 3/8 = 0.375 |
| 2 | 3 | 3/8 = 0.375 |
| 3 | 1 | 1/8 = 0.125 |

另一種計算機率的方式，就是將第82頁的規則七進一步延伸，也就是把乘法的規則延伸到三個事件（三次投擲）。要利用規則七計算投出三次正面的機率（1/8或0.125），你可以列出下列的式子：

$$P(H_1 與 H_2 與 H_3) = P(H_1) \times (H_2) \times (H_3)$$

由於每次投擲時，投出正面的機率為0.5：

$$P(H_1 與 H_2 與 H_3) = (0.5)\,(0.5)\,(0.5)$$

$$P(H_1 與 H_2 與 H_3) = 0.125$$

# 變數的期望值

**觀念**：將離散分配中每個可能事件的機率乘以相對應機率，並將所得的積加總後所得的數值。

**說明**：期望值能告訴你從「長期」的觀點來看，也就是進行實驗多次之後，你能夠期望一個變數的值。一個變數的期望值也就是一個變數的平均數（$\mu$）。

**例題二**：如果投擲銅板三次（請見表5.1），你就能夠計算表5.2中列出的正面數期望值。

期望或平均值＝〔個別值×每個值的機率〕的總和

期望或平均值＝$\mu$＝(0)(0.125)＋(1)(0.375)＋(2)(0.375)＋(3)(0.125)

$$= 0 + 0.375 + 0.750 + 0.375 = 1.50$$

### 表5.2　計算機率分配的期望值或平均數

| 正面次數 | 機率 | （正面次數）×（機率） |
|---|---|---|
| 0 | 0.125 | $(0) \times (0.125) = 0$ |
| 1 | 0.375 | $(1) \times (0.375) = 0.375$ |
| 2 | 0.375 | $(2) \times (0.375) = 0.75$ |
| 3 | 0.125 | $(3) \times (0.125) = 0.375$ |
| | | 期望或平均數＝1.50 |

請注意，在這個例子中，正面次數的期望值或平均數為1.5，但卻不是真正可能投出正面的次數。平均數為1.5告訴你長期來看，也就是如果你投擲公平的銅板許多次，你就能夠期待投出正面的次數為1.5次。

# 變數的標準差（$\sigma$）

觀念：一個變數在期望值附近的變化量數。首先，將期望值與每個值的差平方，然後再乘以對應的機率。接著再將這些積加總起來，最後再開平方。

例題三：如果投擲銅板三次（請參考表5.1），你就能夠計算投出正面次數的變異數與標準差，如表5.3所示。

### 表5.3　計算機率分配的變異數與標準差

| 正面次數 | 機率 | （正面次數－正面次數的平均數）²×（機率） |
|---|---|---|
| 0 | 0.125 | $(0-1.5)^2 \times (0.125) = 2.25 \times (0.125) = 0.28125$ |
| 1 | 0.375 | $(0-1.5)^2 \times (0.375) = 0.25 \times (0.375) = 0.09375$ |
| 2 | 0.375 | $(2-1.5)^2 \times (0.375) = 0.25 \times (0.375) = 0.09375$ |
| 3 | 0.125 | $(3-1.5)^2 \times (0.125) = 2.25 \times (0.125) = 0.28125$ |
| | | 總和（變異數）＝0.75 |

$\sigma = $〔（每個值與平均值的差平方）的總和×（數值的機率）〕的平方根

$$\sigma = \sqrt{(0-1.5)^2(0.125) + (1-1.5)^2(0.375) + (2-1.5)^2(0.375) + (3-1.5)^2(0.125)}$$

$$= \sqrt{2.25(0.125) + 0.25(0.375) + 0.25(0.375) + 2.25(0.125)}$$

$$= \sqrt{0.75}$$

以及

$$\sigma = \sqrt{0.75} = 0.866$$

說明：在財務分析中，你可以利用標準差來評估投資的風險高低，如例題四所示。

例題四：假設你要從兩項投資當中選擇一樣。A投資是共同基金，投資組合中包含了一些道瓊工業指數中的股票。B投資則是成長型股票的股份。你正在利用三個經濟狀況的事件（蕭條、穩定、擴張）來評估（每投資1,000美元）每個投資的收益，並且運用主觀機率法判斷三種經濟狀況的機率。

### 在三種經濟狀況下兩種投資的預估收益

| 機率 | 經濟事件 | 投資 | |
| --- | --- | --- | --- |
| | | 道瓊基金(A) | 成長型股票(B) |
| 0.2 | 衰退 | -$100 | -$200 |
| 0.5 | 穩定經濟 | +100 | +50 |
| 0.3 | 擴張經濟 | +250 | +350 |

兩種投資的平均或期望收益計算如下：

平均＝（每個值×每個值的機率）的總和

道瓊工業指數基金的平均＝(-100)(0.2)＋(100)(0.5)＋(250)(0.3)＝$105

成長型股票的平均＝(-200)(0.2)＋(50)(0.5)＋(350)(0.3)＝$90

你可以計算出兩個投資的標準差，如表5.4與表5.5所示。

### 表5.4　計算道瓊基金(A)的變異數與標準差

| 機率 | 經濟事件 | 道瓊基金(A) | （收益－平均收益)²×機率 |
| --- | --- | --- | --- |
| 0.2 | 衰退 | -$100 | $(-100-105)^2 \times (0.2) = (42,025) \times (0.2) = 8,405$ |
| 0.5 | 穩定經濟 | +100 | $(100-105)^2 \times (0.5) = (25) \times (0.5) = 12.5$ |
| 0.3 | 擴張經濟 | +250 | $(250-105)^2 \times (0.3) = (21,025) \times (0.3) = 6,307.5$ |
| | | | 總和（變異數）＝14,725 |

### 表5.5  計算成長型股票(B)的變異數與標準差

| 機率 | 經濟事件 | 成長型股票(B) | （收益－平均收益）²×機率 |
|---|---|---|---|
| 0.2 | 衰退 | -$200 | $(-200 - 90)^2 \times (0.2) = (84,100) \times (0.2) = 16,820$ |
| 0.5 | 穩定經濟 | +50 | $(50 - 90)^2 \times (0.5) = (1,600) \times (0.5) = 800$ |
| 0.3 | 擴張經濟 | +350 | $(350 - 90)^2 \times (0.3) = (67,600) \times (0.3) = 20,280$ |
| | | | 總和（變異數）＝37,900 |

＝〔（每個值與平均值的差平方）的總和×（數值的機率）〕的平方根

A
$$\sqrt{(100-105)^2(0.2)+(100-105)^2(0.5)+(250-105)^2(0.3)}$$
$$\sqrt{14,725}$$
$$\$121.35$$

B
$$\sqrt{(-200-90)^2(0.2)+(50-90)^2(0.5)+(350-90)^2(0.3)}$$
$$\sqrt{37,900}$$
$$\$194.68$$

　　道瓊基金的平均收益高於成長型基金，標準差也較低，表示在不同的經濟狀況下，收益的變異數也較小。由於平均收益較高，且變化量較小，因此會較想選擇道瓊基金，而非成長型基金。

**進階公式**

你對數學有興趣嗎？

要寫出離散機率分配的平均數與標準差公式，就會需要下列的符號：

● 大寫的斜體X，也就是$X$，用來代表變數。

● 大寫的斜體X，再加上小寫的斜體下標i，用來代表與變數$X$有關的第$i$個事件$X_i$。

● 大寫的斜體N，也就是$N$，用來代表變數$X$的基本事件數量。（在第三章中，這個符號被稱為母體大小。）

$P(X_i)$代表了事件$X_i$的機率。

母體的平均數為$\mu$。

母體的標準差為$\sigma$。

利用這些符號，就可以寫出下列公式：

機率分配的平均數：$\mu = \sum\limits_{i=1}^{N} X_i P(X_i)$

機率分配的標準差：$\sigma = \sqrt{\sum\limits_{i=1}^{N} (X_i - \mu)^2 P(X_i)}$

# 第二節　二項與卜瓦松機率分配

正如前一部分所言，某些類型離散變數的機率分配可利用數學公式列出模型。這部分的重點將放在兩個常用來計算機率的離散分配。第一個機率分配為二項機率分配，僅用於兩個互斥的變數。第二個機率分配為卜瓦松（Poisson）機率分配，用於計算一個單位中結果的數量時。

## 二項分配

**觀念**：離散變數的分配符合下列的條件時：

◎ 樣本的變數包含了固定數量的實驗（樣本大小）。

◎ 變數只有兩個互斥且互補的事件，例如成功與失敗。

◎ 被歸類為成功事件的機率$p$，以及被歸類為失敗的機率$1-p$，在每次的實驗中均相等。

◎ 任何一次單一實驗事件（成功或失敗）都和其他次的實驗事件獨立（不受影響）。

**範例**：在第92頁例題一中的擲銅板實驗。

**說明**：利用二項分配計算機率，可免除如第四章「一些機率規則」中列出完整結果分析表並運用乘法規則的麻煩。在這種分配中，成功的機率也不一定必須是0.5，因此適用範圍不限於第五章「離散變數的機率分配」中討論的情形。

你可以利用第98頁進階公式中的方式來計算二項分配的機率，可利用二項分配表計算，或是利用軟體的函數來繪製這個表格（請見第100頁的圖

表）。

在成功的機率為0.5時，你仍然可以使用第五章「離散變數的機率分配」中的表格與延伸規則來計算。在觀察那個表格之後，即能得知擲出 0 次正面的機率為0.125，擲出一次正面的機率為0.375，擲出兩次正面的機率為0.375，擲出三次正面的機率為0.125。

二項分配可以是對稱型，也可能有所偏斜。在$p=0.5$時，無論樣本的大小，二項分配都會是對稱型。然而，在$p \neq 0.5$時，分配就會偏斜。如果$p<0.5$，那麼分配就會是正偏或右偏：如果$p>0.5$，那麼分配就會是負偏或左偏。在$p$值越接近0.5時，且樣本大小 $n$ 越大時，圖形就會越對稱。

二項分配的特性為：

**平均數**　樣本大小($n$)乘以成功的機率，或 $n \times p$，別忘了樣本的大小指的是實驗的次數。

**變異數**　下列三項的積：樣本大小、成功的機率、失敗的機率（1－成功的機率），或是 $n \times p \times (1-p)$

**標準差**　變異數的平方根，或是 $\sqrt{np(1-p)}$

---

**進階公式**

有興趣嗎？ 你對數學

要寫出二項分配的公式時，會用到之前介紹的符號X（變數）、$n$（樣本大小）、$p$（成功的機率）：

・小寫的斜體X，也就是 $x$，用來代表樣本中成功的次數。

・P($X= x \,|\, n, p$)代表假設樣本大小為$n$，成功機率為 $p$ 時，$x$值的機率。

你可以利用這些符號來表達兩件事。其中一件代表在特定次數的實驗中，你可以獲得特定成功次數的方式：

$$\frac{n!}{x!(n-x)!}$$

（！符號代表階乘，$n! = (n)(n-1)...(1)$，所以3!等於6，也就是$3 \times 2 \times 1$，而1! 等於1，0! 則定義為1。）

第二件事則代表了在特定次數的實驗中，以特定次序獲得特定成功次

要數的方式：$p^x \times (1-p)^{n-x}$

利用這種表達方式，就可以列出下列的公式：

$$P(X = x \mid n, p) = \frac{n!}{x!(n-x)!} p^x (1-p)^{n-x}$$

例如，要計算投擲公平的銅板三次時，出現一次正面（也就是$n=3$, $p=0.5$, $x=1$）的二項機率算式如下：

$$P(X = 1) \mid n = 3, p = 0.5) = \frac{3!}{1!(3-1)!}(0.5)^1(1-0.5)^{3-1}$$

$$= \frac{3!}{1!(2)!}(0.5)^1(1-0.5)^2 = 3(0.5)(0.25) = 0.375$$

利用之前介紹過的符號，你可以將二項分配的平均數與標準差寫成下列公式：

$$\mu = np \text{ 以及 } \sigma = \sqrt{np(1-p)}$$

**二項機率**

　　第五章二項的檔案中，包含了第100頁中計算二項機率的工作表。你可以更改 B4 格中的樣本大小與B5格中的成功機率來進行練習。

**最佳練習方式：**

利用BINOM.DIST〔成功次數、樣本大小、成功機率、累積（cumulative）〕函數來計算二項機率。

**操作方式：**

在二項機率表中，「cumulative」設定為BINOM.DIST 函數B欄中的「False」以計算精確的成功數量。

　　**例題五：**一個社交網站將成功定義為訪客停留的時間超過三分鐘。假設訪客停留時間超過三分鐘的機率為 0.16。接下來五位訪客中，有四位以上停留時間超過三分鐘的機率有多少？

你必須將四位訪客停留夠久的機率，以及五位訪客停留夠久的機率相加，才能得知四位以上訪客停留夠久的機率。你可以在第五章二項工作表中X＝4與X＝5的兩列中看到。

| | A | B |
|---|---|---|
| 1 | 二項機率 | |
| 2 | | |
| 3 | 資料 | |
| 4 | 樣本大小 | 5 |
| 5 | 成功機率 | 0.16 |
| 6 | | |
| 7 | 統計量 | |
| 8 | 平均量 | 0.8 |
| 9 | 變異量 | 0.672 |
| 10 | 標準差 | 0.8198 |
| 11 | | |
| 12 | 二項機率表 | |
| 13 | X | P(X) |
| 14 | 0 | 0.4182 |
| 15 | 1 | 0.3983 |
| 16 | 2 | 0.1517 |
| 17 | 3 | 0.0289 |
| 18 | 4 | 0.0028 |
| 19 | 5 | 0.0001 |

從工作表中得知：

$P(X= 4 \mid n=5, p=0.16)=0.0028$

$P(X= 5 \mid n=5, p=0.16)=0.0001$

因此，四位以上訪客停留超過三分鐘以上的機率為0.0029（算法為0.0028加0.0001）或是29％。

# 卜瓦松（Poisson）分配

**觀念**：離散變數的機率分配符合以下條件：

◎ 你計算的是某事件在一單位當中發生的次數。

◎ 在特定事件中，一個事件發生的機率與其他事件相等。

◎ 一個單位當中發生的事件數與其他單位中發生的事件數獨立。

◎ 單位越小時，那個單位當中兩件事以上發生的機率就越接近零。

**範例**：每日電腦網路斷線的次數、每平方碼地板出現瑕疵的數量、在中午十二點到下午一點間抵達銀行的客戶、一隻狗身上的跳蚤數。

**說明**：要利用卜瓦松分配時，你必須定義一個能夠讓事件發生的機率面積、時間、數量。利用卜瓦松分配時，你可以計算每個面積當中許多變數出現瑕疵的機率，或是計算排隊等待處理的物件數。

你可以利用第102頁的進階公式、利用卜瓦松值表、繪製客製化表格的函數軟體（請見下圖）來計算卜瓦松函數。

| 平均數 | 母體平均數，λ |
|---|---|

**平均數**　母體平均數，λ

**變異數**　在卜瓦松分配中，變異數等於母體的平均數 λ

**標準差**　變異數的平方根，或是 $\sqrt{\phantom{x}}$

例題六：你想要知道在午餐時間中，某銀行分行一分鐘來客數的機率：會有零位客戶、一位客戶，還是其他人數？由於下列因素，你可以利用卜瓦松分配：

◎ 變數是每單位的計數，亦即每分鐘的來客數。

◎ 你假設客戶在特定的一分鐘當中抵達的機率和其他的一分鐘區間相等。

◎ 每位客戶的抵達對其他客戶的抵達沒有影響（與其他客戶獨立）。

◎ 時間從一分鐘遞減時，兩位以上客戶在特定時間內抵達的機率趨近於零。

利用歷史資料，你就可以得知在午餐時間中，每分鐘的平均來客數為三位。你可以利用工作表（如下圖所示）來計算卜瓦松機率，以3位作為成功的平均數（期望值）：

| | A | B |
|---|---|---|
| 1 | 卜瓦松機率 | |
| 2 | | |
| 3 | 資料 | |
| 4 | 成功的平均數（期望值） | 3 |
| 5 | | |
| 6 | 卜瓦松機率表 | |
| 7 | X | P(X) |
| 8 | 0 | 0.0498 |
| 9 | 1 | 0.1494 |
| 10 | 2 | 0.2240 |
| 11 | 3 | 0.2240 |
| 12 | 4 | 0.1680 |
| 13 | 5 | 0.1008 |
| 14 | 6 | 0.0504 |
| 15 | 7 | 0.0216 |
| 16 | 8 | 0.0081 |
| 17 | 9 | 0.0027 |
| 18 | 10 | 0.0008 |
| 19 | 11 | 0.0002 |
| 20 | 12 | 0.0001 |
| 21 | 13 | 0.0000 |
| 22 | 14 | 0.0000 |
| 23 | 15 | 0.0000 |

從表中結果，你可以觀察到下列情形：

◎ 來客數為零位的機率為0.0498。

◎ 來客數為一位的機率為0.1494。

◎ 來客數為兩位的機率為0.2240。

因此，在午餐時間當中，每分鐘來客數為兩位以下的機率為0.4232，也就是零位、一位、兩位的總和（0.0498＋0.1494＋0.2240＝0.4232）。

要列出卜瓦松分配的公式時，會用到的符號有之前介紹過的 $X$（變數）、$n$（樣本大小）、$p$（成功機率），以及下列的符號：

● 小寫的斜體E，也就是 $e$，代表數學當中的常數，數值大約是 2.71828。

● 小寫的希臘文符號lamda，也就是 $\lambda$，代表每個機會面積中事件發生的平均時間。

● 小寫的斜體X，也就是 $x$，代表每個機率面積中事件發生的數量。

● $P(X=x|\lambda)$ 用來代表在 $\lambda$ 的狀況下，$x$ 發生的機率。

利用這些符號就能寫出下列的公式：

$$P(X = x \mid \lambda) = \frac{e^{-\lambda}\lambda^{x}}{x!}$$

因此，假設平均每分鐘的來客數為三位，那麼利用卜瓦松分配來計算接下來的一分鐘當中，正好來客數為兩位的機率如下：

$$P(X = 2 \mid \lambda = 3) = \frac{e^{-3}(3)^{2}}{2!} = \frac{(2.71828)^{-3}(3)^{2}}{2!}$$

$$= \frac{(0.049787)(9)}{(2)} = 0.2240$$

## 卜瓦松機率

在第五章卜瓦松中，包含了第101頁中計算卜瓦松機率的工作表。你可以在B4格中更改成功數的平均值（期望值）以進行練習。

**最佳練習方式：**

你可以利用POISSON.DIST（成功數、平均成功數、累積）函數來計算卜瓦松機率。

**操作方式：**

在卜瓦松機率表中，會在POISSON.DIST函數的B欄中將「cumulative」設定為False以計算成功數量的機率。

# 第三節　連續機率分配與常態機率分配

機率分配亦可用來模擬連續變數。在本書當中，並未介紹涉及積分中連續變數的機率分配。

## 連續變數的機率分配

**觀念**：曲線下方代表一個連續變數的面積。

**範例**：請參見第103頁中的常態分配範例。

**說明**：連續變數的機率分配與離散變數機率分配的差異如下：

◎ 事件可能發生在變數範圍內的任何一處，而非只有整數值。

◎ 任何一個特定數值的機率為零。

◎ 一條曲線下方面積來表示連續分配的機率。

在統計學中，有一種連續的分配特別重要，這種就是「常態分配」，因為這種分配方式能夠模擬許多不同種類的連續變數。

## 常態分配

**觀念**：符合下列條件的連續變數機率分配：

◎ 畫出的曲線為鐘型的對稱圖形。

◎ 平均數、中位數、眾數皆為相同值。

◎ 母體的平均數 $\mu$，以及母體的標準差 $\sigma$，決定了機率。

◎ 分配的範圍從負的無限大延伸到正的無限大（分配的範圍為無限大）。

◎ 機率為累進的，且都以不等式來呈現，例如$P<X$或$P≥X$即為變數值。

**範例**：常態分配為如下圖所示的鐘型曲線。

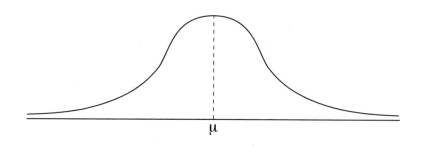

說明：常態分配對統計學來說的重要性不可言喻。與變數相關的機率種類繁多，具體的數字如高度、重量、標準測驗的分數、工業零件的尺寸等，往往都是常態分配。在這種狀況之下，常態分配也大約等於各種離散的機率分配，例如二項分配與卜瓦松分配。此外，常態分配也是第六章到第九章中古典推論統計的基礎。

你可以利用常態機率表（如附錄C的表C.1）來找出常態機率，或使用軟體的函數來計算常態機率。像表C.1的常態機率表或是軟體的函數功能使用的都是標準的常態分配，因此你需要將一個變數的X值換算為對應的Z分數（請見第三章的「變異量數」）。你可以用X值減去母體的平均數 $\mu$ 並且除以母體的標準差 $\sigma$，用代數的方式寫成下列式子：

$$Z = \frac{X - \mu}{\sigma}$$

在平均數為0且標準差為1時，X值與Z分數相等，就不需要轉換。

例題七：包裝巧克力上標示著重量為6盎司。為了要確保大部分的巧克力都不少於6盎司，裝盒時都讓平均重量維持在6盎司以上。在過去，平均重量都在6.15盎司，標準差為0.05盎司。假設你想要計算單盒巧克力的重量在6.15到6.20盎司間的機率為何。要算出機率，你可以利用附錄C的表C.1，也就是累積標準常態分配表。

要查詢表C.1之前，你必須先將重量轉換為Z分數，也就是減去平均數再除以標準差，如下所示：

$$Z（低）= \frac{6.15 - 6.15}{0.05} = 0 \quad Z（高）= \frac{6.20 - 6.15}{0.05} = 1.0$$

因此，你必須算出對應Z單位0到+1間（標準差）的機率。想要計算這個機率，你就必須找出Z單位為0對應的機率值，並且用Z單位為+1對應的累積機率減掉這個值。查詢表C.1後，你會發現這兩個機率分別是0.8413與0.5000（請見下表）。

## 找出常態曲線下方的累積面積

| Z | .00 | .01 | .02 | .03 | .04 | .05 | .06 | .07 | .08 | .09 |
|---|-----|-----|-----|-----|-----|-----|-----|-----|-----|-----|
| | | | | 累積機率 | | | | | | |
| 0.0 | .5000 | .5040 | .5080 | .5120 | .5160 | .5199 | .5239 | .5279 | .5319 | .5359 |
| 0.1 | .5398 | .5438 | .5478 | .5517 | .5557 | .5596 | .5636 | .5675 | .5714 | .5753 |
| 0.2 | .5793 | .5832 | .5871 | .5910 | .5948 | .5987 | .6026 | .6064 | .6103 | .6141 |
| 0.3 | .6179 | .6217 | .6255 | .6293 | .6331 | .6368 | .6406 | .6443 | .6480 | .6517 |
| 0.4 | .6554 | .6591 | .6628 | .6664 | .6700 | .6736 | .6772 | .6808 | .6844 | .6879 |
| 0.5 | .6915 | .6950 | .6985 | .7019 | .7054 | .7088 | .7123 | .7157 | .7190 | .7224 |
| 0.6 | .7257 | .7291 | .7324 | .7357 | .7389 | .7422 | .7454 | .7486 | .7518 | .7549 |
| 0.7 | .7580 | .7612 | .7642 | .7673 | .7704 | .7734 | .7764 | .7794 | .7823 | .7852 |
| 0.8 | .7881 | .7910 | .7939 | .7967 | .7995 | .8023 | .8051 | .8078 | .8106 | .8133 |
| 0.9 | .8159 | .8186 | .8212 | .8238 | .8264 | .8289 | .8315 | .8340 | .8365 | .8389 |
| 1.0 | .8413 | .8438 | .8461 | .8485 | .8508 | .8531 | .8554 | .8577 | .8599 | .8621 |

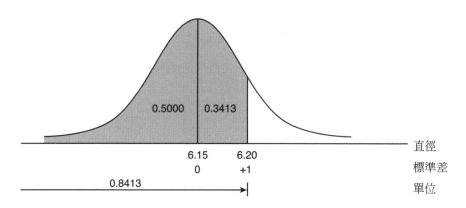

因此，一盒巧克力重量在6.15與6.20盎司間的機率為0.3413（0.8413－0.5000＝0.3413）。利用Z單位為+1的累積機率，你可以算出一盒巧克力重量超過6.20盎司的機率為0.1587（即1－0.8413）。（也可以利用第109頁中提到的第五章常態檔案工作表來算出這些結果。）

## 利用標準差單位

由於Z分數與標準差單位相等，常態分配的機率往往都以標準差加減多少的方式表達。你可以從表C.1累積標準常態分配機率表中查出這些機率。

例如，要找出與標準差±3範圍的常態機率，你可以利用表C.1來查出Z＝-3.00與Z＝+3.00的機率：

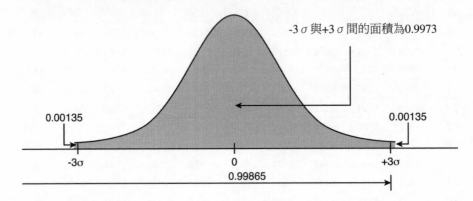

表5.6列出了表C.1中Z＝-3.00的部分。從這個摘錄的表C.1當中，你會發現出現小於Z＝-3單位的值機率為0.00135。

### 表5.6　取得累積面積小於-3Z單位的部分C.1表

| Z | .00 | .01 | .02 | .03 | .04 | .05 | .06 | .07 | .08 | .09 |
|---|---|---|---|---|---|---|---|---|---|---|
| . | . | . | . | . | . | . | . | . | . | . |
| . | . | . | . | . | . | . | . | . | . | . |
| . | . | . | . | . | . | . | . | . | . | . |
| -3.0 | 0.00135 | 0.00131 | 0.00126 | 0.00122 | 0.00118 | 0.00114 | 0.00111 | 0.00107 | 0.00103 | 0.00100 |

資料來源：摘錄自表C.1。

表5.7列出了表C.1中Z＝+3.00的部分。從這個摘錄的表C.1當中，你會發現Z＝+3單位的機率值為0.99865。

### 表5.7　取得累積面積小於+3Z單位的部分C.1表

| Z | .00 | .01 | .02 | .03 | .04 | .05 | .06 | .07 | .08 | .09 |
|---|---|---|---|---|---|---|---|---|---|---|
| . | . | . | . | . | . | . | . | . | . | . |
| . | . | . | . | . | . | . | . | . | . | . |
| . | . | . | . | . | . | . | . | . | . | . |
| +3.0 | 0.99865 | 0.99869 | 0.99874 | 0.99878 | 0.99882 | 0.99886 | 0.99889 | 0.99893 | 0.99897 | 0.99900 |

資料來源：摘錄自表C.1。

因此，在常態分配標準差為正負三的範圍中，對應的機率為0.9973（0.99865－0.00135）。換句話說，機率就是0.0027（千分之2.7），這個值並非在標準差正負三以內。表5.8歸納了幾個不同標準差單位範圍內的機率值。

表5.8　標準差範圍的機率值

| 準差單位範圍 | 這些單位外的機率或面積 | 這些單位內的機率或面積 |
|---|---|---|
| -1σ 到+1σ | 0.3174 | 0.6826 |
| -2σ 到+2σ | 0.0455 | 0.9545 |
| -3σ 到+3σ | 0.0027 | 0.9973 |
| -6σ 到+6σ | 0.000000002 | 0.999999998 |

# 從常態曲線下方面積找出Z值

上述的幾個例子中，都利用常態分配表來找出常態分配曲線下方面積對應的特定Z值。在許多情況下，你會想要利用相反的方式，也就是找出對應特定面積的Z值。例如，你可以找到對應累積面積為1％、5％、95％、99％的Z值。你也可以找到曲線涵蓋面積95％以下或以上的Z值。

要找出累積面積對應的Z值，你必須先找出常態分配表中的累積面積，或是最接近該累積面積的值，接著再找出對應這個累積面積的Z值。

例題八：常態分配曲線涵蓋了95％的面積，低於及高於這個Z值的部分只有2.5％。你想要找出這個Z值。利用下圖，你會發現必須找出累積面積為0.025及0.975的對應Z值。

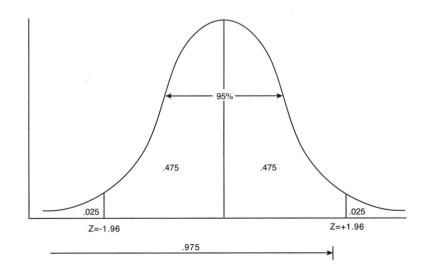

　　表5.9摘錄表C.1中的部分，可用來找出累積面積為0.025所對應的Z值。表5.10摘錄表C.1中的部分，可用來找出累積面積為0.975所對應的Z值。

### 表5.9　用來找出累積面積0.025對應Z值的部分C.1表

| Z | .00 | .01 | .02 | .03 | .04 | .05 | .06 | .07 | .08 | .09 |
|---|---|---|---|---|---|---|---|---|---|---|
| . | . | . | . | . | . | . | . | . | . | . |
| . | . | . | . | . | . | . | . | . | . | . |
| . | . | . | . | . | . | . | . | . | . | . |
| 2.0 | 0.0228 | 0.0222 | 0.0217 | 0.0212 | 0.0207 | 0.0202 | 0.0197 | 0.0192 | 0.0188 | 0.0183 |
| -1.9 | 0.0287 | 0.0281 | 0.0274 | 0.0268 | 0.0262 | 0.0256 | 0.0250 | 0.0244 | 0.0239 | 0.0233 |

資料來源：摘錄自表C.1

### 表5.10　用來找出累積面積0.975對應Z值的部分C.1表

| Z | .00 | .01 | .02 | .03 | .04 | .05 | .06 | .07 | .08 | .09 |
|---|---|---|---|---|---|---|---|---|---|---|
| . | . | . | . | . | . | . | . | . | . | . |
| . | . | . | . | . | . | . | . | . | . | . |
| . | . | . | . | . | . | . | . | . | . | . |
| 1.9 | 0.9713 | 0.9719 | 0.9726 | 0.9732 | 0.9738 | 0.9744 | 0.9750 | 0.9756 | 0.9761 | 0.9767 |
| 2.0 | 0.9772 | 0.9778 | 0.9783 | 0.9788 | 0.9793 | 0.9798 | 0.9803 | 0.9808 | 0.9812 | 0.9817 |

資料來源：摘錄自表C.1

　　要找出對應累積面積為0.025的Z值，你必須在表5.9中找出0.025的值。接著你要找出對應這個值的欄與列。找到0.025的值後，你會發現它在-1.9的那列，.06那欄。因此，對應累積面積0.025的Z值為-1.96。

　　要找出對應累積面積為0.975的Z值，你必須在表5.10中找出0.975的值。接著你要找出對應這個值的欄與列。找到0.975的值後，你會發現它在1.9的那列，.06那欄。因此，對應累積面積0.975的Z值為1.96。綜合這個結果與Z值為-1.96的累積面積，你會發現95％的值都在Z＝-1.96與Z＝1.96之間。

　　例題九：你想要找出第104頁例題七中涵蓋95％包裝巧克力的重量。要算出這個值，你必須利用右列公式找出X的值：

$$Z = \frac{X - \mu}{\sigma}$$

要解出這個算式的X，你可以將公式寫成：$X = \mu + Z\sigma$

由於平均重量為6.15盎司，標準差為0.05盎司，95％的包裝會落在-1.96與+1.96的標準差(Z)單位中，涵蓋了95％的包裝區間為：

6.15＋(-1.96)(0.05)＝6.15－0.098＝6.052盎司

以及

6.15＋(+1.96)(0.05)＝6.15＋0.098＝6.248盎司

## 常態機率

第五章常態中包含了下表中計算的各種常態機率。你可以更改B4格中的平均數以及B5格中的標準差以進行練習。

**最佳練習方式：**

利用STANDARDIZE、NORM.DIST、NORM.S.INV函數計算相關的常態機率。

**操作方式：**

附錄D函數技巧二說明了如何輸入第五章常態中使用的函數。

附錄E進階操作方式三說明工作表如何利用＆符號來產生A欄與D欄的標籤。

| | A | B | C | D | E |
|---|---|---|---|---|---|
| 1 | 常態機率 | | | | |
| 2 | | | | | |
| 3 | 一般資料 | | | 一個範圍的機率 | |
| 4 | 平均數 | 6.15 | | 從X值 | 6.15 |
| 5 | 標準差 | 0.05 | | 到X值 | 6.2 |
| 6 | | | | Z6.15的值 | 0 |
| 7 | X<= 的機率 | | | Z6.2的值 | 1 |
| 8 | X值 | 6.2 | | P(X<=6.15) | 0.5000 |
| 9 | Z值 | 1 | | P(X<=6.2) | 0.8413 |
| 10 | P(X<=6.2) | 0.8413 | | P(6.15<=X<=6.2) | 0.3413 |
| 11 | | | | | |
| 12 | X > 的機率 | | | 給一個累積百分比找出Z與X | |
| 13 | X值 | 6.2 | | 累積百分比 | 2.50% |
| 14 | Z值 | 1 | | Z值 | -1.96 |
| 15 | P(X>6.2) | 0.1587 | | X值 | 6.05 |
| 16 | | | | | |
| 17 | | | | 給一個百分比找出Z與X的值 | |
| 18 | | | | 百分比 | 95.00% |
| 19 | | | | Z值 | -1.96 |
| 20 | | | | 低的X值 | 6.05 |
| 21 | | | | 高的X值 | 6.25 |

# 第四節　常態機率圖

要利用各種推論統計的方法，你必須要判斷一組資料是否大約符合常態分配。其中一種判斷方式，就是利用**常態機率圖**。

**觀念：**在資料符合常態分配的狀況下，畫出排序資料值與Z分數間關係的圖。如果資料值符合常態分配，將會呈現線性圖形（一直線），如下圖所示。

**範例：**

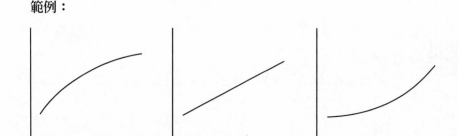

左偏　　　　　　　正常　　　　　　　右偏

**說明：**常態機率圖的基本觀念，就是排序值的Z分數會根據常態分配，以可預測的速度增加。雖然繪製常態機率圖的確切細節可能有所不同，但其中一種常見的方式稱為QQ圖。使用這種方式繪圖時，每個值（從最低到最高排序）標示在垂直的Y軸上，轉換成的Z分數則畫在水平的X軸上。如果資料為常態分配，從最低排到最高的資料就會排列成一直線。如預測值所示，如果資料左偏，曲線一開始會上升得較快，接著趨於平緩。如果資料為右偏，一開始會上升得較為緩慢，接著在資料值較高時上升的速率較快。

**例題十：**你想要判斷第三章例題七（第56頁）中城市的餐點是否符合常態分配。你可以利用Microsoft Excel來產生下列的常態機率圖：（📄餐廳）

## 城市餐點花費的常態機率圖

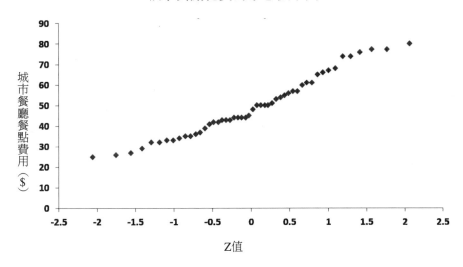

這個圖與第二章「呈現數值變數」中的直方圖結果一致，大致上為直線的資料符合常態曲線分配，顯示城市餐廳中一餐的花費大致上為常態分配。

**重要公式**

機率分配的平均數：（5.1）$\mu = \sum_{i=1}^{N} X_i P(X_i)$

離散機率分配的標準差：（5.2）$\sigma = \sqrt{\sum_{i=1}^{N}(X_i - \mu)^2 P(X_i)}$

二項分配：（5.3）$P(X = x \mid n, p) = \dfrac{n!}{x!(n-x)!} p^x (1-p)^{n-x}$

二項分配的平均數：（5.4）$\mu = np$

二項分配的標準差：（5.5）$\sigma_x = \sqrt{np(1-p)}$

卜瓦松分配：（5.6）$P(X = x \mid \lambda) = \dfrac{e^{-\lambda} \lambda^x}{x!}$

常態分配：找出Z值

（5.7）$Z = \dfrac{X - \mu}{\sigma}$

常態分配：找出X值

（5.8）$X = \mu + Z\sigma$

一分鐘總結

離散機率分配

◎ 期望值

◎ 變異數 $\sigma^2$ 與標準差 $\sigma$

是否有固定的樣本大小 $n$，且是否每個觀察到的值都能夠分入兩類中的其中一類？

◎ 如果是，利用二項分配，受其他條件影響。

◎ 如果否，利用卜瓦松分配，受其他條件影響。

連續機率分配

◎ 常態分配

◎ 常態機率圖

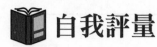 自我評量

## 選擇題

1. 在機率分配中所有事件機率的總和等於：

    (a) 0

    (b) 平均數

    (c) 標準差

    (d) 1

2. 在二項分配當中，可能成功的最大數量為：

    (a) 0

    (b) 1

    (c) $n$

    (d) 無限大

3. 在二項分配當中，可能成功的最小數量為：

   (a) 0

   (b) 1

   (c) $n$

   (d) 無限大

4. 下列有關二項分配的敘述何者不正確？

   (a) 成功的機率在每次的試驗中必定相同。

   (b) 每次的結果都與其他次獨立。

   (c) 每次的結果都可以被歸類為「成功」或「失敗」。

   (d) 相關的變數為連續值。

5. 在 $p=0.5$ 時，二項分配將會：

   (a) 永遠為對稱型

   (b) 只有在 $n$ 值很大時會是對稱型

   (c) 右偏

   (d) 左偏

6. 顧問公司最可能用哪種機率分配來分析下列保險理賠的情形？

   有間保險公司打電話給一間顧問公司，以判定公司詐領理賠金的數量是否高得不尋常。已知業界詐領的比例為6％。顧問公司決定要隨機獨立抽樣50件向該保險公司申請理賠的案件。他們相信從樣本中詐領理賠金的案件數就能得知公司所需要的資訊。

   (a) 二項分配

   (b) 卜瓦松分配

   (c) 常態分配

   (d) 以上皆非

7. 下列哪種機率分配最可能用來分析下列問題的保固維修需求？

   一間新汽車經銷商的維修經理檢視了經銷商過去20輛售出新的記錄，以判斷在未來30天中保固維修的數量。公司報告指出，每輛新車售出頭30天

中，需要保固維修的機率為0.035。經理認為需要保固維修為獨立事件，想要預測這20輛已售出車輛在未來30天中需要進行保固維修的數量。

(a) 二項分配

(b) 卜瓦松分配

(c) 常態分配

(d) 以上皆非

8. 瑪麗蓮餅乾的品管經理正在檢視一些巧克力脆片餅乾。在生產過程受到良好控管時，每片餅乾上的巧克力脆片數平均值為6.0片。經理有興趣想分析抽查到的餅乾脆片數小於10.0片的機率。這應該使用哪種機率分配？

(a) 二項分配

(b) 卜瓦松分配

(c) 常態分配

(d) 以上皆非

9. 在卜瓦松分配當中，可能出現的最小成功數量為：

(a) 0

(b) 1

(c) $n$

(d) 無限大

10.根據過去的經驗，你每天花在收發電子郵件的時間平均為30分鐘，標準差為10分鐘。要計算你至少花12分鐘收發電子郵件的機率，可以使用何種機率分配？

(a) 二項分配

(b) 卜瓦松分配

(c) 常態分配

(d) 以上皆非

11.有間大學的電腦室中有十台個人電腦。根據過去的經驗，在任一天當中，任何一台電腦需要維修的機率為0.05。要找出正好兩台電腦在任一天中需

要維修的機率，你可以使用何種機率分配？

(a) 二項分配

(b) 卜瓦松分配

(c) 常態分配

(d) 以上皆非

12. 某間雜貨店中，每分鐘抵達任一個結帳櫃檯的平均顧客數為1.8位。要找出下一分鐘沒有任何一位顧客抵達某個結帳櫃檯的機率，應使用何種機率分配？

(a) 二項分配

(b) 卜瓦松分配

(c) 常態分配

(d) 以上皆非

13. 有個選擇題測驗中共有25題。每個問題有四個選項。有位考試前沒準備的學生決定隨便從四個選項中猜一個答案。要算出這位學生答對15題以上的機率，可用哪種機率分配？

(a) 二項分配

(b) 卜瓦松分配

(c) 常態分配

(d) 以上皆非

14. 下列有關常態分配的敘述何者正確？

(a) 理論上而言，平均數、中位數、眾數都相同。

(b) 大約99.7%的值會落在距平均數三個標準差的範圍內。

(c) 可用兩個字母 $\mu$ 和 $\sigma$ 定義。

(d) 以上皆是。

15. 下列有關常態分配的敘述何者不正確？

(a) 理論上而言，平均數、中位數、眾數都相同。

(b) 大約三分之二的觀測值會落在距平均數一個標準差的範圍內。

(c) 為離散的機率分配。

(d) 其參數為平均數 $\mu$ 和標準差 $\sigma$。

16. Z值小於-1.0的機率＿＿＿＿Z值大於+1.0的機率。

(a) 小於

(b) 等於

(c) 大於

17. 常態分配為＿＿＿＿形。

(a) 右偏

(b) 左偏

(c) 對稱

18. 如果某組資料接近常態分配,那你就會發現大致上:

(a) 每 3 次觀察中,有2次會落在距平均數 1 個標準差之間。

(b) 每 5 次觀察中,有4次會落在距平均數 1.28個標準差之間。

(c) 每20次觀察中,有19次會落在距平均數 2 個標準差之間。

(d) 以上皆是。

19. 假設X為常態分配的變數,平均數為50,標準差為2,那麼X在47到54間的機率為＿＿＿＿。

# 是非題:正確請寫「○」,錯誤請寫「×」

20. 理論上而言,常態分配的平均數、中位數、眾數都相同。

21. 機率分配的平均值又可稱為期望值。

22. 任意挑出100個螺栓,其直徑應為常態分配。

23. 如果一組資料值為常態分配,常態機率圖應為一直線。

## 自我評量簡答題解答

| 1. d | 2. c | 3. a | 4. d | 5. a | 6. a |
|------|------|------|------|------|------|
| 7. a | 8. b | 9. a | 10. c | 11. a | 12. b |
| 13. a | 14. d | 15. c | 16. b | 17. c | 18. d |
| 19. 0.9104 | 20. ○ | 21. ○ | 22. × | 23. ○ | |

## 應用題

1. 假設機率分配如下：

| 分配A | | 分配B | |
|---|---|---|---|
| X | P(X) | X | P(X) |
| 0 | 0.20 | 0 | 0.10 |
| 1 | 0.20 | 1 | 0.20 |
| 2 | 0.20 | 2 | 0.40 |
| 3 | 0.20 | 3 | 0.20 |
| 4 | 0.20 | 4 | 0.10 |

(a) 計算每個分配的期望值。

(b) 計算每個分配的標準差。

(c) 比較分配A與分配B的結果。

2. 在骰子比大小的遊戲中，一次擲出一對骰子，由擲出的點數決定玩家下注的輸贏。例如，玩家可以下注$1，押總和小於7，也就是總和為2、3、4、5、6。在這把當中，如果擲出的點數小於7，玩家就能贏得$1，如果大於或等於7，則會輸掉$1。同樣的，玩家也可以押點數大於7，也就是8、9、10、11、12。在這種狀況下，如果擲出的點數大於7，玩家就能贏得$1，如果小於或等於7，則會輸掉$1。在這個遊戲當中，如果玩家押7點，則能贏得$4，但擲出其他點數則會輸掉$1。

(a) 畫出下注$1押點數小於7時，代表不同結果的機率分配圖。

(b) 畫出下注$1押點數大於7時，代表不同結果的機率分配圖。

(c) 畫出下注$1押點數為7時，代表不同結果的機率分配圖。

(d) 告訴玩家無論使用哪種下注方式，長期期望的獲利（或損失）均相等。

3. 一間大都市商業中心裡一間銀行，記錄了200分鐘內的每分鐘來客數，結果如右：

(a) 計算每日來客數的期望值。

(b) 計算標準差。

| 來客數 | 次數 |
|---|---|
| 0 | 14 |
| 1 | 31 |
| 2 | 47 |
| 3 | 41 |
| 4 | 29 |
| 5 | 21 |
| 6 | 10 |
| 7 | 5 |
| 8 | 2 |

4. 假設一位法官的判決有90％會受到高等法院的支持。在他接下來的十次判決中，下列的情形機率如何：

    (a) 有八次判決受到高等法院的支持。

    (b) 十次的判決全都受到高等法院的支持。

    (c) 八次以上的判決受到高等法院的支持。

5. 有間風險投資公司專門投資高風險的高科技新公司，他們發現十間公司當中，只有一間為「成功」的公司，也就是在六年之內能夠大幅獲利。在這種背景下，他們接下來資助的三間新公司在下列情況下的機率為何：

    (a) 只有一間公司獲得成功？

    (b) 只有兩間公司獲得成功？

    (c) 小於兩間公司獲得成功？

    (d) 至少有兩間公司獲得成功？

6. 對連鎖速食餐廳來說，在得來速窗口正確幫顧客點餐相當重要。每隔一段期間，《QSR雜誌》就會公布點餐正確度的調查結果，並以正確的百分比表示。最近一個月中，漢堡王的正確點餐率約為82.3％。（資料來源：qsrmagazine.com/content/drive-thru-performance-study-order-accuracy）假設你去同一間漢堡王的得來速窗口點餐。下列的機率為何：

    (a) 點餐三次，三次都正確的機率？

    (b) 點餐三次，卻沒有一次正確的機率？

    (c) 點餐三次，至少有兩次正確的機率？

    (d) 正確點餐的二項分配平均數與標準差為何？

7. 一間發電廠停電次數的卜瓦松分配平均數為每年停電四次。一年中下列情況的機率為何？

    (a) 沒有停電？

    (b) 四次停電？

    (c) 至少停電三次？

8. 瑪麗蓮餅乾的品管經理正在檢查一批剛出爐的巧克力脆片餅乾。如果製作

過程受到良好的控管，那麼每片餅乾的平均脆片數為6.0。任何一片抽查到的餅乾發生下列情形的機率為何？

(a) 不到五片脆片？

(b) 正好五片脆片？

(c) 有五片以上的脆片？

(d) 有四片或五片脆片？

9. 美國交通運輸部記錄了每1,000名飛機乘客行李運送不當的統計數字。在最近一個月中，每1,000名搭機乘客中，有2.77位的行李遭到不當運送。在接下來的1,000位乘客中，發生下列情形的機率為何？

(a) 沒有任何行李遭到不當運送？

(b) 至少一件行李遭到不當運送？

(c) 至少兩件行李遭到不當運送？

10. 假設X為常態分配變數，平均數為50，標準差為2，下列機率為何？

(a) X在47到54之間？

(b) X小於55?

(c) X有90％的機率小於哪個值？

11. 有組統計學概論的期末考成績為常態分配，平均數為73，標準差為8。

(a) 在考試中得到91分以下的機率為何？

(b) 學生得到65到89分間的機率為何？

(c) 學生成績高過幾分的機率為5％？

(d) 如果教授根據曲線分配給分（也就是無論分數如何，前10％的學生就給A），在這個考試之中得到81分，與在另一次平均數為62標準差為3的考試中得到68分，那一次較好？請說明之。

12. 一間魚市的老闆發現鮭魚的平均重量為12.3磅，標準差為2磅。假設鮭魚的重量為常態分配，下列機率為何？

(a) 隨機挑出一條鮭魚的重量在12到15磅之間？

(b) 隨機挑出一條鮭魚的重量小於10磅？

(c) 95％的鮭魚重量會落在哪兩個值之間？

13. 在第111頁中，有張城市中餐點費用的常態機率圖。請繪製郊區餐點花費的常態機率圖。你認為郊區餐點的費用為常態分配嗎？請說明之。（📥餐廳）

14. 觀賞NBA比賽的消費為常態分配嗎？請繪製觀賞NBA比賽消費的常態機率圖。你認為觀賞NBA比賽的消費為常態分配嗎？請說明之。（📥NBA消費）

15. 在國內啤酒的檔案中，記錄了美國國內最暢銷的152種啤酒中，每種的酒精濃度，以及每12盎司的熱量以及碳水化合物含量（以克計）。（資料摘錄自www.beer100.com/beercalories.htm，2013年3月20日）（📥國內啤酒）

## 自我評量應用題解答

1. (a) A：$\mu = 2$，B：$\mu = 2$

   (b) A：$\sigma = 1.414$，B：$\sigma = 1.095$

   (c) A分配為一致且對稱的形式；B分配亦為對稱型，且標準差小於A分配。

2. (a)

| X | P(X) |
|---|---|
| $ - 1 | 21/36 |
| $ + 1 | 15/36 |

   (b)

| X | P(X) |
|---|---|
| $ - 1 | 21/36 |
| $ + 1 | 15/36 |

   (c)

| X | P(X) |
|---|---|
| $ - 1 | 30/36 |
| $ + 4 | 6/36 |

   (d) 每種下注方式皆為$-0.167。

3. (a) 2.90     (b) 1.772

4. (a) 0.1937     (b) 0.3487     (c) 0.9298

5. (a) 0.243 　　(b) 0.027 　　(c) 0.972 　　(d) 0.028

6. (a) 0.5574 　　(b) 0.0055 　　(c) 0.9171 　　(d) 2.469 與0.6611

7. (a) 0.0183 　　(b) 0.1954 　　(c) 0.7619

8. (a) 0.2851 　　(b) 0.1606 　　(c) 0.7149 　　(d) 0.2945

9. (a) 0.0627 　　(b) 0.9373 　　(c) 0.7638

10. (a) 0.9104 　　(b) 0.9938 　　(c) 52.5631

11. (a) 0.9878 　　(b) 0.8185 　　(c) 86.16%

(d) 選擇1：因為你的成績為這個考試的81%，代表Z分數為1.00，也就是低於最小Z分數值的1.28，表示在這種評分方式下，你得不到A。選擇2：因為你的分數為測驗的68%，代表Z分數為2.00，也就是遠高於最小Z分數的1.28，表示在這種評分方式下，你會得到A。你會比較喜歡選擇2。

12. (a) 0.4711

(b) 0.1251

(c) 8.38 與16.22

13. 郊區中餐廳的餐點費用大致上符合常態分配，因為常態機率圖大約為一直線。

14. 參觀NBA球賽的消費為右偏的。

15. 酒精濃度、熱量、碳水化合物含量顯然都是右偏的。

參考資料
1. Berenson, M. L., D. M. Levine, and K. A. Szabat. *Basic Business Statistics: Concepts and Applications*, Thirteenth Edition. Upper Saddle River, NJ: Pearson Education, 2015.
2. Levine, D. M., D. Stephan, and K. A. Szabat. *Statistics for Managers Using Microsoft Excel*, Seventh Edition. Upper Saddle River, NJ: Pearson Education, 2014.
3. Levine, D. M., P. P. Ramsey, and R. K. Smidt. *Applied Statistics for Engineers and Scientists Using Microsoft Excel and Minitab*. Upper Saddle River, NJ: Prentice Hall, 2014.
4. Microsoft Excel 2013. Redmond, WA: Microsoft Corporation, 2013.

# 第六章

# 抽樣分配
# 與信賴區間

　　推論統計的基礎，在於樣本的統計量可用來研究母體的參數。一個大東西的一小部分，也就是樣本，可用來研究那個大東西，也就是母體的結果。這點乍看之下有點違反我們的直覺，也讓有些人不信任推論統計法。

　　在本章當中，將會說明推論統計依據的法則為何有效。你將在本章當中學到統計學的信賴，以及讓你能夠估計信賴區間的統計學方法。

# 第一節 基本觀念

在你了解推論統計背後的基本原則之前,首先必須學一些基本觀念。這些新的觀念和前兩章中的機率與機率分配觀念結合之後,有助於說明這些基本原則。

## 某個樣本大小中所有可能的樣本

**觀念:**在一個特定的樣本大小中,一組樣本代表母體中所有可能值的組合。

**範例:**在一個大小為10的母體中,所有 $n=2$ 且不重置的可能樣本組合為45個。

**說明:**某個特定樣本大小中,所有可能樣本的組合數量可用組合數學的方式來計算。若母體或樣本數量增加時,這個組合可能會變得相當大。例如,如果母體大小為100而不是10,所有 $n=2$ 不重置的樣本組合則會包含4,950個不同的樣本。

在檢視所有可能的樣本時,你可以利用平均數等樣本的統計量來計算數值資料,用比例來計算類別資料而非樣本本身。這個觀念直接連結到下個觀念。

## 抽樣分配

**觀念:**某個母體當中,大小為 $n$ 的樣本裡所有可能樣本的樣本統計量機率分配。

**範例:**平均抽樣分配、占比抽樣分配。

**說明:**抽樣分配能夠呈現計算每個樣本的樣本統計量時的多樣性,就像機率分配能夠呈現一個變數值的多樣性一樣。例如,在數值變數的平均抽樣分配中,有些樣本的平均數很可能比其他的小,有些則比其他的大,有些則與其他的一樣大。如果你明白這種變化就像第五章中討論的機率分配,就能夠使用第五章中的相關技巧來表達樣本統計量能夠適切表達母體統計量的觀念。計算所有可能樣本中的樣本統計量是其中一種方式,但要運用在實例上可能有些不切實際。那應該怎麼辦?

# 中央極限定理

**觀念：**在所有可能樣本的樣本大小夠大時，平均抽樣分配就會接近常態分配。

**範例：**中央極限定理讓你不用透過計算所有樣本統計量這種不切實際的方法，就能夠得知抽樣分配的形狀。所謂的「夠大」可能每次都不同，但一般而言，在大部分的情況下，樣本大小超過30就夠大了。

中央極限定理的重要性不言而喻，讓你能夠運用常態分配的觀念（請見第五章）來分析樣本平均數的變化。那也讓你能夠進行本章之後將要討論的統計判斷。

第126頁圖6.1呈現了中央極限定理運用在各種母體上的情形，即使形狀不同也都適用。在圖中，從這些母體裡能夠看出增加樣本大小造成的影響：

◎ 常態分配的母體（左欄）。

◎ 均等分配的母體，當中的值在最小值與最大值間平均分配（中欄）。

◎ 大量分配的母體，當中的值嚴重右偏（右欄）。

在常態分配的母體中，平均抽樣分配也均為常態分配。然而，在樣本大小增加時，平均抽樣的變化也會增加，使得圖形變窄。

至於另外兩種母體的情形，「中央極限」的影響使得抽樣平均更類似，圖形也會更接近常態分配。這種影響一開始對嚴重偏斜的大量分配較慢發揮作用，而會較快對平均分配的圖形造成影響。但在樣本大小增加至30時，這兩種母體的抽樣分配圖形就會變得與常態母體的抽樣分配相同。

圖6.1有助於說明平均抽樣分配的下列結論：

◎ 就大部分的母體分配而言，只要樣本數在30以上，無論形狀為何，平均抽樣分配大致上都接近常態分配。

◎ 如果母體分配相當對稱，且樣本數在15以上，平均抽樣分配大致上就會呈現常態分配。

◎ 如果母體為常態分配，無論樣本大小為何，平均抽樣分配皆為常態分配。

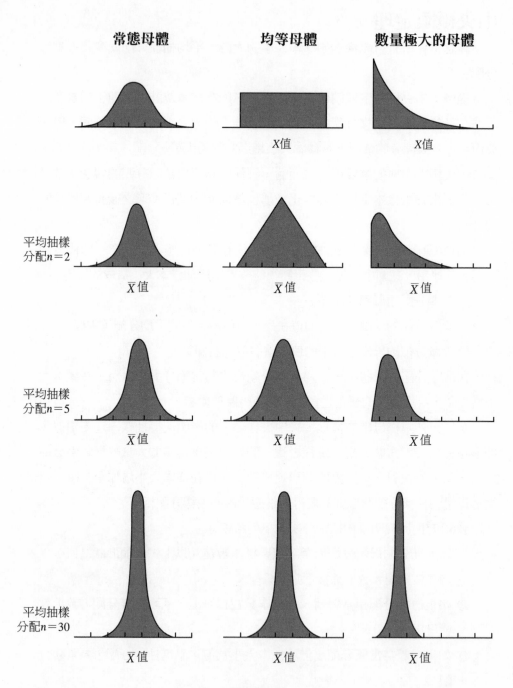

**圖6.1**

## 占比抽樣分配

**觀念**：一個特定的母體中，樣本大小 $n$ 中所有可能樣本一部分的比例分配。

**範例**：在第五章「二項與卜瓦松機率分配」中，說明了你可以利用二項分配來計算只有兩個類別的類別變數機率，這兩個類別通常為「成功」與「失敗」。隨著這種變數的數量增加，你可以利用常態分配估算出成功數的抽樣分配，或是成功的比例。

一般而言，在特定狀況之下，也就是成功與失敗的數量都在五以上時，就可以利用常態分配來估算二項分配。在你估算部分比例時，在大部分的情況下，樣本大小都能夠符合運用常態分配估算的大小。

# 第二節　抽樣誤差與信賴區間

抽出一個樣本並計算一個樣本統計量的結果，例如平均數，就會成為母體參數的點估計。如果像在例題一中一樣，抽出另一個樣本，那麼這種估計就會變得完全不同。

**例題一**：從母體N＝200的點餐時間中抽出$n$＝15的20個樣本，並且計算樣本的統計量。這個母體的平均數＝69.637，母體標準差＝10.411。一組20個$n$＝15的樣本如下表所示。（🔲點餐時間母體）

## 🔲 點餐時間樣本

| 樣本 | 平均值 | 標準差 | 最小值 | 中位數 | 最大值 | 範圍 |
|------|--------|--------|--------|--------|--------|------|
| 1 | 66.12 | 9.21 | 47.20 | 65.00 | 87.00 | 39.80 |
| 2 | 73.30 | 12.48 | 52.40 | 71.10 | 101.10 | 48.70 |
| 3 | 68.67 | 10.78 | 54.00 | 69.10 | 85.40 | 31.40 |
| 4 | 69.95 | 10.57 | 54.50 | 68.00 | 87.80 | 33.30 |
| 5 | 73.27 | 13.56 | 54.40 | 71.80 | 101.10 | 46.70 |
| 6 | 69.27 | 10.04 | 50.10 | 70.30 | 85.70 | 35.60 |
| 7 | 66.75 | 9.38 | 52.40 | 67.30 | 82.60 | 30.20 |
| 8 | 68.72 | 7.62 | 54.50 | 68.80 | 81.50 | 27.00 |
| 9 | 72.42 | 9.97 | 50.10 | 71.90 | 88.90 | 38.80 |

| 樣本 | 平均值 | 標準差 | 最小值 | 中位數 | 最大值 | 範圍 |
|------|--------|--------|--------|--------|--------|------|
| 10 | 69.25 | 10.68 | 51.10 | 66.50 | 85.40 | 34.30 |
| 11 | 72.56 | 10.60 | 60.20 | 69.10 | 101.10 | 40.90 |
| 12 | 69.48 | 11.67 | 49.10 | 69.40 | 97.70 | 48.60 |
| 13 | 64.65 | 9.71 | 47.10 | 64.10 | 78.50 | 31.40 |
| 14 | 68.85 | 14.42 | 46.80 | 69.40 | 88.10 | 41.30 |
| 15 | 67.91 | 8.34 | 52.40 | 69.40 | 79.60 | 27.20 |
| 16 | 66.22 | 10.18 | 51.00 | 66.40 | 85.40 | 34.40 |
| 17 | 68.17 | 8.18 | 54.20 | 66.50 | 86.10 | 31.90 |
| 18 | 68.73 | 8.50 | 57.70 | 66.10 | 84.40 | 26.70 |
| 19 | 68.57 | 11.08 | 47.10 | 70.40 | 82.60 | 35.50 |
| 20 | 75.80 | 12.49 | 56.70 | 77.10 | 101.10 | 44.40 |

從這個結果當中，你可以觀察到下列幾點：

◎ 每個樣本的樣本統計量皆相異。樣本的平均值從64.65到75.80都有，樣本的標準差則從7.62到14.42都有，樣本的中位數從64.10到77.10都有，樣本的範圍則是從26.70到48.70都有。

◎ 有些樣本的平均數高於母體的平均值69.637，有些樣本的平均數則低於母體的平均數。

◎ 有些樣本的標準差高於母體的標準差10.411，有樣本的標準差則低於母體的標準差。

◎ 樣本間的變異數變化範圍大於樣本標準差的變異數。

# 抽樣誤差

**觀念**：從母體抽出單一樣本時發生的變異。

**範例**：在民意調查當中，結果的增減差額範圍，例如「42％正負3％的人表示他們可能投給現任的候選人」。

**說明**：抽樣誤差的大小主要視母體本身的變異而定。大量樣本的誤差較小，但這麼做的支出卻比較大。

實際上，估計母體的參數時只會運用一個樣本。要將各個樣本的差異納入考量，你可以運用「信賴區間估計」。

# 信賴區間估計

**觀念：**一個有明確下限與上限的範圍，是種有明確肯定程度的說法，用來代表對母體參數的估計。

**說明：**正如例題一所示，抽樣的統計各有不同，且可能低於或高於母體參數。信賴區間估計能夠以樣本統計量為中心，形成一個範圍，並且指出該區間可能包含的真正母體參數。要計算這個範圍，你需要用來估計母體參數的樣本統計量，以及與樣本統計量相關的抽樣分配。

在說明一個估計的區間時，你必須說出一個明確的肯定程度，也就是「信賴水準」，例如：「信賴區間估計為95％」，或直接說成「95％信賴區間」。說出估計區間，卻沒有說出肯定的程度，就一點價值也沒有。在用適當的方式說出肯定的答案後，就能夠回應有些人對你只用一個樣本來對整個母體作出結論的質疑。你可以回應對方，但用的方式卻是使用機率量數，亦即信賴水準作出回應。在說出「信賴區間為95％時」，表示如果在你抽樣所屬的那個樣本中，若所有可能樣本都被抽樣，那麼從那個樣本計算所得的估計值有95％會包含在母體的參數中（有5％則不會）。

因為你是利用一個樣本估計一個區間，而不是算出一個精確的值，因此你無法100％確認你估計的區間會正確地估算出母體的參數。故折衷的方式，就是給一個信賴水準，以及區間的寬度：信賴水準越大，這個區間就越正確。一般而言，信賴水準在95％為可接受的折衷程度，不過在某些案例中，也會出現信賴水準99％（範圍較窄）以及信賴水準90％（範圍較寬）的情形。

**例題二：**你想要算出第127至128頁中點餐資料95％的信賴區間，這筆資料得自20個樣本，大小為15。這和日常生活遇到的問題不同，母體的平均數 $\mu = 69.637$，母體的標準差 $\sigma = 10.411$ 為已知數字，所以從每個樣本平均數估計的信賴區間可視為母體平均數真正的值。

從母體N＝200，$\mu$＝69.637，$\sigma$＝10.411中選出n＝15的20個樣本，信賴區間為95％

| 樣本 | 平均數 | 標準差 | 下限 | 上限 |
|---|---|---|---|---|
| 1 | 66.12 | 9.21 | 60.85 | 71.39 |
| 2 | 73.30 | 12.48 | 68.03 | 78.57 |
| 3 | 68.67 | 10.78 | 63.40 | 73.94 |
| 4 | 69.95 | 10.57 | 64.68 | 75.22 |
| 5 | 73.27 | 13.56 | 68.00 | 78.54 |
| 6 | 69.27 | 10.04 | 64.00 | 74.54 |
| 7 | 66.75 | 9.38 | 61.48 | 72.02 |
| 8 | 68.72 | 7.62 | 63.45 | 73.99 |
| 9 | 72.42 | 9.97 | 67.15 | 77.69 |
| 10 | 69.25 | 10.68 | 63.98 | 74.52 |
| 11 | 72.56 | 10.60 | 67.29 | 77.83 |
| 12 | 69.48 | 11.67 | 64.21 | 74.75 |
| 13 | 64.65 | 9.71 | 59.38 | 69.92 |
| 14 | 68.85 | 14.42 | 63.58 | 74.12 |
| 15 | 67.91 | 8.34 | 62.64 | 73.18 |
| 16 | 66.22 | 10.18 | 60.95 | 71.49 |
| 17 | 68.17 | 8.18 | 62.90 | 73.44 |
| 18 | 68.73 | 8.50 | 63.46 | 74.00 |
| 19 | 68.57 | 11.08 | 63.30 | 73.84 |
| 20 | 75.80 | 12.49 | 70.53 | 81.07 |

從以上的結果，可以得出下列的結論：

◎ 從樣本1中得知，樣本的平均數為66.12，樣本的標準差為9.21，母體平均值的區間為60.85到71.39。這讓你能夠有95％的肯定度，說母體的平均值在60.85到71.39之間。這是個正確估計的數字，因為母體的平均數69.637也包含在這個區間當中。

◎ 雖然樣本的平均數與標準差不同，樣本2到19的信賴區間估計值讓估計值將母體的平均數包含在內。

◎ 就樣本20而言，樣本的平均數為75.80，樣本的標準差為12.49，母體平均數的估計區間在70.53到81.07之間（特別在結果當中點出）。這個估計並不正確，因為母體的平均值69.637並未包含在這個區間內。

你會發現這樣的結果不會太出乎意料之外，因為得到正確結果的百分比（20個中的19個）為95％，與信賴區間相符。然而，其他另一組20個樣本的正確率很可能較高或較低，而非正好為95％。話雖如此，長期而言，所有樣本中的95％都會是正確的估計結果。

# 第三節 利用t分配估計平均（標準差 $\sigma$ 未知）信賴區間

　　要計算一個平均數的信賴區間，不只需要先知道樣本的平均數，也必須知道母體的標準差。然而，在大部分的情況下，這個參數都是未知數。利用「t分配」（請見參考資料1），就能夠讓你利用每次都能得知的樣本標準差來計算信賴區間的估計值。

## t 分配

　　**觀念**：利用樣本標準差讓你能夠算出平均數信賴區間的抽樣分配。

重點提示

　　**說明**：t分配假設所研究的變數來自常態分配的母體，這點很可能為已知也可能為未知。但實際上，只要樣本大小夠大，母體不會偏斜得太嚴重，就可以利用t分配來估計母體平均數。然而，在樣本大小過小或母體分配過為偏斜時，你就必須先確認變數沒有違反常態的前提，也就是所研究的變數為常態分配。（你可以利用直方圖、盒鬚圖、常態機率圖來判定是否違反這個前提。）

　　**例題三**：利用第三章例題七（請見第56頁）中蒐集50間城市餐廳與郊區餐廳每人餐點費用的資料，計算平均餐點費用的信賴區間。（📥餐廳）

　　利用工作表計算城市與郊區餐廳中，每餐平均花費母體平均數信賴區間的結果如下：

|  | A | B | C |
|---|---|---|---|
| 1 | 平均數的信賴區間 | | |
| 2 | | | |
| 3 | 資料 | 城市 | 郊區 |
| 4 | 樣本標準差 | 14.9151 | 11.3785 |
| 5 | 樣本平均數 | 49.3 | 44.4 |
| 6 | 樣本大小 | 50 | 50 |
| 7 | 信賴水準 | 95% | 95% |
| 8 | | | |
| 9 | 中間計算 | | |
| 10 | 平均數標準誤 | 2.1093 | 1.6092 |
| 11 | 自由度 | 49 | 49 |
| 12 | t值 | 2.0096 | 2.0096 |
| 13 | 半寬度區間 | 4.2388 | 3.2337 |
| 14 | | | |
| 15 | 信賴區間 | 城市 | 郊區 |
| 16 | 區間下限 | 45.06 | 41.17 |
| 17 | 區間上限 | 53.54 | 47.63 |

　　要評估是否為常態分配，你會需要這些估計值。首先，你可以先利用第三章第65頁城市與郊區餐點支出的盒鬚圖來判斷。你會發現盒鬚圖有些右偏，因為右尾比左尾長。然而，假設樣本大小較大，你可以判定任何偏離常態的部分不會嚴重影響到信賴區間估計的可信度。

　　根據這些結果，加上95％的信賴區間，你可以算出城市餐廳餐點的支費用數為\$45.06到\$53.54，郊區餐廳的則為\$41.17與\$47.63。

**進階公式**

有興趣嗎？你對數學？

你可以利用之前介紹過的符號 $\overline{X}$（樣本平均數）、$\mu$（母體平均數）、$S$（樣本標準差）、$n$（樣本大小）以及新的符號 $\alpha$（alpha）與（$t_{n-1}$），這代表了t 分配位於右尾面積 $\alpha/2$ 處的臨界值，自由度為 n−1，在標準差 $\sigma$ 未知的情況下來計算信賴區間的公式。這個 $\alpha$ 符號代表了1減信賴水準百分比。如果信賴水準為95％，則 $\alpha$ 為0.05（1− 0.95），而 $\alpha/2$ 代表右尾的面積，則為0.025。

利用這些符號就可以寫出下列的公式：

$$\overline{X} \pm t_{n-1}\frac{S}{\sqrt{n}}$$

或是以範圍的方式表示：

$$\overline{X} - t_{n-1}\frac{S}{\sqrt{n}} \le \mu \le \overline{X} + t_{n-1}\frac{S}{\sqrt{n}}$$

在本節中城市餐廳餐點費用的範例中，$\overline{X}=49.3$，$S=14.9151$，由於樣本的大小為50，自由度為49。假設信賴水準為95％，$\alpha$ 為0.05，t 分配右尾面積為0.025（0.05/2）。利用表C.2（請見附錄C），該列的臨界值有49度的自由度，面積為0.025那欄的值為2.0096。將這些值代入公式後，可以得到下列結果：

$$\overline{X} \pm t_{n-1}\frac{S}{\sqrt{n}} = 49.3 \pm (2.0096)\frac{14.9151}{\sqrt{50}} = 49.3 \pm 4.2388$$

$$45.06 \le \mu \le 53.54$$

因此得到的估計值區間為\$45.06到\$53.54之間，信賴水準95％。

## 在標準差 σ 未知的情況下，估計平均信賴區間

第六章標準差未知的檔案中，包含了第131頁中在標準差 σ 未知的情況下，估計平均數信賴區間的工作表。你可以改變B4到B7格中的樣本標準差、樣本平均數、樣本大小，以進行練習。

**最佳練習方式：**

你可以利用T.INV.2T（1－信賴水準，自由度）的函數來計算使用的t分配臨界值，以在 σ 未知的情況下計算平均數的信賴區間。在信賴水準為95%時，請在1－信賴水準中輸入0.05。

**操作方式：**

在附錄E進階操作方式四中，說明了如何修改工作表以利用未經整理的資料，如本章最後的應用題第1到3題。

# 第四節　類別變數的信賴區間估計

至於類別變數，你可以在一個特定類別當中利用信賴區間來估計成功的比例。

## 比例信賴區間估計

**觀念：**占比抽樣分配讓你能夠利用成功的比例 $p$ 來估計占比的信賴區間。在大部分的研究當中，你可以利用常態分配的方式估算出符合二項分配的樣本統計值 $p$。

**範例：**在某次選舉中會投給某位候選人的選民比例、擁有特定品牌智慧型手機的消費者比例、一間醫院中必須重複進行的醫療檢驗比例。

**說明：**這種信賴區間的估計是利用樣本成功的比例 $p$，也就是成功的數量，除以樣本大小來估計母體的比例（類別變數沒有母體平均值）。

在某個大小的樣本中，比例信賴區間比數值變數的要寬。在連續變數當中，每個對應量數提供的資訊比類別變數多。換句話說，相較於連續變數，只有兩個可能值的類別變數是相當粗略的值，所以每個觀察的結果只能提供有限的資訊給要估計的參數。

例題四：根據美國皮尤研究中心公布的一份報告指出，受訪的1,006位成年網路使用者中，有463位表示很難或不可能戒掉使用網路的習慣（資料來源：〈美國25歲的網路使用者〉，bit.ly/1dE8jFV）。你想要利用這個樣本估計所有使用網路的成年人中，認為網路很難或不可能戒掉的比例。

下列的工作表為母體的信賴區間估計，信賴水準為95％，結果如下：

| | A | B |
|---|---|---|
| 1 | 比例信賴區間估計 | |
| 2 | | |
| 3 | 資料 | |
| 4 | 樣本大小 | 1006 |
| 5 | 成功數 | 463 |
| 6 | 信賴水準 | 95% |
| 7 | | |
| 8 | 中間計算 | |
| 9 | 樣本比例 | 0.4602 |
| 10 | Z值 | -1.9600 |
| 11 | 估比標準數 | 0.0157 |
| 12 | 半寬度區間 | 0.0308 |
| 13 | | |
| 14 | 信賴區間 | |
| 15 | 區間下限 | 0.4294 |
| 16 | 區間上限 | 0.4910 |

根據工作表計算的結果，你可以估計所有的成年網路使用者中，說網路很難或不可能戒掉的比例在42.94％到49.10％之間。

**進階公式**

要寫出信賴區間公式，你必須利用之前介紹過的符號 $p$（樣本成功的比例）、$n$（樣本大小）、Z（Z分數），以及代表母體比例的 $\pi$：

$$p \pm Z\sqrt{\frac{p(1-p)}{n}}$$

或是以範圍的形式表示：

$$p - Z\sqrt{\frac{p(1-p)}{n}} \leq \pi \leq p + Z\sqrt{\frac{p(1-p)}{n}}$$

Z＝常態分配的臨界值

在例題四中，$n=1,006$，$p=463/1,006=0.4602$。由於信賴區間為

95％，透過常態分配的左尾0.025面積得知Z值為-1.96，透過常態分配的右尾面積得知Z值為+1.96。將數字代入上方的公式，就產生了以下的結果：

$$p \pm Z\sqrt{\frac{p(1-p)}{n}}$$

$$= 0.4602 \pm (1.96)\sqrt{\frac{(0.4602)(0.5398)}{1{,}006}}$$

$$= 0.4602 \pm (1.96)((0.0157))$$

$$= 0.4602 \pm 0.0308$$

$$0.4294 \le \pi \le 0.4910$$

成年網路使用者中，說網路很難或不可能戒掉的比例據估計約在42.94％到49.10％之間。

## 比例信賴區間估計

第六章比例中包含了第134頁中用來計算母體比例信賴區間的工作表。你可以更改B4到B6格中的樣本大小、成功數量、信賴水準，以進行練習。

**最佳練習方式：**

利用NORM.S.INV((1－信賴水準)/2)函數來計算所使用的常態分配臨界值，以計算比例信賴區間。由於信賴水準為95％，因此要在1－信賴水準中輸入0.05。

**操作方式：**

在第六章比例的B12格中利用絕對值函數ABS來計算信賴區間半寬的絕對值。

# 第五節　拔靴法估計

在你無法假定母體為常態分配時，你就無法使用本章之前提到的母體參數比例信賴區間估計法。然而，你可以利用「拔靴法估計」來估計母體的參數。

## 拔靴法

**觀念**：利用最初樣本一再重置重複取樣作為估計基礎的方式，來估計信賴區間的估計法。

**說明**：由於拔靴法必須以最初樣本為基礎，而非母體，因此使用拔靴法時不需要先判斷母體分配的本質，例如是否為常態分配。拔靴法包含了許多方式，但所有的方式都必須依賴重複取樣。估計母體平均數的拔靴法範例包含了下列步驟：

1. 從母體N中以不重置的方式選出大小為 $n$ 的任意樣本。
2. 從最初的樣本 $n$ 值中，以重置的方式選擇 $n$ 值重新抽取最初的樣本，以計算這次重新抽樣的樣本平均數。
3. 重複步驟2m 次，以產生m次重新抽樣的結果。
4. 從每個m樣本當中計算樣本平均數的重複抽樣分配。
5. 將整組重新抽樣的平均數重新排序。
6. 找出排除平均數的最小 $\alpha/2 \times 100\%$ 值，以及排除平均數的最大 $\alpha/2 \times 100\%$ 值。這兩個值就成為了利用拔靴法求得的母體平均值信賴區間上下限，信賴水準為（$1-\alpha$）%。

在運用拔靴法估計時，你通常會利用特別的統計軟體來選擇大量的重新抽樣，以進行拔靴法的估計。所謂的「非常大」代表隨著電腦科技進步，盡可能增加數量（重複抽樣的次數越多，抽樣誤差越小，但處理的時間也會越多）。

**例題五**：一間保險公司想要減少壽險核保的時間。你在一個月的期間中，任意選擇27份核保的保單樣本。這些樣本的處理時間值（以天計）如下所示：

| 73 | 19 | 16 | 64 | 28 | 28 | 31 | 90 | 60 | 56 | 31 | 56 | 22 | 18 |
| 45 | 48 | 17 | 17 | 17 | 91 | 92 | 63 | 50 | 51 | 69 | 16 | 17 | |

　　母體平均數處理時間的信賴區間為90％，表示母體核保的平均處理時間在35.59到52.19天之間。這個估計假設母體的處理時間並非常態分配，但盒鬚圖與常態分配圖（未畫出）則顯示母體為右偏的。這樣讓人開始懷疑信賴區間的可信度，因此你決定要用拔靴估計法來重複抽樣100次。

　　下方的列表為根據最初27個處理時間樣本來進行重新抽樣的結果：

| 16 | 16 | 16 | 17 | 17 | 17 | 17 | 17 | 19 | 22 | 28 | 31 | 31 | 48 |
| 51 | 56 | 56 | 60 | 60 | 64 | 64 | 64 | 69 | **73** | **73** | 90 | 92 | |

　　你必須注意這個首次重新抽樣省略了一些最初樣本的值（18、45、 50、63、91），且有些數值重複的次數比最初的樣本多。例如，73這個值（以粗體表示）在最初的樣本中只出現了一次，但在重置抽樣時，卻出現了兩次。在重複抽樣100次之後，你算出了樣本的平均數，並且列出了下列100個樣本的平均數：

| 31.5926 | 33.9259 | 35.4074 | 36.5185 | **36.6296** | 36.9630 | 37.0370 | 37.0741 |
| 37.1481 | 37.3704 | 37.9259 | 38.1111 | 38.1481 | 38.2222 | 38.2963 | 38.7407 |
| 38.8148 | 38.8519 | 38.8889 | 39.0000 | 39.1852 | 39.3333 | 39.3704 | 39.6667 |
| 40.1481 | 40.5185 | 40.6296 | 40.9259 | 40.9630 | 41.2593 | 41.2963 | 41.7037 |
| 41.8889 | 42.0741 | 42.1111 | 42.1852 | 42.8519 | 43.0741 | 43.1852 | 43.3704 |
| 43.4444 | 43.7037 | 43.8148 | 43.8519 | 43.8519 | 43.9259 | 43.9630 | 44.1481 |
| 44.4074 | 44.5556 | 44.7778 | 45.0000 | 45.4444 | 45.5185 | 45.5556 | 45.6667 |
| 45.7407 | 45.8519 | 45.9630 | 45.9630 | 46.0000 | 46.1111 | 46.2963 | 46.2963 |
| 46.3333 | 46.3333 | 46.4815 | 46.6667 | 46.7407 | 46.9630 | 47.0741 | 47.2222 |
| 47.2963 | 47.3704 | 47.4815 | 47.4815 | 47.5556 | 47.6667 | 47.5819 | 48.5185 |
| 48.8889 | 49.0000 | 49.2222 | 49.4444 | 49.4815 | 49.4815 | 49.6296 | 49.6296 |
| 49.7407 | 50.2963 | 50.4074 | 50.5926 | 50.9259 | 51.4074 | 51.4815 | **51.5926** |
| 51.9259 | 52.3704 | 53.4074 | 54.3333 | | | | |

你必須找出第五個最小與第五個最大的值，以排除重新抽樣平均數中最小與最大的5%（信賴水準為90%，表示 $\alpha = 0.1$；$\alpha/2 = 0.05$，$0.05 \times 100\%$ $= 5$）。在依照大小排序的數列中，第五個最小值為36.6296，第五個最大值為51.5926（如粗體所示）。因此，90%信賴水準的拔靴法估計的母體平均處理時間為36.6296到51.5926天。

在 $\sigma$ 未知的狀況下估計平均信賴區間：

$$\overline{X} \pm t_{n-1} \frac{S}{\sqrt{n}} \quad (6.1) \quad \text{或是} \quad \overline{X} - t_{n-1} \frac{S}{\sqrt{n}} \leq \mu \leq \overline{X} + t_{n-1} \frac{S}{\sqrt{n}}$$

比例信賴區間估計：

$$p \pm Z\sqrt{\frac{p(1-p)}{n}} \quad (6.2) \quad \text{或是} \quad p - Z\sqrt{\frac{p(1-p)}{n}} \leq \pi \leq p + Z\sqrt{\frac{p(1-p)}{n}}$$

 一分鐘總結

你要使用哪一種信賴區間，取決於要研究的變數類型：

◎ 若為數值變數，應使用平均信賴區間。

◎ 若為類別變數，應使用比例信賴區間。

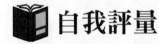 自我評量

## 選擇題

1. 在下列何種情況下平均數的抽樣分配可用常態分配估計：

(a) 在樣本數「夠大」時

(b) 在樣本大小（每個樣本的觀察數）夠大時

(c) 母體標準差增加時

(d) 樣本標準差增加時

2. 如果母體為偏斜而非對稱時，平均數的抽樣分配需要在_____樣本大小時，才會達到常態分配。

   (a) 同樣的

   (b) 較小的

   (c) 較大的

   (d) 兩種分配無法相比

3. 在樣本大小很大時，有關平均數抽樣分配的敘述何者正確？

   (a) 和母體有一樣的形狀與平均數。

   (b) 為常態分配，和母體有相同的平均數。

   (c) 為常態分配，和母體有不同的平均數。

4. 在$n=30$的樣本中，對大部分的母體而言，何種狀況下的平均抽樣分配會接近常態分配：

   (a) 無論母體的形狀為何

   (b) 如果母體為對稱

   (c) 如果平均數的標準差已知

   (d) 如果母體為常態分配

5. 就$n=1$的樣本而言，在何種狀況下平均抽樣分配會接近常態分配：

   (a) 無論母體的形狀為何

   (b) 如果母體為對稱

   (c) 如果平均數的標準差已知

   (d) 如果母體為常態分配

6. 信賴區間估計為99％可以解釋為：

   (a) 如果計入所有可能的樣本，並且估計信賴區間，那麼當中有99％的區間會涵蓋真正的母體平均數。

   (b) 你有99％的信心，相信自己選擇的樣本區間會包括母體的平均數。

   (c) 以上皆是。

(d) 以上皆非。

7. 下列何者數不正確？

(a) 每個水準的 $\alpha$ 有不同的臨界值。

(b) $\alpha$ 為分配尾端在信賴區間之外的比例。

(c) 你可以估算出信賴區間100％的 $\mu$ 值。

(d) 實際上，母體平均數是待估計的未知數。

8. 抽樣分配描述了＿＿＿＿＿＿ 的分配：

(a) 參數

(b) 統計量

(c) 參數與統計量

(d) 非參數亦非統計量

9. 在建立信賴區間時，如果所有其他的值都維持不變，在樣本數量增加時，會使得區間＿＿＿＿＿＿。

(a) 變窄

(b) 變寬

(c) 變得較不重要

(d) 一樣

10. 由於人員管理的需求，一位銀行經理想要估計在午餐時間12點到2點間兩個小時內的平均來客數。經理任意選出了64個中午12點到下午2點的時段，以判斷每個區間的來客數。在這個樣本當中，$\bar{x} = 49.8$，$S = 5$。如果要算出有效的信賴區間，下列哪個假設必須成立？

(a) 抽樣的母體必須接近常態分配

(b) 抽樣的母體必須接近 t 分配

(c) 樣本的平均數等於母體的平均數

(d) 以上皆不需要

11. 有間大學的院長想知道學生打算就讀研究所的比例。他選擇不要檢視所有學生的紀錄，而是隨機挑出200位學生，發現當中有118位學生打算就讀研

究所。信賴區間為95％，*p* 值為0.59±0.07。請說明這個區間。

(a) 你有95％的信心，相信所有的學生當中，真正想要就讀研究所的百分比在0.52到0.66之間。

(b) 有95％的機率選出的樣本中發現52％到66％的學生打算就讀研究所。

(c) 你有95％的信心，相信抽樣的學生當中有52％到66％打算就讀研究所。

(d) 你有95％的信心，相信59％的學生打算就讀研究所。

12. 在母體標準差未知的情況下，要估算母體平均數時，如果樣本大小為12，自由度為_____。

13. 中央極限定理在統計學中相當重要，因為

(a) 該定理說明了母體總是會接近常態分配。

(b) 該定理說明了樣本平均數的抽樣分配在樣本大小*n*很大時，會接近常態分配，無論母體的形狀為何。

(c) 該定理說明了無論樣本大小為何的母體，樣本平均數的抽樣分配都會接近常態分配。

(d) 無論樣本大小為何，該定理說明了樣本平均數的抽樣分配都會接近常態分配。

14. 在*n*＝15的樣本中，下列何種情況下平均數抽樣分配會呈現常態分配：

(a) 無論母體形狀為何

(b) 在母體為對稱型時

(c) 在平均標準差未知的狀況下

(d) 在母體常態分配的狀況下

# 是非題：正確請寫「○」，錯誤請寫「×」

15. 在其他條件相同的狀況之下，信賴區間的信賴水準增加時，區間就會變寬。

16. 樣本大小增加時，一個極值對樣本平均數的影響就會變小。

17. 抽樣分配的定義就是在一個特定的母體中，可觀察到的可能樣本大小之機率分配。

18. 在母體標準差未知的情況下，t 分配可用來計算母體平均數的信賴區間。

19. 在計算信賴區間時，如果其他所有條件不變，樣本大小增加會讓區間變寬。

20. 信賴區間估計總是能夠正確地估算出母體的參數。

## 自我評量簡答題解答

| | | | | | |
|---|---|---|---|---|---|
| 1. b | 2. c | 3. b | 4. a | 5. d | 6. c |
| 7. c | 8. b | 9. a | 10. d | 11. a | 12. 11 |
| 13. b | 14. b | 15. ○ | 16. ○ | 17. × | 18. ○ |
| 19. × | 20. × | | | | |

# 應用題

1. 網路雜貨商與超市中販售的物品相較之下價格如何？在各家網路雜貨商中購買了一籃物品，包括了家樂氏葡萄乾早餐脆片、半加侖的2％牛奶、星巴克咖啡、去骨雞胸肉、雪碧、樂事洋芋片、五根香蕉、Barilla義大利麵條、一品脫的班傑利冰淇淋、Old Spice 沐浴乳、兩顆檸檬、Fig Newtons水果夾心餅、Glad 密封保鮮膜、無籽葡萄的價格如下：（📋網路價格）

| 公司 | 總價 |
|---|---|
| 比帕德（紐約） | 72.95 |
| 新鮮直送 | 75.13 |
| 賽福威網站 | 75.85 |
| 亞馬遜生鮮 | 62.13 |
| 沃爾瑪網站 | 52.70 |
| 因斯特卡 | 72.19 |
| 比帕德（印第安納坡里斯） | 70.57 |

資料來源：資料摘錄自G. A. Fowler，〈價格檢驗：網路雜貨商勝過超市？〉，《華爾街日報》，2014年1月8日，D1-D2版。

請算出在網路雜貨商購買這籃物品時，信賴區間為95％的平均價格。

2. 下表列出了常見蛋白質食品（新鮮紅肉、家禽、魚類）的熱量、蛋白質、脂肪熱量百分比、飽和脂肪酸熱量百分比、膽固醇。（📖蛋白質）

| 食物 | 熱量 | 蛋白質 | 脂肪熱量% | 飽和脂肪酸熱量% | 膽固醇 |
|---|---|---|---|---|---|
| 超瘦牛絞肉 | 250 | 25 | 58 | 23 | 82 |
| 一般牛絞肉 | 287 | 23 | 66 | 26 | 87 |
| 圓形牛肉 | 184 | 28 | 24 | 12 | 82 |
| 雞胸肉 | 263 | 28 | 54 | 21 | 91 |
| 脅腹肉牛排 | 244 | 28 | 51 | 22 | 71 |
| 烤羊腿 | 191 | 28 | 38 | 16 | 89 |
| 烤羊腰排 | 215 | 30 | 42 | 17 | 94 |
| 煎肝片 | 217 | 27 | 36 | 12 | 482 |
| 烤豬腰排 | 240 | 27 | 52 | 18 | 90 |
| 沙朗牛排 | 208 | 30 | 37 | 15 | 89 |
| 豬肋排 | 397 | 29 | 67 | 27 | 121 |
| 煎牛小排 | 183 | 33 | 42 | 20 | 127 |
| 烤牛肋排 | 175 | 26 | 37 | 15 | 131 |
| 帶皮烤雞 | 239 | 27 | 51 | 14 | 88 |
| 去皮烤雞 | 190 | 29 | 37 | 10 | 89 |
| 去皮火雞 | 157 | 30 | 18 | 6 | 69 |
| 蛤蜊 | 98 | 16 | 6 | 0 | 39 |
| 鱈魚 | 98 | 22 | 8 | 1 | 74 |
| 比目魚 | 99 | 21 | 12 | 2 | 54 |
| 鯖魚 | 199 | 27 | 77 | 20 | 100 |
| 海鱸魚 | 110 | 23 | 13 | 3 | 53 |
| 鮭魚 | 182 | 27 | 24 | 5 | 93 |
| 扇貝 | 112 | 23 | 8 | 1 | 56 |
| 蝦 | 116 | 24 | 15 | 2 | 156 |
| 鮪魚 | 181 | 32 | 41 | 10 | 48 |

資料來源：美國農業部。

請計算這些常見蛋白質食品中，信賴區間為95％的平均熱量、蛋白質、脂肪熱量百分比、飽和脂肪酸熱量百分比、膽固醇。

3. 在國內啤酒的檔案中,記錄了美國國內最暢銷的152種啤酒中,每種的酒精濃度,以及每12盎司的熱量與碳水化合物含量(以克計)。(資料摘錄自 www.beer100.com/beercalories.htm,2013年3月20日)(📥國內啤酒)

   (a) 請計算信賴區間為95％時,酒精濃度,以及每12盎司的熱量與碳水化合物含量(以克計)的平均數。

   (b) 在你要計算(a)小題中的信賴水準區間時,必須先假設這些變數為常態分配嗎?

4. 在一項針對2,046位購物者進行的調查中,有1,391位表示一次不佳的購物經驗會讓他們不再造訪該零售商店。(資料來源:〈焦點寫真〉,《今日美國》,2013年11月29日,1D版。)請計算信賴水準為95％時,所有消費者中會因為一次不佳的購物經驗讓他們不再造訪該零售商店的比例信賴區間。

5. 在一項針對792位網路與智慧型手機使用者進行的調查中,有681位表示他們曾在網路上採取行動以移除或遮蓋自己的數位足跡。(資料來源:E. Dwoskin,〈還我隱私權〉,《華爾街日報》,2014年3月24日,R2版。)請計算信賴水準為95％時,所有網路與智慧型手機使用者會在網路上採取行動以移除或遮蓋自己的數位足跡的比例信賴區間。

6. 在一項針對790位成年智慧型手機使用者進行的調查中,有198位表示他們曾試圖在公廁中使偷偷用手機。(資料來源:〈焦點寫真〉,《今日美國》,2014年1月16日,1D版。)請計算信賴水準為95％時,所有曾試圖在公廁中偷偷使用手機的比例信賴區間。

## 自我評量應用題解答

1. $\$61.00 \leq \mu \leq \$76.58$

2. 熱量:$164.80 \leq \mu \leq \$222.00$;蛋白質:$24.97 \leq \mu \leq \$28.07$;脂肪熱量百分比:$28.23 \leq \mu \leq \$44.89\%$;飽和脂肪酸熱量百分比:$9.25 \leq \mu \leq 16.19\%$;膽固醇:$67.68 \leq \mu \leq 136.72$。

3. (a) 酒精濃度：$5.01 \leq \mu \leq 5.46$；熱量：$147.16 \leq \mu \leq 161.45$；碳水化合物：$11.18 \leq \mu \leq 12.75$。

(b) 由於樣本數相當大（$n = 152$），因此使用 t 分配來計算信賴區間是很恰當的作法，可信度不會受到影響。

4. $0.6596 \leq \pi \leq 0.7001$

5. $0.8357 \leq \pi \leq 0.8840$

6. $0.2204 \leq \pi \leq 0.2809$

參考資料

1. Berenson, M. L., D. M. Levine, and K. A. Szabat. *Basic Business Statistics: Concepts and Applications*, Thirteenth Edition. Upper Saddle River, NJ: Pearson Education, 2015.
2. Cochran, W. G. *Sampling Techniques*, Third Edition. New York: Wiley, 1977.
3. Diaconis, P. and B. Efron. "Computer-Intensive Methods in Statistics." *Scientific Amercian*, 248, 1983, pp. 116-130.
4. Efron, B., and R. Tibshirani. *An Introduction to the Bootstrap*. Boca Raton, FL: Chapman and Hall/CRC, 1995.
5. Gunter, B. "Bootstrapping: How to Make Something from Almost Nothing and Get Statistically Valid Answers Part I: Brave New World." *Quality Progress*, 24, December 1991, pp. 97-103.
6. Levine, D. M., D. Stephan, and K. A. Szabat. *Statistics for Managers Using Microsoft Excel,* Seventh Edition. Upper Saddle River, NJ: Pearson Education, 2014.
7. Levine, D. M., P. P. Ramsey, and R. K. Smidt, *Applied Statistics for Engineers and Scientists Using Microsoft Excel and Minitab*. Upper Saddle River, NJ: Prentice Hall, 2001.
8. Microsoft Excel 2013. Redmond, WA: Microsoft Corporation, 2012.
9. Varian, H. "Bootstrap Tutorial." *Mathematica Journal*, 2005, 9, pp. 768-775.

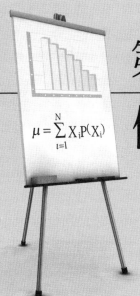

# 第七章

# 假設檢定的
# 基本觀念

　　自然科學發展的第一步，會先針對自然現象發表嘗試性的說明，也就是假設，接著再透過研究或檢定來進一步證實（或拒絕）這些假設。統計學也採用了這種科學方法，發展出名為「假設檢定」的推論方法，透過樣本的統計量來評估有關母體參數值的說法是否正確。在本章當中，你會學到假設檢定的基本觀念與原則，以及進行假設檢定所需的假設。

# 第一節　虛無與對立假設

統計學上的架設檢定和科學上廣義的假設檢定不同之處，在於這種檢定總是用來評估有關母體參數值的說法是否正確。這種說法通常都是成對的，也就是虛無與對立假設。

## 虛無假設

**觀念**：母體參數等於一個特定值，或是來自兩個以上群體的母體參數相等的說法。

**範例**：「去年回覆客戶電子郵件的母體平均時間是四小時」、「女性平均身高與男性平均身高相等」、「在一間餐廳中，正確替得來速顧客點餐的比例，與正確替內用顧客點餐的比例相等」。

**說明**：虛無假設總是傳達相等的觀念，也總是與另一種敘述，亦即對立假設互為一體兩面。在證明虛無假設錯誤之前，都將虛無假設視為正確無誤。如果你能夠證明虛無假設為假，那麼對立假設必定為真。

你可以使用$H_0$的符號來代表虛無假設，並且運用等號及母體參數來書寫等式，如：$H_0: \mu = 4$、$H_0: \mu_1 = \mu_2$、$H_0: \pi_1 = \pi_2$（別忘了，在統計學當中，$\pi$符號代表母體比例，而非幾何學中圓形直徑的圓周率）。

## 對立假設

**觀念**：和虛無假設成對出現的說法，也是和虛無假設互斥的說法。

**範例**：「去年回覆客戶電子郵件的母體平均時間並非四小時」（和上述虛無假設的第一個範例成對）、「女性平均身高與男性平均身高不相等」（和上述虛無假設的第二個範例成對）、「在一間餐廳中，正確替得來速顧客點餐的比例，與正確替內用顧客點餐的比例不相等」（和上述虛無假設的第三個範例成對）。

**說明**：對立假設通常都是和你正在研究的主題有關。對立假設總是傳達不相等的觀念，表達與一個特定值，或是來自兩個以上群體的母體參數不相等，也總是與另一種敘述，亦即虛無假設互為一體兩面。你可以使用$H_1$的符號來代表對立假設，並且運用不等號、大於小於符號，以及母體參數來書寫

式子，如：$H_1$：$\mu \neq 4$、$H_1$：$\mu_1 \neq \mu_2$、$H_1$：$\pi_1 \neq \pi_2$。

重點提示

對立假設透過拒絕虛無假設的方式證明為真。如果樣本統計量顯示虛無假設為假，那麼你就能夠拒絕虛無假設。然而，如果你無法拒絕虛無假設，也就無法聲明自己證實了虛無假設。無法拒絕虛無假設，（僅）代表你無法證明對立假設成立。

# 第二節　假設檢定的問題

在假設檢定中，你會利用樣本的統計量來評估虛無假設中提到的母體參數。例如，要評估「去年回覆客戶電子郵件的母體平均時間是四小時」這個虛無假設時，你會利用樣本的平均時間來評估母體的平均時間。正如在第六章中所言，樣本統計量不可能和對應的母體參數完全相同，此外在那章當中，你也學會了根據統計量計算估計區間的方式。

如果樣本統計量與母體的參數不同，通常多半如此，那麼，能否拒絕虛無假設就必須根據樣本統計量與相對應的母體參數差異大小來判定（在兩個群組的例子中，有些情況之下可以換個方式說，也就是判定兩個群組樣本統計量的差異有多大）。

由於缺乏嚴謹的程序，例如清楚定義差異，因此你會發現很難找出一致的規則來證明虛無假設為假，也因此不知道是否該拒絕虛無假設。統計學上的假設檢定方式提供了這樣的定義，讓你能夠換個方式說明這種決策過程，也就是透過計算一個特定樣本統計量的方式，利用檢定統計量與風險因子，來判定虛無假設是否為真。

## 檢定統計量

觀念：透過樣本統計量與樣本統計量的抽樣分配所得到的數值。

範例：兩個樣本平均數的差之檢定統計量（第八章）、兩個樣本比例間的差之檢定統計量（第八章）、兩個以上群組間平均數的差之檢定統計量（第九章）、斜率的檢定統計量（第十章）。

說明：如果你要檢驗某個母體的平均數是否等於某個特定的值，樣本的

統計量就是樣本平均數。檢定的統計量是來自樣本平均數與虛無假設中母體平均數的差。這個檢定統計量會符合名為「t 分配」（將會在第八章的「兩自變數群的均差檢定」與「雙尾 t 檢定」中提到）的統計學分配。

如果你要檢驗母體一與母體二的平均數是否相等，那麼樣本統計量就是樣本一平均數與樣本二平均數的差。檢定統計量就得自樣本一平均數與樣本二平均數的差。在某些情況下，這種檢定統計量也會符合 t 分配。

檢定統計量的抽樣分配分為兩區，即「拒絕域」（又稱為臨界域）與「接受域」。如果檢定統計量落在接受域，那麼虛無假設就不會被拒絕。

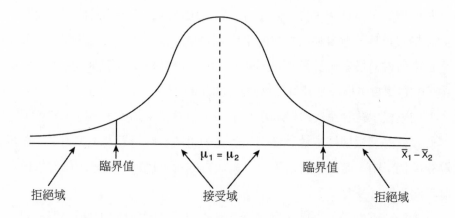

拒絕域中包含了在虛無假設為真時不可能發生的檢驗統計量。如果虛無假設為假，這些值就可能發生。因此，如果你發現一個檢定量的值落在拒絕域中，你就能夠拒絕虛無假設，因為在虛無假設為真的時候，不可能出現那個值。

要判斷虛無假設是否為真，你首先必須找出劃分接受域與拒絕域的臨界值。你可以利用適當的抽樣分配方式，以及你願意承擔多少在假設為真時拒絕假設的風險，以決定臨界值。

## 實務顯著性與統計顯著性

假設檢定的另一個重要議題，就是統計顯著性與實務顯著性的差異。假設樣本大小夠大，就必定能夠發現統計顯著性。這是因為沒有兩樣事物在本

重點提示

質上完全相同。因此，在樣本大小夠大時，你就會發現兩個母體本質上的差異。你必須特別留意統計顯著性在實務上的運用。

# 第三節　決策風險

在假設檢定中，你總是必須面對誤判的可能，例如拒絕了為真的虛無假設，或是沒拒絕為假的虛無假設。這些可能分別稱為「型 I 錯誤」與「型 II 錯誤」。

## 型 I 錯誤

**觀念：**在虛無假設 $H_0$ 為真而不應被拒絕時，卻拒絕了虛無假設。

**說明：**發生這種型 I 錯誤的風險或機率由小寫的希臘字母「$\alpha$」表示。$\alpha$ 也代表統計檢定的顯著性水準。就傳統上而言，你可以透過決定你願意忍受的風險水準 $\alpha$，也就是在虛無假設為真時卻將之拒絕的風險，來控制型 I 錯誤的機率。由於你在進行假設檢定時，會先說明顯著性水準，犯下型 I 錯誤的風險 $\alpha$ 也直接受到了控制。最常見的 $\alpha$ 值為0.01、0.05、0.10，通常研究人員會選擇0.05以下的值。

在你標明了 $\alpha$ 值之後，也就決定了拒絕域，只要利用適當的抽樣分配，就能夠決定臨界值，也就是劃分拒絕域和接受域的界線。

## 型 II 錯誤

**觀念：**在虛無假設 $H_0$ 為假時，卻沒有拒絕這個假設。

**說明：**發生這種型 II 錯誤的風險或機率由小寫的希臘字母「$\beta$」表示。型 II 錯誤的發生機率取決於虛無假設中的母體參數值與實際上母體參數值間的差異大小。型 II 錯誤和型 I 錯誤的差異，在於型 II 錯誤並非你直接犯下的錯誤。由於較大的差異比較容易被發現，隨著虛無假設中提到的母體參數值以及其對應母體參數值的差增加時，犯下型 II 錯誤的機率就會降低。因此，如果虛無假設中提到的母體參數值和對應參數值差距很小時，犯下型 II 錯誤的機率就很大。在算數上與 $\beta$ 互補的 $1-\beta$ 就稱為統計效能，代表在虛無假定為假應被拒絕時，拒絕虛無假設的機率。

## 風險平衡

上述錯誤的類型與風險可歸納成表7.1。這兩種錯誤發生的機率互成反比。在降低時 $\alpha$，就會提高 $\beta$，在降低 $\beta$ 時，就會提高 $\alpha$。

### 表7.1　假設檢定的風險與決定

| 統計的決定 | 實際情形 | |
| --- | --- | --- |
| | $H_0$ 為真 | $H_0$ 為假 |
| 未拒絕 $H_0$ | 正確決定<br>信賴水準 $=1-\alpha$ | 型 II 錯誤<br>$P$（型 II 錯誤）$=\beta$ |
| 拒絕 $H_0$ | 型 I 錯誤<br>$P$（型 I 錯誤）$=\alpha$ | 正確決定<br>效能 $=1-\beta$ |

你想要降低 $\beta$ 卻不要影響 $\alpha$ 值的方式之一，就是增加樣本的大小。樣本的大小較大時，即使假設中的母體參數與實際母體參數的差異很小，你還是會發現。就某個 $\alpha$ 水準而言，增加樣本規模就會降低 $\beta$，因此也能增加察覺虛無假定 $H_0$ 為假的統計效能。

在設定 $\alpha$ 值時，你必須將型 I 錯誤的負面結果納入考量。如果結果相當嚴重，那麼你就可以設定 $\alpha=0.01$，而非0.05，並且容忍因此而可能較高的 $\beta$。如果你比較擔心型 II 錯誤的負面結果，那麼你就可以選擇較大的 $\alpha$（例如0.05而非0.01），這樣 $\beta$ 值就會較低。

# 第四節　進行假設檢定

在你進行假設檢定時，必須依序進行下列步驟：

1. 說明虛無檢定 $H_0$，以及對立檢定 $H_1$。
2. 評估犯下型 I 與型 II 錯誤的風險，選擇顯著水準 $\alpha$，以及適當的樣本大小。
3. 決定適當的檢定統計量與使用的抽樣分配，並且訂出劃分拒絕域與接

受域的臨界值。

4.蒐集資料，計算適當的檢定統計量，並且判斷檢定統計量落入拒絕域或接受域。

5.做出適當的統計推論。如果檢定統計量落在拒絕域中，則拒絕虛無假設。如果統計量落在接受域中，則不要拒絕虛無假設。

# p 值法假設檢定

大部分的現代統計軟體，包括了工作表軟體與計算機的函數功能，都能夠計算用來判定是否應拒絕虛無假設的 $p$ 值。

# p 值

**觀念**：若虛無假設$H_0$為真時，計算檢驗統計量等於樣本結果或比樣本結果更為極端的機率。

**說明**：$p$ 值為針對一組特定資料的$H_0$可被拒絕的最小值。你可以把 $p$ 值視為針對一組特定資料發生型 I 錯誤的真正風險。利用 $p$ 值來判定是否應拒絕虛無假設的步驟如下：

◎ 如果 $p$ 值大於等於 $\alpha$，則不要拒絕虛無假設。

◎ 如果 $p$ 值小於 $\alpha$，則拒絕虛無假設。

◎ 許多人對這個規則感到困惑，誤認為較高的 $p$ 值是拒絕假設的理由。請記得「如果 $p$ 值小，$H_0$ 必定不成立」的說法，以避免混淆的情形發生。

就實務上而言，今日大部分的研究人員使用 $p$ 值的原因很多，例如想要有效呈現研究結果。$p$ 值又稱為「觀測顯著水準」。使用 $p$ 值時，你可以用下列方式重述假設檢定的步驟：

1.說明虛無檢定$H_0$，以及對立檢定$H_1$。

2.評估犯下型 I 與型 II 錯誤的風險，選擇顯著水準 $\alpha$，以及適當的樣本大小。

3.蒐集資料，計算適當檢定統計量的樣本值。

4.根據檢定統計量計算 $p$ 值，並且比較 $p$ 值與 $\alpha$。

5.進行適當的推論統計。如果 $p$ 值小於 $\alpha$，則拒絕虛無假定。如果 $p$ 值大於等於 $\alpha$，則不要拒絕虛無假定。

# 第五節　假設檢定的類型

在進行假設檢定時，要選擇使用何種統計量取決於下列因素：

◎ 群組數量：一個、兩個、兩個以上。

◎ 對立檢定 $H_1$ 中陳述的關係：不等於或不等式（小於、大於）。

◎ 變數類型（母體參數）：數值（平均數）或類別（比例）。

## 群組數量

一個群組的假設檢定，用正式的名稱來說，就是單一樣本檢定，在實務上的用途相當有限，因為若你想要檢驗母體參數的值，通常會使用第六章中的信賴區間估計法。兩個樣本間的檢定，則用來檢驗兩個群組間的差異，請見第八章第一節到第三節中的例題。兩個以上群組的檢定則會在第九章中討論。

## 對立檢定 $H_1$ 中陳述的關係

陳述對立檢定時，可以使用不等號，如：$H_1$：$\mu_1 \neq \mu_2$；或是使用不等式，如 $\mu_1 > \mu_2$。你可以利用「雙尾檢定」來判定含有不等式的對立假設，利用「單尾檢定」來判定含有不等式的對立假設。

單尾檢定與雙尾檢定的程序類似，主要的差別在於使用臨界值來判定拒絕域的方式。在本書當中，主要使用雙尾檢定。單尾檢定則沒有進一步的介紹，不過在第八章的例題八（第176頁）中則稍微提到了利用這種檢定法的其中一種可能。

## 變數類型

變數的類型，亦即為數值變數或類別變數，也會影響到使用假設檢定的選擇。就數值變數而言，檢定很可能用來檢驗母體平均數，或是兩個以上群組的平均數差。就類別變數而言，檢定則可能用來檢驗母體的比例，或是兩

個群組以上的母體比例差。兩種變數用來檢定兩個以上群組的方式，會在第八章第一節到第三節的例題中討論。各類變數兩個以上群組的檢定則會在第九章中討論。

 一分鐘總結

| 假設 | 假設檢定方式 |
| --- | --- |
| ・虛無假設 | ・檢定統計量 |
| ・對立假設 | ・$p$ 值 |

| 錯誤類型 | 假設檢定的關係 |
| --- | --- |
| ・型 I 錯誤 | ・單尾 |
| ・型 II 錯誤 | ・雙尾 |

 自我評量

## 選擇題

1. 在何種情況下會出現型 II 錯誤：
   (a) 你拒絕了為真的虛無假設
   (b) 你沒有拒絕為真的虛無假設
   (c) 你拒絕了為假的虛無假設
   (d) 你沒有拒絕為假的虛無假設

2. 在何種情況下會出現型 II 錯誤：
   (a) 你拒絕了為真的虛無假設
   (b) 你沒有拒絕為真的虛無假設
   (c) 你拒絕了為假的虛無假設
   (d) 你沒有拒絕為假的虛無假設

3. 下列何者為適當的虛無假設？

(a) 兩個母體的平均數差等於 0

(b) 兩個母體的平均數差不等於 0

(c) 兩個母體的平均數差小於 0

(d) 兩個母體的平均數差大於 0

4. 下列何者不是適當的對立假設？

(a) 兩個母體的平均數差等於 0

(b) 兩個母體的平均數差不等於 0

(c) 兩個母體的平均數差小於 0

(d) 兩個母體的平均數差大於 0

5. 統計效能指的是什麼機率？

(a) 拒絕為真的虛無假設

(b) 沒有拒絕為真的虛無假設

(c) 拒絕為假的虛無假設

(d) 沒有拒絕為假的虛無假設

6. 如果在雙尾檢定中，$p$ 值小於 $\alpha$：

(a) 虛無假設不應被拒絕

(b) 虛無假設應該被拒絕

(c) 應使用單尾檢定

(d) 無法做出任何結論

7. 某個假設檢定的型 I 錯誤機率（$\alpha$）為 0.01。因此：

(a) 如果虛無假設為真，你有1%的機率不會拒絕這個假設。

(b) 如果虛無假設為真，你有1%的機率會拒絕這個假設。

(c) 如果虛無假設為假，你有1%的機率不會拒絕這個假設。

(d) 如果虛無假設為假，你有1%的機率會拒絕這個假設。

8. 有關假設檢定中的顯著水準，下列敘述何者不正確？

(a) 顯著水準越高，你拒絕虛無假設的機率就越高。

(b) 顯著水準就是你願意接受型 I 錯誤的最大風險。

(c) 顯著水準又稱為 $\alpha$ 水準。

(d) 顯著水準是型 II 錯誤的別稱。

9. 如果你在虛無假設為假時拒絕了這個假設，那麼你：

(a) 犯了型 I 錯誤

(b) 犯了型 II 錯誤

(c) 沒犯錯

(d) 犯了型 I 與型 II 錯誤

10. 型_____ 錯誤的機率又稱為「顯著水準」。

11. 型 I 錯誤的機率用_____ 符號表示。

12. 劃分拒絕域和接受域的值稱為_____。

13. 下列何者為適當的虛無假設？

(a) 母體平均數等於100

(b) 樣本平均數等於50

(c) 母體平均數大於100

(d) 以上皆是

14. 下列何者為適當的對立假設？

(a) 母體平均數等於100

(b) 樣本平均數等於50

(c) 母體平均數大於100

(d) 以上皆是

# 是非題：正確請寫「○」，錯誤請寫「×」

15. 就某個顯著水準而言，如果樣本大小增加，那麼檢定效力也會增加。

16. 就某個顯著水準而言，如果樣本大小增加，那麼犯型 I 錯誤的機率也會增加。

17.虛無假設的敘述都會包含一個等式。

18.$p$ 值越大時，你就越可能拒絕虛無假設。

19.對立假設的敘述都包含了等式。

20.$p$ 值越小時，你越容易拒絕虛無假設。

## 自我評量簡答題解答

| 1. d | 2. a | 3. a | 4. a | 5. c | 6. b |
|------|------|------|------|------|------|
| 7. b | 8. d | 9. c | 10. I | 11. $\alpha$ | 12.臨界值 |
| 13. a | 14. c | 15.○ | 16.× | 17.○ | 18.× |
| 19.× | 20.○ | | | | |

參考資料
1. Berenson, M. L., D. M. Levine, and K. A. Szabat. *Basic Business Statistics: Concepts and Applications*, Thirteenth Edition. Upper Saddle River, NJ: Pearson Education, 2015.
2. Levine, D. M., D. Stephan, and K. A. Szabat. *Statistics for Managers Using Microsoft Excel*, Seventh Edition. Upper Saddle River, NJ: Pearson Education, 2014.

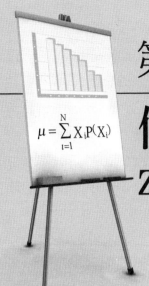

$$\mu = \sum_{t=1}^{N} X_i P(X_i)$$

# 第八章

# 假設檢定：
# Z 檢定與 t 檢定

在第七章當中，你學到了假設檢定的基本原理。在本章當中，將討論兩個群組間的假設檢定，又稱為「雙樣本檢定」。你會學到：

◎ 用來檢驗兩占比差的假設檢定。

◎ 用來檢驗兩自變數群組均差的假設檢定。

你也會學到如何評估在使用檢定時，變數中必須為真的統計假設，以及假設不成立時應該怎麼辦。

# 第一節 　兩占比差檢定

　　**觀念：**透過檢驗兩個群組中樣本比例差異來分析兩個群組差異的假設檢定方式。

　　**說明：**每個群組的樣本比例，就是該群組中的成功樣本數除以群組的樣本大小。在這種檢定中，必須分別算出兩個群組的樣本比例，因為檢定統計量來自於兩個群組樣本比例的差。兩個群組的樣本大小均足夠時，兩個占比差的抽樣分配會趨近常態分配（請見第五章「連續機率分配與常態機率分配」）。

　　**例題一：**企業經常運用AB測試來檢驗不同的網頁設計，以檢視哪一個網頁設計的效果較佳。在一間公司當中，設計師想知道在首頁修改行動呼籲按鈕的效果。每位造訪這間公司網站的訪客會隨機看到原本的行動呼籲按鈕（控制組）或新的按鈕。設計師會以下載率來評斷成功與否：下載資料的人數除以看到新行動呼籲按鈕的人數。實驗的結果如下：

**行動呼籲按鈕**

| 下載 |  | 原按鈕 | 新按鈕 | 總和 |
|---|---|---|---|---|
|  | 是 | 351 | 451 | 802 |
|  | 否 | 3,291 | 3,105 | 6,396 |
|  | 總和 | 3,642 | 3,556 | 7,198 |

　　在3,642位使用原行動呼籲鈕的人中，有351位下載了檔案，所占比例為0.0964。在3,556位使用新行動呼籲鈕的人中，有451位下載了檔案，所占比例為0.1268。

　　由於看到原行動呼籲鈕及新行動呼籲鈕而下載檔案的數量相當多（351與451），而看到原本的行動呼籲按鈕與新按鈕的數量也相當多（3,291與3,105），兩占比差的抽樣分配大致上接近常態分配。虛無與對立檢定如下：

　　$H_0$：　$\pi_1 = \pi_2$（原行動呼籲鈕與新行動呼籲鈕引發的下載比例沒有差別）

　　$H_1$：　$\pi_1 \neq \pi_2$（原行動呼籲鈕與新行動呼籲鈕引發的下載比例有所差別）

根據這個研究產生的工作表如下：

| | A | B |
|---|---|---|
| 1 | 兩占比差 Z 檢定 | |
| 2 | | |
| 3 | 資料 | |
| 4 | 假設的差 | 0 |
| 5 | 顯著水準 | 0.05 |
| 6 | 群組1 | |
| 7 | 成功數 | 351 |
| 8 | 樣本大小 | 3642 |
| 9 | 群組2 | |
| 10 | 成功數 | 451 |
| 11 | 樣本大小 | 3556 |
| 12 | | |
| 13 | 中間計算 | |
| 14 | 群組1比例 | 0.0964 |
| 15 | 群組2比例 | 0.1268 |
| 16 | 兩占比差 | -0.0305 |
| 17 | 平均比例 | 0.1114 |
| 18 | Z檢定統計量 | -4.1052 |
| 19 | | |
| 20 | 雙尾檢定 | |
| 21 | 左尾值 | -1.9600 |
| 22 | 右尾值 | 1.9600 |
| 23 | p值 | 0.0000 |
| 24 | 拒絕虛無假設 | |

　　將顯著水準設為0.05，利用臨界值法可得知左尾面積為0.025，右尾面積為0.025。利用累積常態分配表（表C.1），可得知左尾的臨界值為0.025，對應的Z值為-1.96，而右尾的臨界值為0.025（累積面積為0.975），對應的Z值為+1.96，如下圖所示：

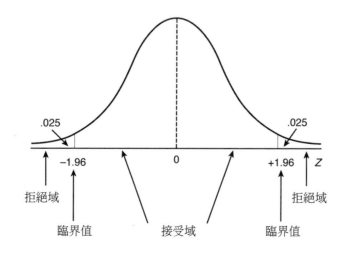

得知拒絕域後，若 Z <-1.96 或 Z >+1.96，你就會拒絕$H_0$；否則你就不會拒絕$H_0$。工作表計算後的結果（請見第161頁）顯示Z檢定統計值為-4.1052。由於Z＝-4.1052小於左臨界值-1.96，因此你就可以拒絕虛無假設，判定證據顯示原本的行動呼籲鈕和新的行動呼籲鈕引發的下載比例有所差別。

例題二：你決定要利用 $p$ 值法來進行假設檢定。工作表計算出來的結果（請見第161頁的圖）顯示 $p$ 值為0.0000。這表示Z值小於-4.1052或大於+4.1052的機率近乎為零（0.0000）。由於 $p$ 值小於顯著水準 $\alpha$＝0.05，因此你可以拒絕虛無假設，判定證據顯示原本的行動呼籲鈕和新行動呼籲鈕引發的下載比例有所差別。新的行動呼籲鈕比較容易讓人願意下載檔案。

例題三：你要分析一個著名的醫療實驗結果，這個實驗的目的在於研究阿斯匹靈降低心臟病發生率的效果，實驗中的顯著水準為 $\alpha$＝0.05。在這個實驗當中，共有22,071位男性醫師隨機被分配到兩組，其中一組每隔一天服用325毫克的阿斯匹靈緩衝錠，另一組則服用安慰劑（不含有效成分的藥丸）。在服用阿斯匹靈的11,037位醫師中，有104位在研究進行的五年期間中心臟病發。另外11,034位隔天服用安慰劑的醫師中，則有189位在研究進行的五年期間中心臟病發。你可以把研究結果列表如下：

### 醫師是否服用阿斯匹靈的分類結果

| | | 實驗群組 | |
| --- | --- | --- | --- |
| | 阿斯匹靈 | 安慰劑 | 總和 |
| 心臟病發 | 104 | 189 | 293 |
| 無心臟病 | 10,993 | 10,845 | 21,778 |
| 總和 | 11,037 | 11,034 | 22,071 |

（左側標示：結果）

你可以建立如下的虛無與對立假設：

$H_0$： $\pi_1$＝$\pi_2$（服用阿斯匹靈與服用安慰劑的心臟病發比例沒有差別）

$H_1$： $\pi_1$≠$\pi_2$（服用阿斯匹靈與服用安慰劑的心臟病發比例有所差別）

正如虛無假設中的定義，這個問題當中的成功數是心臟病發的數量。這個例子顯示了成功數也可能代表真實世界中的負面結果。

醫療實驗資料透過工作表計算的結果如下：

| | A | B |
|---|---|---|
| 1 | 兩占比差Z檢定 | |
| 2 | | |
| 3 | 資料 | |
| 4 | 假設的差 | 0 |
| 5 | 顯著水準 | 0.05 |
| 6 | 群組1 | |
| 7 | 成功數 | 104 |
| 8 | 樣本大小 | 11037 |
| 9 | 群組2 | |
| 10 | 成功數 | 189 |
| 11 | 樣本大小 | 11034 |
| 12 | | |
| 13 | 中間計算 | |
| 14 | 群組1比例 | 0.0094 |
| 15 | 群組2比例 | 0.0171 |
| 16 | 兩占比差 | -0.0077 |
| 17 | 平均比例 | 0.0133 |
| 18 | Z檢定統計量 | -5.0014 |
| 19 | | |
| 20 | 雙尾檢定 | |
| 21 | 左尾值 | -1.9600 |
| 22 | 右尾值 | 1.9600 |
| 23 | p值 | 0.0000 |
| 24 | 拒絕虛無假設 | |

結果顯示 $p$ 值為0，檢定統計量的值為Z＝-5.00。這表示Z值小於-5.00的機會幾乎等於零。由於 $p$ 值（0）小於顯著水準（0.05），你就可以拒絕虛無假設，接受對立假設，也就是兩個群組間心臟病發的比例有所差別（利用臨界值法的話，在顯著水準為0.05時，由於Z＝-5.00，小於左臨界值-1.96，你也可以拒絕虛無假設）。

最後你就可以判定服用阿斯匹靈醫師的心臟病發作比例與未服用阿斯匹靈醫師的心臟病發作比例有所差別。在研究期間，服用阿斯匹靈的實驗組心臟病發作的機率明顯較低。

## 兩占比差 Z 檢定

第八章兩占比差Z中包含了第160頁例題一中的兩占比差檢定。你可以改變B4 與 B5 格中假設的差與顯著水準，以及B7、 B8、B10、B11格中的成功數與個群組的大小，以進行練習。

**最佳練習方式：**

你可以利用NORM.S.INV（P<X）函數來計算常態分配的臨界值，P<X 為曲線下方小於 X 的面積。

你可以利用NORM.S.DIST（Z值，TRUE）函數來計算小於Z檢定統計量的累積常態機率。

**操作方式：**

在雙尾檢定中，可透過將1－NORM.S.DIST值的絕對值乘以2，以得出p值。

例題一到三中運用了兩占比差 t 檢定。要計算 Z 檢定統計量，你需要使用的符號包括帶有下標的X，代表成功數，樣本大小$n_1$與$n_2$，樣本比例$p_1$與$p_2$，母體比例$\pi_1$與$\pi_2$，以及母體比例合併估計的符號$\overline{p}$。

要寫出Z檢定的公式，你首先必須定義的母體比例合併估計值與兩個群組的樣本比例：

$$\overline{p} = \frac{X_1 + X_2}{n_1 + n_2} \quad p_1 = \frac{X_1}{n_1} \quad p_2 = \frac{X_2}{n_2}$$

接下來你要利用$\overline{p}$、$p_1$、$p_2$，以及樣本比例的符號、母體比例的符號來寫出兩占比差 Z 檢定的公式：

$$Z = \frac{(p_1 - p_2) - (\pi_1 - \pi_2)}{\sqrt{\overline{p}(1 - \overline{p})\left(\frac{1}{n_1} + \frac{1}{n_2}\right)}}$$

例如，計算例題一中有關網路設計的 Z 檢定統計量算式如下：

$$p_1 = \frac{X_1}{n_1} = \frac{351}{3,642} = 0.0964 \quad p_2 = \frac{X_2}{n_2} = \frac{451}{3,556} = 0.1268$$

且

$$\bar{p} = \frac{X_1 + X_2}{n_1 + n_2} = \frac{351 + 451}{3,642 + 3,556} = \frac{802}{7,198} = 0.1114$$

因此

$$Z_{STAT} = \frac{(0.0964 - 0.1268) - (0)}{\sqrt{0.1114(1 - 0.1114)\left(\dfrac{1}{3,642} + \dfrac{1}{3,556}\right)}}$$

$$= \frac{-0.0304}{\sqrt{(0.09899)(0.0005557)}}$$

$$= \frac{-0.0304}{\sqrt{0.000055}}$$

$$= \frac{-0.0304}{0.00742}$$

$$= -4.10$$

由於 $\alpha = 0.05$，若 Z <-1.96 或 Z >+1.96，你就可以拒絕 $H_0$；否則的話，就不要拒絕 $H_0$。由於 Z = -4.10，小於臨界值-1.96，因此你可以拒絕這個虛無假設。

# 第二節　兩自變數群的均差檢定

觀念：透過判定兩個母體或群組間的母體平均數（數值參數）是否存在顯著的差異，以分析兩個群組差異的檢定方式。

說明：在使用這種假設檢定時，統計學家會先區分應用的對象是兩個獨立群組，或是兩個相關群組。若是兩個相關的群組，結果不是一個相關特性相符，就是會出現同樣物件中出現重複的量數。若是兩個獨立的群組，最常使用的假設檢定就是合併變異數 t 檢定。

## 合併變異數 t 檢定

觀念：計算兩個獨立群組中母體平均數差的檢定方式，計算時會將兩個群組的樣本變異數合併為兩個群組中共同的變異數估計值。

說明：在這個檢定當中，檢定的統計量為兩個群組樣本平均數的差，兩個樣本平均數差的抽樣分配大致上符合 t 分配。

在合併變異數 t 檢定中，假設兩群獨立母體平均數沒有差別的虛無假設為：$H_0$：$\mu_1 = \mu_2$（兩個母體平均數相等）；對立假設即為：$H_1$：$\mu_1 \neq \mu_2$（兩個母體平均數不相等）。

例題四：你想要知道大城市中的餐點費用與郊區類似餐點的費用是否有所差別。你分別蒐集了50筆城市與郊區餐廳中每人餐點費用的資料如下：

### 餐廳

| 城市餐廳餐點費用 | | | | | | | | | | | | | | | | |
|---|---|---|---|---|---|---|---|---|---|---|---|---|---|---|---|---|
| 25 | 26 | 27 | 29 | 32 | 32 | 33 | 33 | 34 | 35 | 35 | 36 | 37 | 39 | 41 | 42 | 42 |
| 43 | 43 | 43 | 44 | 44 | 44 | 44 | 45 | 48 | 50 | 50 | 50 | 50 | 51 | 53 | 54 | 55 |
| 56 | 57 | 57 | 60 | 61 | 61 | 65 | 66 | 67 | 68 | 74 | 74 | 76 | 77 | 77 | 80 | |

| 郊區餐廳餐點費用 | | | | | | | | | | | | | | | | |
|---|---|---|---|---|---|---|---|---|---|---|---|---|---|---|---|---|
| 26 | 27 | 28 | 29 | 31 | 33 | 33 | 34 | 34 | 34 | 34 | 35 | 36 | 37 | 37 | 37 |
| 38 | 39 | 39 | 39 | 40 | 41 | 41 | 43 | 44 | 44 | 44 | 46 | 47 | 47 | 48 | 48 | 49 |
| 50 | 51 | 51 | 51 | 51 | 52 | 52 | 54 | 56 | 59 | 60 | 60 | 67 | 68 | 70 | 71 | |

餐廳餐點費用的Excel工作表計算結果如下：

| | A | B |
|---|---|---|
| 1 | 兩自變數群均查合併變異檢定 | |
| 2 | （假設母體變異數相等） | |
| 3 | 資料 | |
| 4 | 假設的差 | 0 |
| 5 | 顯著水準 | 0.05 |
| 6 | 母體1樣本 | |
| 7 | 樣本大小 | 50 |
| 8 | 樣本平均數 | 49.3 |
| 9 | 樣本標準差 | 14.9151 |
| 10 | 母體2樣本 | |
| 11 | 樣本大小 | 50 |
| 12 | 樣本平均數 | 44.4 |
| 13 | 樣本標準差 | 11.3785 |
| 14 | | |
| 15 | 中間計算 | |
| 16 | 母體1樣本自由度 | 49 |
| 17 | 母體2樣本自由度 | 49 |
| 18 | 總自由度 | 98 |
| 19 | 合併變異數 | 175.9643 |
| 20 | 標準誤差 | 2.6530 |
| 21 | 樣本平均數差 | 4.9 |
| 22 | t檢定統計量 | 1.8469 |
| 23 | | |
| 24 | 雙尾檢定 | |
| 25 | 左尾值 | -1.9845 |
| 26 | 右尾值 | 1.9845 |
| 27 | p值 | 0.0678 |
| 28 | 不要拒絕虛無假設 | |

工作表的結果顯示t統計量為1.8469，且$p$值為0.0678。由於t＝1.8469<1.9845，或因為 $p$ 值0.0678大於 $\alpha$ ＝0.05，因此你不要拒絕虛無假設，並且判定沒有足夠的證據顯示城市中餐點費用（樣本平均數為$49.30）與郊區餐點費用（樣本平均數為$44.40）有顯著的差異。

**例題五**：你想要判斷顯著水準 $\alpha$ ＝0.05時，網路客戶使用兩種不同付款方式是否有所差異。在隨機抽樣50筆交易後，你得到了下列的統計數字：

| | 方法1 | 方法2 |
|---|---|---|
| 樣本大小 | 22.0 | 28.0 |
| 樣本平均數 | 30.37 | 23.17 |
| 樣本標準差 | 12.006 | 7.098 |

## 兩筆未加總資料均差合併變異數 t 檢定

第八章加總資料合併變異數t中包含了例題四中均差的合併變異數t檢定，如前述所示。你可以改變B4與B5格中假設的差與顯著水準，及（或）在E欄與F欄中輸入新的未加總資料，用來取代原本城市與郊區餐點費用的資料。

**最佳練習方式：**

利用T.INV.2T（信賴水準，自由度）函數來計算 t 分配的右臨界值。在這個函數前加上一個負號，就可以計算 t 分配的左臨界值。

利用T.DIST.2T（（t檢定統計量的絕對值），總自由度）函數來計算與t分配相關的機率。

**操作方式：**

要計算 t 檢定統計量的絕對值，可以使用ABS（t檢定統計量）函數。

附錄E分析工具箱技巧三中說明了如何使用分析工具箱，作為進行兩筆未加總資料均差合併變異數 t 檢定的第二種方式。

這個研究的工作表計算結果如右：

| | A | B |
|---|---|---|
| 1 | 兩自變數群均查合併變異檢定 | |
| 2 | （假設母體變異數相等） | |
| 3 | 資料 | |
| 4 | 假設的差 | 0 |
| 5 | 顯著水準 | 0.05 |
| 6 | 母體1樣本 | |
| 7 | 樣本大小 | 22 |
| 8 | 樣本平均數 | 30.37 |
| 9 | 樣本標準差 | 12.0060 |
| 10 | 母體2樣本 | |
| 11 | 樣本大小 | 28 |
| 12 | 樣本平均數 | 23.17 |
| 13 | 樣本標準差 | 7.0980 |
| 14 | | |
| 15 | 中間計算 | |
| 16 | 母體1樣本自由度 | 21 |
| 17 | 母體2樣本自由度 | 27 |
| 18 | 總自由度 | 48 |
| 19 | 合併變異數 | 91.4027 |
| 20 | 標準誤差 | 2.7238 |
| 21 | 樣本平均數差 | 7.2 |
| 22 | t檢定統計量 | 2.6434 |
| 23 | | |
| 24 | 雙尾檢定 | |
| 25 | 左尾值 | -2.0106 |
| 26 | 右尾值 | 2.0106 |
| 27 | p值 | 0.0111 |
| 28 | 拒絕虛無假設 | |

工作表的結果顯示 t 統計量為2.64，且 $p$ 值為0.0111。由於 $p$ 值小於 $\alpha =$ 0.05，因此你拒絕虛無假設。（若用臨界值法，t ＝2.6434>2.01，讓你做出同樣的決定）你可以判定 t 值大於2.64的機率非常低（0.0111），因此有足夠的證據顯示方法 1 的支付金額（樣本平均數為$30.37）高於方法 2 的支付金額（樣本平均數為$23.17）。

**圖表解題**

## 樣本統計量均差合併變異數 t 檢定

　　第八章樣本統計量合併變異數 t 中包含了例題五中均差的合併變異數 t 檢定，如第168頁所示。你可以改變B4與B5格中的假設的差與顯著水準，以及B7到B9、B11到B13格中的樣本大小、樣本平均數、樣本標準差，以進行練習。

**最佳練習方式：**

　　本工作表中使用的函數均已在第168頁末加總資料的圖表解題中介紹過。

**進階公式**

你對數學有興趣嗎？

　　例題四與例題五中使用了兩自變數群的均差檢定。要計算 t 檢定統計量，你需要用到的符號有樣本平均數帶下標的 $\bar{X}_1$ 與 $\bar{X}_2$，兩個母體的樣本大小 $n_1$ 與 $n_2$，母體平均數 $\mu_1$ 與 $\mu_2$，以及合併變異數估計的 $S_p^2$。

　　要寫出 t 檢定量的方程式，首先必須定義母體變異數合併估計量方程式中的符號：

$$S_p^2 = \frac{(n_1 - 1)S_1^2 + (n_2 - 1)S_2^2}{(n_1 - 1) + (n_2 - 1)}$$

接下來運用你剛剛定義用來代表樣本平均數、母體平均數、樣本大小的 $S_p^2$ 來寫出兩均差的合併變異數 t 檢定公式：

$$t = \frac{(\bar{X}_1 - \bar{X}_2) - (\mu_1 - \mu_2)}{\sqrt{S_p^2 \left(\frac{1}{n_1} + \frac{1}{n_2}\right)}}$$

計算出來的檢定量 t 符合 t 分配，自由度為 $n_1+n_2-2$。

例如，$\alpha=0.05$ 時，判定餐廳費用的 t 統計量算式如下：

$$S_p^2 = \frac{(n_1-1)S_1^2 + (n_2-1)S_2^2}{(n_1-1)+(n_2-1)}$$

$$= \frac{49(222.4592)+49(129.4694)}{49+49} = 175.96$$

用175.9643代入原本公式 $t = \dfrac{(\bar{X}_1-\bar{X}_2)-(\mu_1-\mu_2)}{\sqrt{S_p^2\left(\dfrac{1}{n_1}+\dfrac{1}{n_2}\right)}}$ 中的 $S_p^2$ 值，變成：

$$t = \frac{(49.30-44.40)-0}{\sqrt{175.9643\left(\dfrac{1}{50}+\dfrac{1}{50}\right)}} \quad t = \frac{49.30-44.40}{\sqrt{175.9643(0.04)}} = \frac{4.90}{\sqrt{7.0386}} = +1.8469$$

利用 $\alpha=0.05$ 的顯著水準，自由度為 $50+50-2=98$，算出臨界值 t 為1.9845 (t 分配的右尾為0.025)。由於 t =+1.8469<1.9845，所以你不會拒絕 $H_0$。

# 合併變異數 t 檢定假設

在檢定均差時，你假設從兩個母體中選出的兩個獨立樣本為常態分配，變異數也相等。在這兩個母體的變異數確實相等時，只要樣本大小夠大，即使有些偏離常態，合併變異數 t 檢定依然有效。

你可以在旁邊準備一張兩個樣本的盒鬚圖來檢驗這個常態的假設。你可以參考第65頁第三章中城市與郊區餐點費用的圖。這些盒鬚圖有些右偏，因為右尾比左尾長。然而，由於兩個樣本的數量都相當大，你就可以判斷任何偏離常態假設的部分不會嚴重影響 t 檢定的可信度。如果無法假設兩個群組的資料來自常態分配的母體，你可以使用非參數的方式，如（獨立）雙樣本中位數差異檢定（請見參考資料1與2），這種方式就不需建立在兩個母體為常態分配的前提之下。

# 第三節　雙尾 t 檢定

**觀念：**用於兩個相關且非獨立群組資料差異的假設檢定，在這種檢定當中，最重要的變數是兩個群組中相關成對數值的差異，而非成對數值本身。

**說明：**在下列兩種情況下，兩個群組的數值為相關而非各自獨立。

在第一種情況下，某位研究人員刻意將研究對象根據其他參數配對。例如，要測試一種新藥是否能夠降低血壓，就會根據樣本病人在研究開始時的血壓值和另一位配對。例如，如果有兩位病人在研究開始時的舒張壓皆為140，並且隨機讓其中一位服用新藥，另一位則不服用新藥。用這種方式配對病人，表示研究人員不需要考慮兩個群組病人在研究開始時的血壓值差異。因此，這表示研究結果更能夠反映出新藥的影響。

在第二種情況下，研究人員從同一個物件或同一個人身上蒐集到兩組量數。這種方式的理論基礎是認為同一個物件或同一個人如果以相同的方式對待，那麼反應也會相同。因此這讓研究人員能夠宣稱兩組資料的任何差別都與研究的目標有關。例如，在進行減肥藥的效果研究時，研究人員可以在每位參與實驗者服藥前先取得一組量數，並在服藥一段特定時間後蒐集另一組量數。

在兩種情況下，相關的變數可用下列代數的方式表示：

差數（D）＝樣本 1 中的相關值－樣本 2 中的相關值

兩個群組相關且有一個相關的數值變數，因此虛無假設就是兩個相關群組間的母體平均數沒有差別，對立假設則為兩個相關群組間的母體平均數有差別。使用符號 $\mu_D$ 來代表兩個母體平均數的差，虛無與對立假設可用下列方式表示：

$H_0$：　$\mu_D = 0$

$H_1$：　$\mu_D \neq 0$

要判斷是否應拒絕虛無假設，你可以使用雙尾 t 檢定。

**例題六：**你想要判斷各家電視公司提供電視與網路服務的收費是否不同。下表為13個不同廠商的資料：

## 電視

| 廠商 | 電視 | 網路 | 差數 |
|---|---|---|---|
| Verizon FIOS | 73 | 74 | -1 |
| WOW | 74 | 76 | -2 |
| Bright House Networks | 68 | 70 | -2 |
| AT&T U-verse | 68 | 68 | 0 |
| Cox | 64 | 68 | -4 |
| SuddenLink | 65 | 70 | -5 |
| Cablevision/Optimum | 63 | 67 | -4 |
| RCN | 65 | 71 | -6 |
| Comcast/Xfinity | 59 | 62 | -3 |
| TimeWarner | 58 | 63 | -5 |
| Charter | 59 | 64 | -5 |
| Mediacom | 54 | 58 | -4 |
| Wave/Astound | 72 | 74 | -2 |
| Cable One | 63 | 68 | -5 |

資料來源：資料摘錄自〈費率：電視、電話、網路服務〉，《顧客報告》，2014年5月，第28-29頁。

由於兩組資料來自同一家公司，因此兩組資料的量數相關，要檢定的只有電視和網路間的差異。

工作表計算後的結果如下：

| | A | B |
|---|---|---|
| 1 | 雙尾檢定 | |
| 2 | | |
| 3 | 資料 | |
| 4 | 假設的均差 | 0 |
| 5 | 顯著水準 | 0.05 |
| 6 | | |
| 7 | 中間計算 | |
| 8 | 樣本大小 | 14 |
| 9 | 均差 | -3.4286 |
| 10 | 自由度 | 13 |
| 11 | 樣本標準差 | 1.7852 |
| 12 | 標準誤差 | 0.4771 |
| 13 | t檢定統計量 | -7.1862 |
| 14 | | |
| 15 | 雙尾檢定 | |
| 16 | 左尾值 | -2.1604 |
| 17 | 右尾值 | 2.1604 |
| 18 | p值 | 0.0000 |
| 19 | 拒絕虛無假設 | |

工作表的結果顯示 t 統計量為-7.1862，且 *p* 值為0.0000。由於 *p* 值為 0.0000，小於 $\alpha = 0.05$（或因為t＝-7.1862<-2.1604），因此你拒絕虛無假設。這表示 t 值小於-7.1862的機率接近零，結論是電視與網路服務費率之間確實存在著差異。電視的費率比網路服務的費率低。

## 雙尾 t 檢定

第八章雙尾 t 檢定中包含了第172頁例題六中均差雙尾 t 檢定的工作表。你可以改變B4 與B5 格中的假設的均差與顯著水準，及（或）在E 欄與 G 欄中輸入新的未加總資料代替電信公司費率的資料以進行練習。

**最佳練習方式：**

利用T.INV.2T（信賴水準，自由度）函數來計算 t 分配的右尾臨界值。在這個函數前加上負號，就可以計算 t 分配左尾的臨界值。

利用函數T.DIST.2T（（t 檢定統計量的絕對值），總自由度）來計算與 t 分配有關的機率。

**操作方式：**

要計算樣本標準差，可以利用DEVSQ（差數欄）函數來計算每組成對的值與均差的平方總和。

附錄E分析工具箱技巧四說明了如何使用分析工具箱作為計算雙尾 t 檢定均差的第二種方式。

附錄E進階操作方式五說明了如何在工作表中修正小於或大於15列數值的資料。

進階
公式

有興趣嗎？ 你對數學

在例題六中使用了雙尾 t 檢定的公式。要計算 t 檢定統計量，你需要的符號有代表樣本大小的$n$，母體平均數差的 $\mu_D$，樣本標準差的$S_D$，帶有下標符號的雙尾值差$D_i$，這些都是之前介紹過的符號，再加上代表均差的符號$\bar{D}$。

要寫出 t 檢定量的公式，你首先必須定義等式中代表均差的符號$\bar{D}$：

$$\bar{D} = \frac{\sum\limits_{i=1}^{n} D_i}{n}$$

接著再利用$\bar{D}$、代表樣本大小的符號、雙尾值差的符號來寫出樣本標準$S_D$的等式：

$$S_D = \sqrt{\frac{\sum\limits_{i=1}^{n} (D_i - \bar{D})^2}{n-1}}$$

最後，將$\bar{D}$和$S_D$與其他符號組合起來，就形成了均差雙尾 t 檢定的公式：

$$t = \frac{\bar{D} - \mu_D}{\dfrac{S_D}{\sqrt{n}}}$$

檢定統計量 t 符合 t 分配，自由度為$n-1$。

例如，在例題六中，$\alpha = 0.05$，要計算有關電視與網路服務費率量數差異的 t 檢定值算式如下：

$$\bar{D} = \frac{\sum\limits_{i=1}^{n} D_i}{n} = \frac{-48}{14} = -3.4286$$

因此$S_D = 1.7852$（算式省略）。將這些值代入，就會得到：

$$t = \frac{\bar{D} - \mu_D}{\dfrac{S_D}{\sqrt{n}}} = \frac{-3.4286 - 0}{\dfrac{1.7852}{\sqrt{14}}} = -7.1862$$

在$\alpha = 0.05$且自由度為$14-1=13$的情況下，臨界值 t 為-2.1604（t 分配的左尾為0.025）。由於t=-7.1862 <-2.1604，因此你拒絕了虛無假設$H_0$。

例題七：你想要使用顯著水準 $\alpha = 0.05$，判斷衣物去漬膏的舊包裝與新包裝是否會造成月銷售量的差異。新包裝在某個城市中的樣本超市販售一個月。根據每週銷售量與其他人口統計特徵，隨機抽樣十組超市，結果蒐集到的資料如下：（📋超市）

## 衣物去漬膏的月銷售量

| 對數編號 | 新包裝 | 舊包裝 | 差數 |
|---|---|---|---|
| 1 | 458 | 437 | 21 |
| 2 | 519 | 488 | 31 |
| 3 | 394 | 409 | -15 |
| 4 | 632 | 587 | 45 |
| 5 | 768 | 753 | 15 |
| 6 | 348 | 400 | -52 |
| 7 | 572 | 508 | 64 |
| 8 | 704 | 695 | 9 |
| 9 | 527 | 496 | 31 |
| 10 | 584 | 513 | 71 |

由於這十組超市的資料為配對資料，因此你要使用雙尾 t 檢定。這個研究的工作表計算結果如下：

| | A | B |
|---|---|---|
| 1 | 雙尾檢定 | |
| 2 | | |
| 3 | 資料 | |
| 4 | 假設的均差 | 0 |
| 5 | 顯著水準 | 0.05 |
| 6 | | |
| 7 | 中間計算 | |
| 8 | 樣本大小 | 10 |
| 9 | 均差 | 22.0000 |
| 10 | 自由度 | 9 |
| 11 | 樣本標準差 | 36.3929 |
| 12 | 標準誤差 | 11.5085 |
| 13 | t檢定統計量 | 1.9116 |
| 14 | | |
| 15 | 雙尾檢定 | |
| 16 | 左尾值 | -2.2622 |
| 17 | 右尾值 | 2.2622 |
| 18 | p值 | 0.0882 |
| 19 | 不要拒絕虛無假設 | |

工作表的結果顯示 t 統計量為1.91，且 p 值為0.0882。這表示 t 值大於1.91或小於-1.91的機率為0.0882，或8.82%。由於 p 值為0.0882，大於 $\alpha = 0.05$，因此你不要拒絕虛無假設。（使用臨界值法，t＝1.91<2.2622，因此得到相同的結果）因此結論是沒有足夠的證據能夠證明新包裝與舊包裝間有所差別。

**例題八**：在試賣之前，你或許想要先判斷新包裝的銷售量是否會多過舊包裝，而非兩者間的銷售量有差異存在而已。在這種情況下，就是應用單尾檢定的適當時機，這時候的對立假設就是：$H_1$： $\mu_D > 0$。

在這種情況下，你會使用單尾的 p 值（單尾臨界值）。在試賣的資料中，單尾的 p 值為0.0441（單尾的臨界值為1.8331）。由於 p 值小於 $\alpha = 0.05$（或使用臨界值法，t＝1.911大於1.8331），因此拒絕了虛無檢定，結論為新包裝的平均銷售量比舊包裝的平均銷售量高，這樣得到的結果和你用雙尾檢定得到的結果不同。

**重要公式**

兩占比差檢定：

（8.1） $$Z = \frac{(p_1 - p_2) - (\pi_1 - \pi_2)}{\sqrt{\bar{p}(1-\bar{p})\left(\dfrac{1}{n_1} + \dfrac{1}{n_2}\right)}}$$

兩自變數群均差的合併變異數 t 檢定：

（8.2） $$t = \frac{(\bar{X}_1 - \bar{X}_2) - (\mu_1 - \mu_2)}{\sqrt{S_p^2\left(\dfrac{1}{n_1} + \dfrac{1}{n_2}\right)}}$$

兩均差的雙尾 t 檢定：

（8.3） $$t = \frac{\bar{D} - \mu_D}{\dfrac{S_D}{\sqrt{n}}}$$

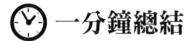 一分鐘總結

　　想要知道兩個群組間的差應使用哪種檢定方式，首先先判斷你的資料為類別變數或數值變數：

　　◎ 如果你的資料為類別變數，使用兩占比差 Z 檢定。

　　◎ 如果你的資料為數值變數，則要先判斷兩個群組為獨立或相關：

　　　　若為獨立群組，使用合併變異數均差 t 檢定。

　　　　若為相關群組，則使用雙尾 t 檢定。

 自我評量

## 選擇題

1. 兩個獨立母體均差的 t 檢定假設：

　　(a) 樣本大小相等。

　　(b) 樣本中位數相等。

　　(c) 母體大致上為常態分配。

　　(d) 以上皆是。

2. 在兩個相關母體的均差檢定中，虛無假設為：

　　(a) $H_0$： $\mu_D = 2$

　　(b) $H_0$： $\mu_D = 0$

　　(c) $H_0$： $\mu_D < 0$

　　(d) $H_0$： $\mu_D > 0$

3. 有位研究人員想知道睡眠對學生考試表現的影響。他選出了100位學生，並且讓學生考了兩次試。一次在睡了四小時之後考，一次則在睡了八小時之後考。研究人員應使用的統計檢定為：

　　(a) 兩占比差 Z 檢定

　　(b) 合併變異數 t 檢定

(c) 雙尾 t 檢定

4. 有位統計學教授想要知道她早上班學生的統計學成績與下午班學生的統計學成績是否相同。在這種情況下，這位教授應使用：
   (a) 兩占比差 Z 檢定
   (b) 合併變異數 t 檢定
   (c) 雙尾 t 檢定

# 是非題：正確請寫「○」，錯誤請寫「×」

5. 在每個獨立樣本中的樣本大小必須相等，才能夠檢測出兩個獨立母體的平均數差。

6. 在兩占比差的假設檢定中，$p$ 值算出來的結果為0.043。如果選定的顯著水準為0.05，那麼就該拒絕虛無假設。

7. 在兩占比差的假設檢定中，$p$ 值算出來的結果為0.034。如果選定的顯著水準為0.01，那麼就該拒絕虛無假設。

8. 在兩占比差的假設檢定中，Z 檢定的統計量為2.04。如果選定的顯著水準為0.01，那麼就該拒絕虛無假設，並使用雙尾檢定。

9. 每個獨立樣本的樣本大小必須一致，才能檢驗兩個獨立母體的占比差。

10. 你在治療前與治療後從同一個人身上採集的量數，應該使用雙尾 t 檢定。

11. 從同一個人身上重複取得的量數，即為從兩相關群組取得資料的範例。

12. 合併變異數 t 檢定假設兩個獨立群組的母體變異數相等。

13. 在檢驗兩占比差的虛無假設時，算出來的Z檢定量為2.04。$p$值即為0.0207。

14. 你可以用圓餅圖來檢視母體是否符合使用合併變異數 t 檢定的前提，亦即母體為常態分配。

15. 若母體不符合合併變異數 t 檢定的假設，也就是母體非常態分配，你就應該使用其他方式，如非參數的（獨立）雙樣本中位數差異檢定。

**自我評量簡答題解答**

| 1. c | 2. b | 3. c | 4. b | 5. × | 6.○ |
|------|------|------|------|------|------|
| 7. × | 8. × | 9. × | 10.○ | 11.○ | 12.○ |
| 13. × | 14. × | 15.○ | | | |

# 應用題

1. 男性和女性都一樣會說使用臉書的主要目的，是要立刻和許多人分享照片嗎？一項研究調查的結果顯示，42％的男性（459位樣本中的193位）及50％的女性（501位樣本中的250位）認為他們使用臉書的主要原因是想要立刻和許多人分享。（資料來源：〈六個有關臉書的新事實〉，bit.ly/lrCTrOO。）若顯著水準為0.05，那麼是否有證據顯示，認為使用臉書的目的是要立刻和許多人分享男性和女性比例有差異？

2. 有間供應歐陸式前菜的餐廳老闆想要知道週五到週日的顧客有什麼需求。她決定要研究顧客在這段時間對甜點的需求。除了研究顧客會點哪種甜點之外，她也研究顧客是否會點牛肉前菜。她蒐集到630位顧客的資料。在197位點牛肉前菜的顧客中，有74位點了甜點。在433位沒有點牛肉前菜的顧客中，有68位點了甜點。

   若顯著水準為0.05，是否有證據顯示顧客點牛肉開胃菜的情形，會造成他們點甜點的比例有所不同？

3. 大家相信銀行會做對的事嗎？在美國與日本做的一項調查顯示，在美國的500位受訪者中，有250位認為他們相信銀行會做對的事；在日本的200位受訪者中，有120位表示他們相信銀行會做對的事。（資料來源：F. Norris，〈在銀行危機橫行時，信任正慢慢回溫〉，《紐約時報》，2013年1月26日，B3版。）

   若顯著水準為0.05時，有證據顯示美國受訪者與日本受訪者對銀行信任的程度有所差別嗎？

4. 大家在估計時往往會受到比較對象的影響。有項研究請學生估計起士堡的熱量。其中一組請學生先想想熱量很高的起士蛋糕再進行估計。第二組則是請學生先想想有機的水果沙拉。結果先想起士蛋糕那組估計出來的平均卡路里數為780，先想有機沙拉那組估計出來的平均數則是1,041。（資料來源：〈估計起士堡的熱量〉，《紐約時報》，2010年10月4日，B2版。）

   假設這項研究的對象中，先想起士蛋糕的有20位，先想有機水果沙拉的也有20位。另外，假設先想起士蛋糕那組估計的熱量數標準差為128，先想有機水果沙拉那組估計的熱量數標準差為140。

   (a) 如果你想要判斷先想起士蛋糕那組與先想有機水果沙拉那組估計的平均數是否有差別，請說明你的虛無假設與對立假設。

   (b) 若顯著水準為0.05，是否有證據顯示先想起士蛋糕與先想有機水果沙拉兩組估計的平均數有差別？

5. 若顯著水準為 $\alpha = 0.05$，你想知道凹版印刷鋼板在經過新的處理方式之後，表面硬度是否和未受過處理的有所差別。下列為針對40片鋼板進行實驗，其中有20片接受過處理，另外20片則沒有，之後測得的表面硬度結果如下：（▇凹版）

### 20片未受過處理與20片受過處理鋼板的表面硬度

| 未受過處理 | | 受過處理 | |
|---|---|---|---|
| 164.368 | 177.135 | 158.239 | 150.226 |
| 159.018 | 163.903 | 138.216 | 155.620 |
| 153.871 | 167.802 | 168.006 | 151.233 |
| 165.096 | 160.818 | 149.654 | 158.653 |
| 157.184 | 167.433 | 145.456 | 151.204 |
| 154.496 | 163.538 | 168.178 | 150.869 |
| 160.920 | 164.525 | 154.321 | 161.657 |
| 164.917 | 171.230 | 162.763 | 157.016 |
| 169.091 | 174.964 | 161.020 | 156.670 |
| 175.276 | 166.311 | 167.706 | 147.920 |

若顯著水準為0.05，是否有證據顯示未受過處理與受過處理鋼板的硬度有所差別？

6. 電話線路問題同時造成了客戶與電信公司的困擾。下表中列出了20次向同一家電信商兩間不同中央辦公室說明問題的時間（以分鐘計）。（📋電話）

## 向中央辦公室 I 說明問題的時間（分鐘）

| | | | | | | | | | |
|---|---|---|---|---|---|---|---|---|---|
| 1.48 | 1.75 | 0.78 | 2.85 | 0.52 | 1.60 | 4.15 | 3.97 | 1.48 | 3.10 |
| 1.02 | 0.53 | 0.93 | 1.60 | 0.80 | 1.05 | 6.32 | 3.93 | 5.45 | 0.97 |

## 向中央辦公室 II 說明問題的時間（分鐘）

| | | | | | | | | | |
|---|---|---|---|---|---|---|---|---|---|
| 7.55 | 3.75 | 0.10 | 1.10 | 0.60 | 0.52 | 3.30 | 2.10 | 0.58 | 4.02 |
| 3.75 | 0.65 | 1.92 | 0.60 | 1.53 | 4.23 | 0.08 | 1.48 | 1.65 | 0.72 |

是否有證據顯示兩間辦公室的平均等待時間有所差異？（請用 $\alpha = 0.05$ 計算）

7. 一間佛羅里達州的報社比較了在當地的塔吉特與沃瑪爾超商購買33樣相同雜貨的價格，結果請見塔吉特沃瑪爾檔案。（資料摘錄自〈超市一決雌雄〉，《棕櫚灘日報》，2011年2月13日，1F、2F版。）（📋塔吉特沃瑪爾）若顯著水準為0.05，是否有證據顯示塔吉特與沃瑪爾的平均價格存在著差別？

8. 多發性骨髓瘤是一種血漿的癌症，主要的特點為造成骨髓中的血管新生，這點是影響存活率的關鍵。其中一種治療方式，是利用病人的幹細胞進行自體移植。下列的資料列出了進行幹細胞移植後，透過血液與尿液檢驗得到的骨髓微血管密度。這些量數取得的時間分別為幹細胞手術進行前，以及產生完全反應之後：（📋骨髓瘤）

| 病人 | 之前 | 之後 |
|---|---|---|
| 1 | 158 | 284 |
| 2 | 189 | 214 |
| 3 | 202 | 101 |
| 4 | 353 | 227 |
| 5 | 416 | 290 |
| 6 | 426 | 176 |
| 7 | 441 | 290 |

資料來源：摘錄自S. V. Rajkumar, R. Fonseca, T.E. Witzig, M.A. Gertz, P. R. Greipp，〈在多發性骨髓瘤幹細胞移植完全反應後病人的骨髓血管新生〉，《血癌》，1999年，13卷，第469-472頁。

若顯著水準為0.05，是否有證據顯示骨髓微血管密度在幹細胞移植前後有所差別？

9. 在水泥的檔案中，記錄了40種水泥在灌漿之後兩天與七天的抗壓度，單位為千平方英吋磅力（psi）。（資料摘錄自O. Carrillo-Gamboa與R. F. Gunst，〈測量錯誤模型共線性〉，*Technometrics*，1992年，34卷，第454-464頁。）

若顯著水準為0.01，那麼是否有證據顯示灌漿兩天後測得的強度低於七天後測得的強度？（📥水泥）

## 自我評量簡答題解答

1. $Z = -2.4379 < -1.96$（或 $p$ 值 $= 0.0148 < 0.05$），因此拒絕 $H_0$。有證據顯示說使用臉書主要目的為立刻和許多人分享的男性與女性比例存在著差異。

2. $Z = 6.0873 > 1.96$（或 $p$ 值 $= 0.0000 < 0.05$），因此拒絕 $H_0$。有證據顯示根據是否點牛肉前菜會影響點甜點的比例。

3. $Z = -2.3944 < -1.96$（或 $p$ 值 $= 0.0166 < 0.05$），因此拒絕 $H_0$。有證據顯示信任銀行會做正確的事的美國受訪者與日本受訪者比例存在著差異。

(a) $H_0$：$\mu_1 = \mu_2$（兩個母體平均數相等。）對立假設則為 $H_1$：$\mu_1 \neq \mu_2$（兩個母體平均數不相等。）

(b) 由於 $t = -6.1532 < -2.0244$（或 $p$ 值 $= 0.0000 < 0.05$），因此拒絕 $H_0$。有證

據顯示先想起士蛋糕與先想有機水果沙拉兩組估計的起士堡熱量存在著差異。

5. 由於t＝4.104>2.0244（或 $p$ 值＝0.0002<0.05），因此拒絕 $H_0$。有證據顯示經過處理與未經處理的凹版印刷鋼板表面硬度存在著差異。

6. 由於t＝0.3544<2.0244（或 $p$ 值＝0.7250>0.05），因此不要拒絕 $H_0$。沒有足夠的證據顯兩間辦公室的等待時間平均數存在著差異。

7. 由於t＝1.7948<2.0369（或 $p$ 值＝0.0821>0.05），因此不要拒絕 $H_0$。沒有足夠的證據顯示塔吉特與沃瑪爾價格的平均數存在著差異。

8. 由於t＝1.8426<2.4469（或 $p$ 值＝0.1150>0.05），因此不要拒絕 $H_0$。沒有足夠的證據顯示幹細胞移植前後骨髓微血管密度的平均數存在著差異。

9. 由於t＝-9.3721<-2.4258（或 $p$ 值＝0.0000>0.01），因此拒絕 $H_0$。有證據顯示灌漿兩天的水泥強度小於灌漿七天的強度。

參考資料

1. Berenson, M. L., D. M. Levine, and K. A. Szabat. *Basic Business Statistics: Concepts and Applications*, Thirteenth Edition. Upper Saddle River, NJ: Pearson Education, 2015.
2. Levine, D. M., D. Stephan, and K. A. Szabat. *Statistics for Managers Using Microsoft Excel*, Seventh Edition. Upper Saddle River, NJ: Pearson Education, 2014.
4. Microsoft Excel 2013. Redmond, WA: Microsoft Corporation, 2012.

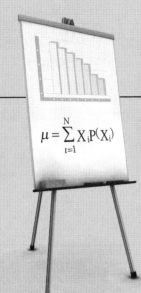

# 第九章

# 假設檢定：
# 卡方檢定與
# 單因子變異數分析

　　第八章介紹了數種假設檢定方法，用來分析兩組數據間的差異。在本章節中，你將學會如何分析兩組以上的數據。

# 第一節　雙向交叉分類表之卡方檢定

**觀念：**假設檢定的一種，用以檢測兩或多組數據的成功機率，或是雙向交叉分類表中兩組類別變數的關係。

**說明：**複習一下第二章的內容，雙向交叉分類表呈現兩個類別數據共同造成的結果。交叉分類表中的行與列，分別由兩個變數構成，而卡方檢定正是用來判斷欄變數與列變數之間是否相關。

雙向交叉分類表的虛無假設與對立假設如下：

$H_0$：（欄變數與列變數之間沒有關係）

$H_1$：（欄變數與列變數有關係）

有種特殊狀況是交叉分類表只有兩欄、兩列，此時卡方檢定和Z檢定是一樣的，Z 檢定在第八章第一節中介紹過，用來檢測兩個母體比率之間的差異。虛無假設與對立假設分別是：

$H_0$：$\pi_1 = \pi_2$（兩比率之間沒有差異）

$H_1$：$\pi_1 \neq \pi_2$（兩比率之間存在差異）

卡方檢定比較每個欄與列交會所構成的儲存格中，實際次數（或頻率）與虛無假設成立時、預期次數之間的差異。每個儲存格中的預期次數，計算方式是用該儲存格的列總和乘上欄總和，再除以總樣本數：

$$預期次數 = \frac{（列總和）（欄總和）}{樣本數}$$

因為差異值有正有負，計算時先取差平方，再將每個差平方除以預期次數。所有儲存格的計算結果進行加總後，會得到一組符合卡方分配的統計量。

卡方檢定要成立，每個儲存格的預期次數都必須大於1.0，唯一例外是兩欄、兩列的雙向交叉分類表，在此情況下，各儲存格的預期次數至少要達到5。如果在此特例中，預期次數未達5，就必須採取其他檢定法，例如費雪精確性檢定（見參考資料2和3）。

例題一：許多業者採用AB測試檢驗不同網站設計的效果好壞，有間公司的設計師想了解修改首頁的行動呼籲按鈕，效果如何。每位進到公司首頁的瀏覽者，會看到隨機呈現的原始行動呼籲鈕（控制組）或是新版本按鈕，設計師衡量改變是否成功的依據是下載比率，也就是下載檔案的人數除以所有看到特定行動呼籲鈕的瀏覽者。實驗結果如下：

**行動呼籲按鈕**

|  |  | 原按鈕 | 新按鈕 | 總和 |
|---|---|---|---|---|
| **下載** | 是 | 351 | 451 | 802 |
|  | 否 | 3,291 | 3,105 | 6,396 |
|  | 總和 | 3,642 | 3,556 | 7,198 |

第一列的總和顯示有802位瀏覽者下載了檔案，第一欄總和則顯示有3,642位瀏覽者看到的是原版行動呼籲鈕。看到新版行動呼籲鈕的瀏覽者中，預期下載次數是396.21，即總下載次數（802）與看到新版按鈕的瀏覽人數（3,556）的乘積，除以總樣本數（7,198）。

$$預期次數 = \frac{(802)(3,556)}{7,198} = 396.21$$

預期次數如下：

**行動呼籲按鈕**

|  |  | 原按鈕 | 新按鈕 | 總和 |
|---|---|---|---|---|
| **下載** | 是 | 405.79 | 396.21 | 802 |
|  | 否 | 3,236.21 | 3,159.79 | 6,396 |
|  | 總和 | 3,642 | 3,556 | 7,198 |

研究結果工作表如下：

| | A | B | C | D |
|---|---|---|---|---|
| 1 | 卡方檢定 | | | |
| 2 | | | | |
| 3 | | 觀察次數 | | |
| 4 | | 行動呼籲按鈕 | | |
| 5 | 下載 | 原按鈕 | 新按鈕 | 總和 |
| 6 | 是 | 351 | 451 | 802 |
| 7 | 否 | 3291 | 3105 | 6396 |
| 8 | 總和 | 3642 | 3556 | 7198 |
| 9 | | | | |
| 10 | | 預期次數 | | |
| 11 | | 行動呼籲按鈕 | | |
| 12 | 下載 | 原按鈕 | 新按鈕 | 總和 |
| 13 | 是 | 405.7911 | 396.2089 | 802 |
| 14 | 否 | 3236.2089 | 3159.7911 | 6396 |
| 15 | 總和 | 3642 | 3556 | 7198 |
| 16 | | | | |
| 17 | 資料 | | | |
| 18 | 顯著水準 | 0.05 | | |
| 19 | 列數 | 2 | | |
| 20 | 欄數 | 2 | | |
| 21 | 自由度 | 1 | | |
| 22 | | | | |
| 23 | 結果 | | | |
| 24 | 臨界值 | 3.8415 | | |
| 25 | 卡方檢定統計量 | 16.8527 | | |
| 26 | p值 | 0.0000 | | |
| 27 | 拒絕虛無假設 | | | |

卡方檢定結果，$p$ 值為0.0000，小於顯著水準（$\alpha$）0.05，因此拒絕虛無假設。得到結論：行動呼籲按鈕的設計和檔案下載次數有關，更改版本會使瀏覽者檔案下載比例出現顯著差異。

例題二：改用臨界值法分析網站設計，計算後得到卡方統計量16.8527（參見第188頁的結果）。卡方檢定的自由度等於總列數減 1，然後乘上總欄數減 1。

自由度＝（總列數－1）×（總欄數－1）

查卡方分配表（表C.3），$\alpha$＝0.05、自由度＝（2－1）×（2－1）＝1，得知臨界值為3.841。由於16.8527＞3.841，拒絕虛無假設。

例題三：美國《QSR雜誌》定期依據多個指標，對速食連鎖餐廳進行評分，並發布評鑑結果。其中一項重要指標是點餐的精確度，試判斷顯著水準

$\alpha$ =0.05時，漢堡王、溫蒂漢堡與麥當勞的得來速窗口的點餐準確率是否有所差異。相關數據如下：

**速食連鎖**

|  |  | 漢堡王 | 溫蒂漢堡 | 麥當勞 |
|---|---|---|---|---|
|  | 是 | 203 | 245 | 247 |
| **點餐正確與否** | 否 | 43 | 37 | 33 |
|  | 總和 | 246 | 282 | 280 |

虛無假設與對立假設如下：

$H_1$： $\pi_1 = \pi_2 = \pi_3$（漢堡王、溫蒂漢堡與麥當勞的點餐正確率沒有顯著差異）

$H_2$： $\pi_1 \neq \pi_2 \neq \pi_3$（漢堡王、溫蒂漢堡與麥當勞的點餐正確率有顯著差異）

研究結果工作表如下：

| | A | B | C | D | E |
|---|---|---|---|---|---|
| 1 | 卡方檢定 | | | | |
| 2 | | | | | |
| 3 | | 觀察次數 | | | |
| 4 | | | 速食連鎖 | | |
| 5 | 點餐正確與否 | 漢堡王 | 溫蒂 | 麥當勞 | 總和 |
| 6 | 是 | 203 | 245 | 247 | 695 |
| 7 | 否 | 43 | 37 | 33 | 113 |
| 8 | 總和 | 246 | 282 | 280 | 808 |
| 9 | | | | | |
| 10 | | 預期次數 | | | |
| 11 | | | 速食連鎖 | | |
| 12 | 點餐正確與否 | 漢堡王 | 溫蒂 | 麥當勞 | 總和 |
| 13 | 是 | 211.5965 | 242.5619 | 240.8416 | 695 |
| 14 | 否 | 34.4035 | 39.4381 | 39.1584 | 113 |
| 15 | 總和 | 246 | 282 | 280 | 808 |
| 16 | | | | | |
| 17 | 資料 | | | | |
| 18 | 顯著水準 | 0.05 | | | |
| 19 | 列數 | 2 | | | |
| 20 | 欄數 | 3 | | | |
| 21 | 自由度 | 2 | | | |
| 22 | | | | | |
| 23 | 結果 | | | | |
| 24 | 臨界值 | 5.9915 | | | |
| 25 | 卡方檢定統計量 | 3.7985 | | | |
| 26 | p值 | 0.1497 | | | |
| 27 | 不拒絕虛無假設 | | | | |

因為卡方檢定的 $p$ 值0.1497，大於顯著水準 $\alpha = 0.05$，因此不能拒絕虛無假設。無法證明漢堡王、溫蒂漢堡與麥當勞的點餐正確率之間存在差異。

例題四：利用臨界值法解例題三，卡方統計量為3.7985（見第189頁的結果），顯著水準0.05、自由度2〔即（2－1）（3－1）＝2〕，表C.3中對應到的臨界值是5.991。由於計算後得到的檢定統計量小於5.991，不能拒絕虛無假設。

例題五：某間歐風餐廳老闆想判斷（顯著水準0.05下）週五到週日期間，顧客點的主餐和甜點之間是否存在關聯性。老闆蒐集了630位顧客的點餐資料，並整理成下表：

|  |  | 主餐 |  |  |  |  |
|---|---|---|---|---|---|---|
|  |  | 牛肉 | 雞肉 | 魚肉 | 義大利麵 | 總和 |
| 甜點 | 冰淇淋 | 13 | 8 | 12 | 14 | 47 |
|  | 蛋糕 | 98 | 12 | 29 | 6 | 145 |
|  | 水果 | 8 | 10 | 6 | 2 | 26 |
|  | 無 | 124 | 98 | 149 | 41 | 412 |
|  | 總和 | 243 | 128 | 196 | 63 | 630 |

虛無假設與對立假設如下：

$H_0$：顧客點選的甜點與主餐之間沒有關係

$H_1$：顧客點選的甜點與主餐之間有相關

工作表分析結果如下：

| | A | B | C | D | E | F |
|---|---|---|---|---|---|---|
| 1 | 卡方檢定 | | | | | |
| 2 | | | | | | |
| 3 | | 觀察次數 | | | | |
| 4 | | 主餐 | | | | |
| 5 | 甜點 | 牛肉 | 雞肉 | 魚肉 | 義大利麵 | 總和 |
| 6 | 冰淇淋 | 13 | 8 | 12 | 14 | 47 |
| 7 | 蛋糕 | 98 | 12 | 29 | 6 | 145 |
| 8 | 水果 | 8 | 10 | 6 | 2 | 26 |
| 9 | 無 | 124 | 98 | 149 | 41 | 412 |
| 10 | 總和 | 243 | 128 | 196 | 63 | 630 |
| 11 | | | | | | |
| 12 | | 預期次數 | | | | |
| 13 | | 主餐 | | | | |
| 14 | 甜點 | 牛肉 | 雞肉 | 魚肉 | 義大利麵 | 總和 |
| 15 | 冰淇淋 | 18.1286 | 9.5492 | 14.6222 | 4.7000 | 47 |
| 16 | 蛋糕 | 55.9286 | 29.4603 | 45.1111 | 14.5000 | 145 |
| 17 | 水果 | 10.0286 | 5.2825 | 8.0889 | 2.6000 | 26 |
| 18 | 無 | 158.9143 | 83.7079 | 128.1778 | 41.2000 | 412 |
| 19 | 總和 | 243 | 128 | 196 | 63 | 630 |
| 20 | | | | | | |
| 21 | 資料 | | | | | |
| 22 | 顯著水準 | 0.05 | | | | |
| 23 | 列數 | 4 | | | | |
| 24 | 欄數 | 4 | | | | |
| 25 | 自由度 | 9 | | | | |
| 26 | | | | | | |
| 27 | 結果 | | | | | |
| 28 | 臨界值 | 16.9190 | | | | |
| 29 | 卡方檢定統計量 | 92.1028 | | | | |
| 30 | p值 | 0.0000 | | | | |
| 31 | 不拒絕虛無假設 | | | | | |

因為卡方檢定所得到的 $p$ 值為0.0000，小於顯著水準0.05，因此拒絕虛無假設。證據顯示顧客點的甜點和主餐之間有所關聯。

例題六：再次利用臨界值法來解例題五，計算後得到卡方統計量92.1028（見上述結果），在顯著水準0.05、自由度9〔即（4－1）（4－1）＝9〕時，卡方臨界值為16.919（見表C.3）。由於計算所得的檢定統計量為92.1028，大於16.919，拒絕虛無假設。

**圖表解題**

**卡方檢定**

第九章卡方檢定中包含一張卡方檢定工作表（見第188頁），配合例題一。利用這張工作表做練習，更改第4到7列、A至C欄的觀察次數，以及儲存格B18的顯著水準。

最佳練習方式：

　　利用Excel函數CHISQ.INV.RT（顯著水準，自由度）來計算卡方分配的臨界值。

　　利用函數CHISQ.DIST.RT（臨界值，自由度）來計算卡方分配對應到的機率值。

操作方式：

　　利用第九章卡方檢定工作表進行其他卡方檢定，改變欄／列數與分類。

　　和前幾章中的Excel檔案不同，這個檔案包含多張工作表：卡方2×2（和第九章卡方檢定內含的工作表相同）、卡方2×3、卡方3×4與卡方4×4。欲挑選特定工作表，點選工作表標籤（在Excel視窗的底部）。

**進階公式**

以公式呈現雙向交叉分類表之卡方檢定時，會用到兩個下標符號：觀察次數 $f_0$ 和預期次數 $f_e$。

$$\chi^2 = \sum_{\text{所有儲存格}} \frac{(f_0 - f_e)^2}{f_e}$$

以矽晶片製造商的研究（例題一）為例，計算結果如下：

| $f_o$ | $f_t$ | $(f_o - f_t)$ | $(f_o - f_t)^2$ | $(f_o - f_t)^2/f_t$ |
|------|------|------|------|------|
| 351 | 405.7911 | -54.7911 | 3002.0595 | 7.3980 |
| 3291 | 3236.209 | 54.7911 | 3002.0595 | 0.9276 |
| 451 | 396.2089 | 54.7911 | 3002.0595 | 7.5770 |
| 3105 | 3159.7911 | -54.7911 | 3002.0595 | 0.9501 |
| | | | | 16.8527 |

查表C.3，找到顯著水準 $\alpha = 0.05$，與自由度$(2-1)(2-1) = 1$的交集，臨界值為3.841。由於16.85273 > 3.841，拒絕虛無假設。

# 第二節 單因子變異數分析（ANOVA）： 檢測兩組以上變數之均差

在進行統計分析時，經常需要檢測兩組以上的資料均數是否存在差異，這種檢定通常被視為單因子實驗（也稱作完全隨機設計），實驗中用來定義各群組的變數稱為「欲探討之因素」（factor of interest）。欲探討之因素可能包含多個數值層級，例如工業流程研究中的烤爐溫度分成300°、350°、400°、450°，也可以分成不同類別層級，例如在教育研究中的教材種類分成A、B、C版本。

## 單因子變異數分析（One-Way ANOVA）

**觀念：**假設檢定的一種，在單因子實驗中，同時比較兩或多組母數的平均值。

**說明：**ANOVA和 t 檢定不同，t 檢定只比較兩組平均的差異，ANOVA則同時比較兩組以上資料的平均。雖然ANOVA是變異數分析（Analysis of Variance）的簡稱，但別讓名字給誤導了，ANOVA的目的是在分析各組平均數，而不是變異數的差異。虛無假設跟對立假設如下：

$H_0$：（所有母數平均相同）

$H_1$：（並非所有母數的平均都相同）

在ANOVA分析中，數值的總差異會再細分，依據組內和組間兩種差異來源進行分組（見下圖）。組內差異稱為「實驗誤差」（experimental error），組間差異則是欲探討之因素造成的，稱為「處理效應」（treatment effect）。

**分解總變異**
SST＝SSA＋SSW

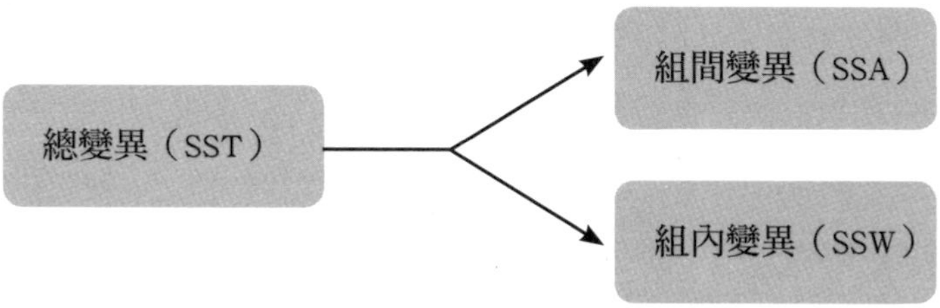

組間變異（SSA）

總變異（SST）

組內變異（SSW）

總平方和（SST）是總變異，代表各個數值和全體平均之間的差平方：

SST＝（個別值－所有數值平均）² 的總和

組間離均差平方和（SSA）是組間變異，計算方法是將各組平均減掉總體平均，求得差平方再依各組樣本大小進行加權後，求總合：

SSA＝總和〔（各組樣本數）（組內平均－總體平均）²〕

組內離均差平方和（SSW）是組內變異，計算方法是將組內各數值減掉整組平均的差平方進行加總：

SSW＝總和〔（組內各數值－整組平均）²〕

# ANOVA中的三種變異數

ANOVA之所以稱做變異數分析是因為衡量各組均差的方式，是針對變異數進行比較。在第三章第三節中，介紹過變異數的計算方式是各數值與總平均的差平方和除以（樣本數－1）。

$$變異數 = S^2 = \frac{各數值與總平均的差平方和}{樣本數 - 1}$$

樣本數減 1 代表在算出樣本平均後，實際可以自由變動而不改變平均的數值個數，因此也稱作「自由度」。

在變異數分析中，會用到三種變異數：組間變異數、組內變異數和總變異數。這些變異數在ANOVA的專有術語中，稱為「均方」（mean squares）。「組間均方」（mean square among groups, MSA）等於組間離均差平方和（SSA）除以組數減1。「組內均方」（square within groups, MSW）等於組內離均差平方和（SSW）除以樣本數減組數。「總均方」（mean square total, MST）等於總平方和（SST）除以樣本數減1。

針對虛無假設和對立假設進行檢定：

$H_0$：所有母數平均都相等

$H_1$：並非所有母數的平均都相等

算出檢定統計量F，符合F分配（見表C.4），也是兩個變異數MSA和MSW的比。

$$F = \frac{MSA}{MSW}$$

## ANOVA摘要表

變異數分析的結果通常以ANOVA摘要表呈現，摘要表所包含的項目包括各種變異數（組間、組內和總體）、自由度、平方和、均方（或變異數），以及 F 統計量。使用軟體進行分析時，通常還會加上 $p$ 值。

| 變源 | 自由度 | 平方和 | 均方（變異數） | F |
|------|--------|--------|----------------|---|
| 組間 | 組數－1 | SSA | $MSA = \dfrac{SSA}{（組數－1）}$ | $F = \dfrac{MSA}{MSW}$ |
| 組內 | 樣本數－組數 | SSW | $MSW = \dfrac{SSW}{（樣本數－組數）}$ | |
| 總和 | 樣本數－1 | SST | | |

完成單因子變異數分析、且發現各組間存在顯著差異後，你並不知道哪些組別間差異顯著，只知道證據足以證明母體之間的平均不完全相等。要判斷到底哪些組別有差異，各種可能的組合都要進行配對比較，比較方式十分多樣（見參考資料1、5、6、7）。

例題七：你想判斷顯著水準 $\alpha = 0.05$ 的狀況下，三個版本的數學教材（A、B、C）是否有差異。因此，你設計了一項實驗，隨機將教材分配給24位學生，在學年結束後，進行相同的標準數學測驗，並在0到100的區間內給分。結果如下：

## 📋 數學

| 教材A | 教材B | 教材C |
|-------|-------|-------|
| 87 | 58 | 81 |
| 80 | 63 | 62 |
| 74 | 64 | 70 |
| 82 | 75 | 64 |
| 74 | 70 | 70 |

| 教材A | 教材B | 教材C |
|---|---|---|
| 81 | 73 | 72 |
| 97 | 80 | 92 |
| 71 | 62 | 63 |

分析結果如下表：

| | A | B | C | D | E | F | G |
|---|---|---|---|---|---|---|---|
| 1 | 教材研究之單因子變異數分析結果 | | | | | | |
| 2 | | | | | | | |
| 3 | 摘要 | | | | | | |
| 4 | 組別 | 筆數 | 總分 | 平均 | 變異數 | | |
| 5 | A 組 | 8 | 646 | 80.75 | 70.21429 | | |
| 6 | B 組 | 8 | 545 | 68.125 | 56.98214 | | |
| 7 | C 組 | 8 | 574 | 71.75 | 104.7857 | | |
| 8 | | | | | | | |
| 9 | | | | | | | |
| 10 | ANOVA | | | | | | |
| 11 | 變源 | SS | 自由度 | MS | F | p值 | 臨界值 |
| 12 | 組間 | 676.0833 | 2 | 338.0417 | 4.3716 | 0.0259 | 3.4668 |
| 13 | 組內 | 1623.8750 | 21 | 77.3274 | | | |
| 14 | 總和 | | | | | | |
| 15 | | 2299.9583 | 23 | | | | |
| 16 | | | | | | 顯著水準 | 0.05 |

因為 $p$ 值為0.0259小於顯著水準 $\alpha = 0.05$，應該拒絕虛無假設。得到結論：使用三種數學教材、學生成績的平均不完全相同。從分析結果得知，使用A教材的學生平均得分80.75，使用B教材的學生平均得分68.125，而採用 C 教材的學生平均得分則是71.75。使用A教材的學生，最終得分高於使用另外兩種教材的學生。

例題八：利用臨界值法解析同個例題，計算後得到 F 統計量4.37（見前述結果），欲知此 F 統計量的臨界值，可以查 F 統計量表（表C.4），查表時需要用到以下幾種自由度：

◎ 分母自由度＝組數－1

◎ 分子自由度＝樣本數－組數

例題中有三組資料、24個樣本，因此分母自由度為2（即3－1＝2），而分子自由度則是21（即24－3＝21），在顯著水準 $\alpha = 0.05$ 的狀況下，查表C.4得到 F 的臨界值3.47（與上圖工作表中的結果相同）。判斷原則是如果F＞臨界值，則拒絕 $H_0$，因為F＝4.37＞3.47，拒絕虛無假設。

要將三種均方以及 F 統計量以方程式呈現，你會用到以下符號：

● $\overline{\overline{X}}$，稱為「X 雙橫線」（X double bar）代表總體或宏觀平均。

● 橫線X加上下標$\overline{X}_j$代表某組平均。

● 大寫X加上兩個下標$X_{ij}$表示 $j$ 組內的個別數值。

● 小寫 $n$ 加下標$n_j$，表示某組樣本數。

● 小寫 $n$ 代表總樣本數（各組樣本數加總）。

● 小寫 $c$ 代表組數。

首先，列出總體平均的方程式：

$$\overline{\overline{X}} = \frac{\sum\limits_{j=1}^{c} \sum\limits_{i=1}^{n_j} X_{ij}}{n} = \text{總平均}$$

$\overline{X}_j = $ 某組平均

$X_{ij} = ij$ 組中第 $i$ 個數的值

$n_j = j$ 組內樣本數

$n=$所有組別的樣本個數加總（也就是 $n = n_1 + n_2 + \cdots + n_c$ ）

$c=$欲探討之因素組別個數

定義$\overline{\overline{X}}$後，就可以進一步列出總平方和SST、組間離均差平方和SSA和組內離均差平方和SSW的公式：

$$SST = \sum_{j=1}^{c} \sum_{i=1}^{n_j} (X_{ij} - \overline{\overline{X}})^2$$

$$SSA = \sum_{j=1}^{c} n_j (\overline{X}_j - \overline{\overline{X}})^2$$

$$SSW = \sum_{j=1}^{c} \sum_{i=1}^{n_j} (X_{ij} - \overline{X}_j)^2$$

接著，套用這些定義，列出均方公式：

$$MSA = \frac{SSA}{\text{組數} - 1} \qquad MSW = \frac{SSW}{\text{樣本數} - \text{組數}} \qquad MST = \frac{SST}{\text{樣本數} - 1}$$

最後，利用MSA和MSW的等式，得到F統計量的公式：$F = \dfrac{MSA}{MSW}$

將例題七的數據套入公式：

$$\overline{\overline{X}} = \frac{1,765}{24} = 73.5417$$

$$SST = \sum_{j=1}^{c}\sum_{i=1}^{n_j}(X_{ij} - \overline{\overline{X}})^2 = (87 - 73.5417)^2 + \cdots + (71 - 73.5417)^2$$

$$+(58 - 73.5417)^2 + \cdots + (62 - 73.5417)^2$$

$$+(81 - 73.5417)^2 + \cdots + (63 - 73.5417)^2 = 2,299.9583$$

$$SSA = \sum_{j=1}^{c} n_j(\overline{X}_j - \overline{\overline{X}})^2 = 8(80.75 - 73.5417)^2$$

$$+8(68.125 - 73.5417)^2 + 8(71.75 - 73.5417)^2$$

$$= 676.0833$$

套用前述算式：

$$MSA = \frac{SSW}{\text{組數}-1} = \frac{676.0833}{2} = 338.0417$$

$$MSW = \frac{SSW}{\text{樣本數}-\text{組數}} = \frac{1,623.8750}{21} = 77.3274$$

接著算出 F 統計量：

$$F = \frac{MSA}{MSW} = \frac{338.0417}{77.3274} = 4.3716$$

因為F＝4.3716>3.47，拒絕$H_0$。

## 單因子ANOVA

　　第九章單因子ANOVA中，包含例題七、學習教材研究的單因子ANOVA工作表（第196頁）。用這張表做練習，變更儲存格G16的顯著水準。

**最佳練習方式：**

　　利用函數COUNT、SUM、AVERAGE和VAR.S分別計算數據筆數、總和、平均和變異數。

利用函數F.INV.RT（顯著水準，組間自由度，組內自由度）計算F分配的臨界值。

利用函數F.DIST.RT（F檢定統計量，組間自由度，組內自由度）計算 $p$ 值。

利用函數DEVSQ（單因子ANOVA數據儲存格範圍）計算總平方和，得到總變異（SST）。

操作方式：

計算SSA時，使用函數DEVSQ，資料範圍涵蓋各組的儲存格範圍，再減掉SST。

附錄E分析工具箱技巧五介紹分析工具箱的應用，是進行單因子ANOVA的另一種作法。

本書不會提到如何修改第九章單因子ANOVA的檔案來解析其他例題，但你可以將這張工作表和第九章例題九的表格進行比較，想想如何修改公式，以得到摘要表和ANOVA表。

例題九：一間寵物食品公司想要擴展產品線，不再只出品現有的腎臟、鮮蝦貓食，增加兩項新產品：雞肝和鮭魚系列。該公司進行一項實驗，比較這兩種新產品、現有兩項產品以及連鎖超市中常見的牛肉產品。

公司從地方動物收容中心抽選五十隻貓，分成五組、每組十隻貓，隨機分配要進行測試的五項產品，每隻貓在餵食時間，會得到三盎司的食物。研究者衡量差異的方式是看開始餵食後的十分鐘內，貓咪吃掉的食物量。研究結果彙總如下：

## 🗒 貓食

| 腎臟 | 鮮蝦 | 雞肝 | 鮭魚 | 牛肉 |
| --- | --- | --- | --- | --- |
| 2.37 | 2.26 | 2.29 | 1.79 | 2.09 |
| 2.62 | 2.69 | 2.23 | 2.33 | 1.87 |
| 2.31 | 2.25 | 2.41 | 1.96 | 1.67 |
| 2.47 | 2.45 | 2.68 | 2.05 | 1.64 |
| 2.59 | 2.34 | 2.25 | 2.26 | 2.16 |

| 腎臟 | 鮮蝦 | 雞肝 | 鮭魚 | 牛肉 |
|------|------|------|------|------|
| 2.62 | 2.37 | 2.17 | 2.24 | 1.75 |
| 2.34 | 2.22 | 2.37 | 1.96 | 1.18 |
| 2.47 | 2.56 | 2.26 | 1.58 | 1.92 |
| 2.45 | 2.36 | 2.45 | 2.18 | 1.32 |
| 2.32 | 2.59 | 2.57 | 1.93 | 1.94 |

研究結果如下表：

| ◢ | A | B | C | D | E | F | G |
|---|---|---|---|---|---|---|---|
| 1 | 貓食研究單因子ANOVA | | | | | | |
| 2 | | | | | | | |
| 3 | 摘要 | | | | | | |
| 4 | 組別 | 筆數 | 總和 | 平均 | 變異數 | | |
| 5 | 腎臟 | 10 | 24.56 | 2.456 | 0.0148 | | |
| 6 | 鮮蝦 | 10 | 24.09 | 2.409 | 0.0253 | | |
| 7 | 雞肝 | 10 | 23.68 | 2.368 | 0.0263 | | |
| 8 | 鮭魚 | 10 | 20.28 | 2.028 | 0.0544 | | |
| 9 | 牛肉 | 10 | 17.54 | 1.754 | 0.0990 | | |
| 10 | | | | | | | |
| 11 | | | | | | | |
| 12 | ANOVA | | | | | | |
| 13 | 變源 | SS | 自由度 | MS | F | p值 | 臨界值 |
| 14 | 組間 | 3.6590 | 4 | 0.9147 | 20.8054 | 0.0000 | 2.5787 |
| 15 | 組內 | 1.9785 | 45 | 0.0440 | | | |
| 16 | | | | | | | |
| 17 | 總計 | 5.6375 | 49 | | | | |
| 18 | | | | | | 顯著水準 | 0.05 |

由於檢定中 $p$ 值為0.000，小於顯著水準 $\alpha = 0.05$，你拒絕虛無假設。結論：證據顯示貓吃五種不同食物，平均食用量存在差異。

**例題十**：採用臨界值法再次計算例題九。計算後，得到F統計量20.8054，顯著水準 $\alpha = 0.05$、分母自由度4（即5－1）、分子自由度45（即50－5），Excel表內的 F 臨界值為2.5787。由於 F 檢定統計量計算結果是20.8054大於2.5787，因此拒絕虛無假設。

# 單因子變異數分析假設

單因子ANOVA 之 F 檢定必須滿足三個重要假設：隨機與獨立性假設、常態性假設、同質性假設。

**第一個假設**：隨機與獨立性假設一定要成立，因為隨機抽樣或隨機將實

驗項目（科目）分配到各組別，是實驗成立的關鍵。違反這項假設，可能嚴重影響從變異數分析推導出的結果。違反假說造成的問題（見參考資料6、7）。

第二個假設：常態性假設，指的是各組數據都抽選自常態分配的母體。單因子ANOVA之 F 檢定對這項假設的敏感度不高，只要母體分配的偏態不明顯——特別是樣本數大的時候，ANOVA 之 F 檢定所得到的顯著性就不會受到太大的影響。如果其他假設都成立，唯獨嚴重違反常態性，可以用非參數檢定法來取代單因子ANOVA 之 F 檢定（見參考資料1、5）。

第三個假設：同質性假設意味著每個小母體分配的變異相等。雖然這項假說對單因子ANOVA之 F 檢定影響不大，但如果違反情形嚴重，檢定結果的可信度和求得的顯著水準都會受到強烈影響。因此，統計學上有許多方式可以檢測同質性假設是否成立（見參考資料1、4、5）。

其中一種判斷假說是否成立的方法，是將各組資料畫成盒鬚圖、比鄰而置，來研判他們的集中趨勢、差異和形狀。

# 其他實驗設計

單因子變異數分析是最單純的實驗設計，因為欲探討的變因只有一項，更複雜的實驗設計可以同時檢測兩個以上的變因。欲了解多因子實驗設計，請見參考資料1、4、6、7。

**重要公式**

雙向交叉分類表之卡方檢定：

$$(9.1) \quad \chi^2 = \sum_{\text{所有儲存格}} \frac{(f_0 - f_e)^2}{f_e}$$

ANOVA計算：

$$(9.2) \quad SST = \sum_{j=1}^{c} \sum_{i=1}^{n_j} (X_{ij} - \overline{X})^2$$

$$(9.3) \quad SSA = \sum_{j=1}^{c} n_j (\overline{X}_j - \overline{X})^2$$

$$（9.4）\quad SSW = \sum_{j=1}^{c} \sum_{i=1}^{n_j} (X_{ij} - \bar{X}_j)^2$$

$$（9.5）\quad MSA = \frac{SSA}{組數-1}$$

$$（9.6）\quad MSW = \frac{SSW}{樣本數-組數}$$

$$（9.7）\quad MST = \frac{SST}{樣本數-1}$$

$$（9.8）\quad F = \frac{MSA}{MSW}$$

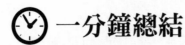 一分鐘總結

針對兩個以上的數據組進行均差檢定：

◎ 如果數據可分類，採用卡方檢定（也可以用在兩組別的情況）。

◎ 如果要分析數值數據，且有一個欲探討之因素，採用單因子變異數分析。

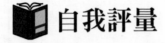 自我評量

## 選擇題

1. 在單因子ANOVA中，如果 F 檢定統計量大於臨界值，你應該：

　(a) 拒絕$H_0$，因為證據顯示所有平均都不同。

　(b) 拒絕$H_0$，因為證據顯示至少一組的平均數和其他平均數不同。

　(c) 不拒絕$H_0$，因為沒有足夠證據顯示各組平均數之間存在差異。

(d) 不拒絕$H_0$，因為有一個平均數和其他平均數不同。

2. 在單因子ANOVA中，如果 $p$ 值大於顯著水準，你應該：

(a) 拒絕$H_0$，因為證據顯示所有平均都不同。

(b) 拒絕$H_0$，因為證據顯示至少一組的平均數和其他平均數不同。

(c) 不拒絕$H_0$，因為證據不足以證明各組平均數之間存在差異。

(d) 不拒絕$H_0$，因為有一個平均數和其他平均數不同。

3. 單因子ANOVA中的 F 檢定統計量是：

(a) MSW/MSA

(b) SSW/SSA

(c) MSA/MSW

(d) SSA/SSW

4. 在單因子ANOVA中，虛無假設永遠是：

(a) 所有母體平均數都不同。

(b) 部分母體平均數不同。

(c) 部分母體平均數相同。

(d) 所有母體平均數相同。

5. 一間汽車租賃公司要選擇電腦軟體套組來架設預約系統。現在市面上有A、B、C三種套組可供選擇，公司要挑選顧客取車時撲空次數平均最少的套組。為此，公司設計了一項實驗，隨機抽選五週、採用不同軟體。要如何分析這項實驗結果？

(a) 針對母體比率差異進行卡方檢定。

(b) 單因子ANOVA 之 F 檢定。

(c) 針對平均數的差異所做的 t 檢定。

(d) 針對均差所做的 t 檢定。

## 依據以下敘述回答第6到9題：

近來，停車點餐的得來速窗口占速食業者營收比重不斷提升，提供這項快速服務的分店最有可能開拓客源。針對五間速食連鎖店面進行研究，抽樣20次

顧客從點餐到離開的時間，進行ANOVA分析後得到下表：

| 變源 | 自由度 | 平方和 | 均方 | F |
|---|---|---|---|---|
| 組間（連鎖） | | 6,536 | 1,634.0 | 12.51 |
| 組內（連鎖） | 95 | | 130.6 | |
| 總和 | 99 | 18,943 | | |

6. 依據上表，組間自由度為：

(a) 3

(b) 4

(c) 12

(d) 16

7. 依據上表，組內離均差平方和為：

(a) 12,407

(b) 95

(c) 130.6

(d) 4

8. 依據上表，組內均方為：

(a) 12,407

(b) 95

(c) 130.6

(d) 4

9. 依據上表，顯著水準0.05下，你應該：

(a) 不拒絕虛無假設，得到結論：不同速食連鎖店的得來速窗口服務時間平均沒有差異。

(b) 不拒絕虛無假設，得到結論：不同速食連鎖店的得來速窗口服務時間平均有差異。

(c) 拒絕虛無假設，得到結論：不同速食連鎖店的得來速窗口服務時間平均有差異。

(d) 拒絕虛無假設，得到結論：不同速食連鎖店的得來速窗口服務時間平均沒有差異。

10. 針對三列、四欄的列聯表進行檢定時，自由度為：

(a) 5

(b) 6

(c) 7

(d) 12

11. 利用卡方檢定進行假設檢定時，計算理論次數的依據是：

(a) 虛無假設

(b) 對立假設

(c) 常態分配

(d) t 分配

12. 農業學家對三個品種的番茄進行研究，判斷各品種的種子平均發芽比率是否有差異。隨機抽取三種番茄的種子各100粒，並放置在一樣的環境進行實驗。應該如何分析實驗數據？

(a) 針對母體比率差異進行卡方檢定

(b) 單因子ANOVA 之 F 檢定

(c) 針對平均數的差異所做的 t 檢定

(d) 針對均差所做的 t 檢定

# 是非題：正確請寫「○」，錯誤請寫「×」

13. 檢定兩個母體比率是否有差異時，可以採用卡方分配。

14. 單因子變異數分析（ANOVA）針對不同母體比率進行假設檢定。

15. 單因子變異數分析（ANOVA）針對不同母體均數的差異進行假設檢定。

16.單因子變異數分析（ANOVA）針對不同母體變異數進行假設檢定。

17.ANOVA中的均方不可能為負。

18.在單因子變異數分析（ANOVA）中，組間離均差平方和與組內離均差平方和相加結果等於總平方和。

19.利用卡方檢定分析兩個母體比率之間的差異時，你必須假設列聯表中，每個儲存格中的觀察次數至少達到五。

20.利用卡方檢定檢測獨立性時，如果列聯表不只兩欄、兩列，你必須假設表中每個儲存格中的理論次數至少達到一。

### 自我評量簡答題解答

| 1. b | 2. c | 3. c | 4. d | 5. b | 6. b |
|------|------|------|------|------|------|
| 7. a | 8. c | 9. c | 10. b | 11. a | 12. a |
| 13.○ | 14. × | 15.○ | 16. × | 17.○ | 18.○ |
| 19.○ | 20.○ | | | | |

## 應用題

1. 隨機詢問旁人使用臉書的主要原因為何，男、女性回答「想同時和許多人分享動態」的機率是一樣的嗎？一份調查顯示，42％的男性（459個樣本中的193人）和50％的女性（501個樣本中的250人）表示，他們使用臉書的主要原因是想同時和許多人分享動態。（資料摘錄自〈六個有關臉書的新事實〉，bit.ly/1rCTrOO。）

   (a) 在顯著水準0.05下，是否有足夠證據顯示男性和女性回答「想同時和許多人分享動態是使用臉書的主因」的比例有差異？

   (b) 比較(a)子題的答案和第八章應用題一的解答（第182頁）

2. 人們相信銀行會做正確的事嗎？在美國、日本進行的調查顯示，來自美國的500名受訪者中，有250位相信銀行會做正確的事；而200名來自日本的受訪者中，則有120位相信銀行。（資料摘錄自 F. Norris，〈在銀行危機橫

行時，信任正慢慢回溫〉，《紐約時報》，2013年1月26日，B3版。）

(a) 在顯著水準0.05下，是否有足夠證據顯示美國和日本的受試者相信銀行的比率有所差異？

(b) 比較(a)題組的答案和第八章應用題三的結果（第182頁）

3. 越來越多消費者選擇在星期六而非週間進行主要採買，然而，各年齡層的人選擇在星期六進行主要採買的比率，是否有所不同？

研究顯示，200名35歲以下的消費者中，有56位選擇在星期六進行採買；200名35到54歲的消費者中，80位選擇星期六採買；而54歲以上的消費者群，200位有32位選擇在星期六進行採買。顯著水準0.05的狀況下，是否有足夠證據顯示不同年齡層的人、進行主要採買的日子有顯著差異？

4. 你想判斷在顯著水準 $\alpha = 0.05$ 時，美國在越戰期間採行的抽籤徵兵制度中，抽選的數字和出生月分之間的關聯性。下表呈現各季出生的人抽到的數值，分成低（1-122）、中（123-244）和高（245-366）三個等級。

|  |  | 各季度 | | | | |
|---|---|---|---|---|---|---|
|  |  | 1到3月 | 4到6月 | 7到9月 | 10到12月 | 總和 |
| **數字組** | 低 | 21 | 28 | 35 | 38 | 122 |
|  | 中 | 34 | 10 | 29 | 37 | 122 |
|  | 高 | 36 | 41 | 28 | 17 | 122 |
|  | 總和 | 91 | 91 | 92 | 92 | 366 |

顯著水準0.05下，抽籤數字是否與出生季度相關？

5. 你想判斷顯著水準 $\alpha = 0.05$ 時，某麥片品牌的四座填充場之間，是否存在差異。你從四座填充場各抽出20盒麥片，重量（單位：公克）彙總如下：

## 📊 裝箱

| 廠一 | | 廠二 | | 廠三 | | 廠四 | |
|---|---|---|---|---|---|---|---|
| 361.43 | 364.78 | 370.26 | 360.27 | 367.53 | 390.12 | 361.95 | 369.36 |
| 368.91 | 376.75 | 357.19 | 362.54 | 388.36 | 335.27 | 381.95 | 363.11 |
| 365.78 | 353.37 | 360.64 | 352.22 | 359.33 | 366.37 | 383.90 | 400.18 |
| 389.70 | 372.73 | 398.68 | 347.28 | 367.60 | 371.49 | 358.07 | 358.61 |
| 390.96 | 363.91 | 380.86 | 350.43 | 358.06 | 358.01 | 382.40 | 370.87 |
| 372.62 | 375.68 | 334.95 | 376.50 | 369.93 | 373.18 | 386.20 | 380.56 |
| 390.69 | 380.98 | 359.26 | 369.27 | 355.84 | 377.40 | 373.47 | 376.21 |
| 364.93 | 354.61 | 389.56 | 377.36 | 382.08 | 396.30 | 381.16 | 380.97 |
| 387.13 | 378.03 | 371.38 | 368.50 | 381.45 | 354.82 | 379.41 | 365.78 |
| 360.77 | 374.24 | 373.06 | 363.86 | 356.20 | 383.78 | 382.01 | 395.55 |

你得到什麼結論？

6. 美國《QSR雜誌》針對美國最大的幾間速食簡餐餐廳進行報導，分析各種產品（漢堡、雞肉、三明治和披薩）的平均每單位銷售額是否有差異？下表是近期某年度、各產品的平均每單位銷售額。

## 📊 速食連鎖

| 漢堡 | 雞肉 | 三明治 | 比薩 |
|---|---|---|---|
| 2600.0 | 3158.0 | 481.0 | 883.0 |
| 1483.8 | 957.0 | 2427.2 | 710.2 |
| 1195.0 | 1242.0 | 993.2 | 829.0 |
| 1470.0 | 1717.5 | 878.8 | 465.0 |
| 903.4 | 1475.0 | 345.0 | 574.9 |
| 1254.2 | 1184.0 | 2556.4 | 915.0 |

資料來源：資料摘錄自＂QSR 50＂，bit.ly/1mw56xA。

在顯著水準0.05下，是否有證據顯示不同的產品平均每單位銷售額有所差異？

7. 一間運動用品製造商想要比較不同的高爾夫球設計，欲知四種球行進距離的差異。廠商依據四種設計各製造十顆球，每顆球都在試驗廠進行測試，由機器人擊球。試驗結果（球行進的碼數）如下：

## 📑 高爾夫球

| 設計一 | 設計二 | 設計三 | 設計四 |
|---|---|---|---|
| 206.32 | 217.08 | 226.77 | 230.55 |
| 207.94 | 221.43 | 224.79 | 227.95 |
| 206.19 | 218.04 | 229.75 | 231.84 |
| 204.45 | 224.13 | 228.51 | 224.87 |
| 209.65 | 211.82 | 221.44 | 229.49 |
| 203.81 | 213.90 | 223.85 | 231.10 |
| 206.75 | 221.28 | 223.97 | 221.53 |
| 205.68 | 229.43 | 234.30 | 235.45 |
| 204.49 | 213.54 | 219.50 | 228.35 |
| 210.86 | 214.51 | 233.00 | 225.09 |

在顯著水準0.05下，是否有足夠證據顯示不同款的高爾夫球行進平均距離有所差異？

## 自我評量應用題解答

1. (a)因為卡方檢定的 $p$ 值是0.0148，小於顯著水準 $\alpha = 0.05$（或者卡方統計量=5.9432>3.841），應該拒絕虛無假設。證據顯示受訪群眾回答使用臉書的主因是「想同時和許多人分享動態」的比例，男、女性有所差異。
   (b)結果相同，因為自由度為1的卡方檢定就是 Z 檢定的平方。

2. (a)因為卡方檢定的 $p$ 值為0.0166，小於顯著水準 $\alpha = 0.05$（或者卡方統計量=5.733>3.841），應該拒絕虛無假設。證據顯示日本和美國的受訪者中、相信銀行的比例有所差異。
   (b)結果相同，因為自由度為1的卡方檢定就是 Z 檢定的平方。

3. 因為卡方檢定的 $p$ 值為0.0000，小於顯著水準 $\alpha = 0.05$（或者卡方統計量＝28.5714>5.991），應該拒絕虛無假設。證據顯示不同年齡層選擇星期六做為主要採買日的比例有所差異。

4. 因為卡方檢定的 $p$ 值為0.0021，小於顯著水準 $\alpha = 0.05$（或者卡方統計量＝20.6804 > 12.5916)，應該拒絕虛無假設。證據顯示抽出的數字和出生月分有關聯性。結果顯示，在1月和6月間出生的男性通常抽到的數字較高，而7到12月之間出生的男性抽到的數字則較低。

5. 因為檢定的 $p$ 值為0.0959，大於顯著水準 $\alpha = 0.05$（或者F 統計量＝2.1913，小於臨界值＝2.725），無法拒絕虛無假設。證據不足以顯示四個廠區出品的麥片重量平均有差異。

6. 因為檢定的 $p$ 值為0.1630，大於顯著水準 $\alpha = 0.05$（或者F 統計量＝1.895，小於臨界值＝3.0984），無法拒絕虛無假設。證據不足以顯示各個品項的每單位銷售額平均有差異。

7. 因為檢定的 $p$ 值為0.0000< 0.05（或者F＝53.03 > 2.92），拒絕$H_0$。證據顯示四種不同的高爾夫球設計，對行進距離平均造成差異。

參考資料
1. Berenson, M. L., D. M. Levine, and K. A. Szabat. Basic *Business Statistics: Concepts and Applications*, Thirteenth Edition. Upper Saddle River, NJ: Pearson Education, 2015.
2. Conover, W. J. *Practical Nonparametric Statistics*, Third Edition. New York: Wiley, 2000.
3. Daniel, W. *Applied Nonparametric Statistics*, Second Edition. Boston: Houghton Mifflin, 1990.
4. Levine, D. M. *Statistics for Six Sigma Green Belts Using Minitab and JMP*. Upper Saddle River, NJ: Prentice Hall, 2006.
5. Levine, D. M., D. Stephan, and K. A. Szabat. *Statistics for Managers Using Microsoft Excel*, Seventh Edition. Upper Saddle River, NJ: Pearson Education, 2014.
6. Montgomery, D. C. *Design and Analysis of Experiments,* Sixth Edition.New York: John Wiley, 2005.（本書中文版為第七版，《實驗與設計分析》，高立圖書，2010年7月10日）
7. Kutner, M. H., C. Nachtsheim, J. Neter, and W. Li. *Applied Linear Statistical Models*, Fifth Edition. New York: McGraw-Hill-Irwin, 2005. （本書最新中文版為第四版，《應用線性迴歸模型》，華泰文化，2005年8月9日）
8. Microsoft Excel 2013. Redmond, WA: Microsoft Corporation, 2012.

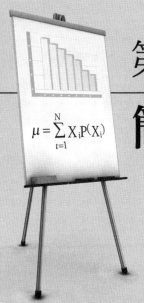

# 第十章

# 簡單直線迴歸

迴歸分析是一種統計推論方法,利用單一變數預測其他變數值。例如,一家成長中的連鎖零售商店經理人,想知道增加店面大小,是否能提振銷售;農夫欲依據南瓜的周長,推估其重量;棒球迷則想依據球隊得分,預估它這個球季的勝率。

本章節將協助你對迴歸分析建立基本的了解,並針對「簡單直線迴歸分析模型」進行深入探討,學習如何檢驗數值變數間的關聯性。

# 第一節 基礎迴歸分析

開始前，你得先學會幾個新的觀念與單字，因為它們是迴歸分析的基石。

## 預測

觀念：迴歸模型的功能。

說明：在統計上，預測（prediction）是對一或多個變數與另一個變數的關係作出解釋，並以數學式表現。舉例而言，一間連鎖零售商店店面符合以下規則：大小在3,000到7,000平方英尺之間的店面，單店面積增加原大小的三分之一，銷售會成長50％。假設其中一間3,000平方英尺的店面每週銷售額一萬元，你可以預測只要擴店到4,000平方英尺，銷售很可能達到每週一萬五千元。

重點提示

統計預測不是胡亂猜想，也不是對未來事件的陳述。在選擇要用哪一項自變數來進行預測時，自變數和依變數之間必須存在邏輯關係。許多狀況下，即便兩變數之間不存在邏輯關係，還是巧合地產生關連。歷史上有個著名的案例，一名研究人員發現從墨西哥進口的檸檬數量增加時，美國高速公路的死亡率會減少：每多進口三百公噸的檸檬，死亡率就會下降十萬分之一（見參考資料4），像這種沒有邏輯關聯性的結果，稱作「虛假關係」（spurious correlation）。

## 依變數 Y

觀念：欲利用迴歸模型預測的變數。

說明：依變數又稱為反應變數（response variable）。

## 自變數 X

觀念：在迴歸模型中，用來預測依變數的變數。

範例：在上述「預測」的「說明」中提到連鎖零售店的例子，店面大小是自變數，用來預測依變數銷售額。

說明：自變數又稱為解釋變數（explanatory variable）。

# 散布圖與迴歸分析

只有用單一自變數X預測單一依變數Y的時候，可以用散布圖呈現X和Y的關聯性。散布圖會呈現X和Y變數的特殊關係，之後再以迴歸分析法（regression analysis）來深入探究。例如，下圖A到 F 就呈現了六種不同的規則。

六種規則的詮釋如下：

◎ 圖A：X和Y之間存在正直線或線性關係。X值增加時，Y值跟著增加。

◎ 圖B：X和Y之間存在負直線或線性關係。

◎ 圖C：X和Y之前存在正曲線關係。Y值隨著X值增加而增加，但當X達到某個值之後，Y值增加的幅度開始減少。

◎ 圖D：X和Y的關係是條U型曲線。X值增加時，Y值一開始會減少。然而，隨著X持續增加，Y值不只停止遞減，還從最小值開始向上攀升。

◎ 圖E：X和Y呈指數關係。在此狀況下，X值一開始增加，Y值就迅速下降，但隨著X值持續增加，下降幅度會遞減。

◎ 圖F：X和Y之間幾乎或者完全沒有關係。不管X怎麼變動，Y都不變。換言之，這組資料中的X無法用來預測Y值。

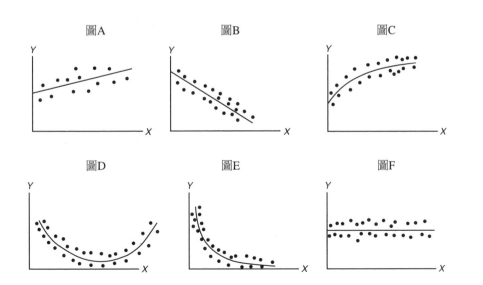

## 簡單直線迴歸（Simple Linear Regression）

**觀念**：迴歸模型中，採用直線（線性）關係，依據單一數值自變數 X 預測數值依變數 Y 的模型。

**說明**：線性關係由兩個數字定義：Y截距（Y intercept）和斜率（slope）

Y截距是當X＝0的時候，Y的值（參考下頁圖表）。斜率是當橫軸X值變動一單位時，縱軸 Y 值的變量。正直線關係（如上圖A），直線斜率為正；負直線關係（如上圖B），直線斜率為負。

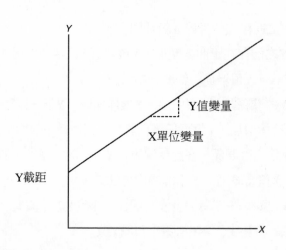

## 簡單迴歸方程式

**觀念**：呈現簡單直線迴歸模型的方程式，用來做預測。方程式中，$b_0$代表Y截距，$b_1$代表斜率。

**說明**：簡單直線迴歸方程式的一般式是$Y = b_0 + b_1X$。這個方程式代表的意義是，給定X值，乘以$b_1$（斜率）後，再加上$b_0$（Y截距），結果即是Y值的預測值。簡單直線迴歸方程式只有在X值落在特定範圍內時成立，範圍則是依據用來建立迴歸模型的X值決定（詳見下一節）。有時候一般式也會寫成Y＝a+bX，a代表Y截距，b代表斜率。

**例題一**：設簡單迴歸模型方程式為Y＝100+1.5X，X介於10到50之間。令X值為40，Y值應為160（即100＋1.5×40）。

# 第二節　建立簡單直線迴歸模型

建立簡單迴歸模型包含兩步驟：第一，計算出最適切的方程式；第二，採用殘差分析衡量線性模型是不是最恰當的分析模型。

## 最小平方法

**觀念：**最小化實際Y值與預測Y值間誤差平方和的計算方法。

**說明：**描繪出各組X、Y座標點後，要以直線串聯有多種可能，每一條線的 $b_0$ 和 $b_1$ 不同，看起來都能套用到資料組。利用最小平方法（least-squares method），可以找出一組Y截距和斜率的組合，使得實際依變數Y值與預測Y值的差平方和最小。

用最小平方法計算Y截距和斜率的過程挺沉悶的，如果用一般的四功能科學計算機，很容易在四捨五入時出錯。想要迅速得到較精確的解答，可以利用迴歸軟體常式計算。

**例題二：**你想幫一家搬運公司的老闆建立更準確的模型，預測要搬運某立方英尺的貨物量時，需要多少工時。老闆蒐集了過去36次搬運的資料，並且扣除交通時間後，如下表所示：

### 📋 搬運

| 工時 | 立方英尺 | 工時 | 立方英尺 | 工時 | 立方英尺 |
|---|---|---|---|---|---|
| 24.00 | 545 | 19.50 | 344 | 37.00 | 757 |
| 13.50 | 400 | 18.00 | 360 | 32.00 | 600 |
| 26.25 | 562 | 28.00 | 750 | 34.00 | 796 |
| 25.00 | 540 | 27.00 | 650 | 25.00 | 577 |
| 9.00 | 220 | 21.00 | 415 | 31.00 | 500 |
| 20.00 | 344 | 15.00 | 275 | 24.00 | 695 |
| 22.00 | 569 | 25.00 | 557 | 40.00 | 1,054 |
| 11.25 | 340 | 45.00 | 1,028 | 27.00 | 486 |
| 50.00 | 900 | 29.00 | 793 | 18.00 | 442 |
| 12.00 | 285 | 21.00 | 523 | 62.50 | 1,249 |
| 38.75 | 865 | 22.00 | 564 | 53.75 | 995 |
| 40.00 | 831 | 16.50 | 312 | 79.50 | 1,397 |

依資料繪製散布圖（見下圖），可以看出搬運量（X）和工時（Y）之間存在正線性關係。隨著搬運量增加，工時增加的狀況約略呈直線上升。

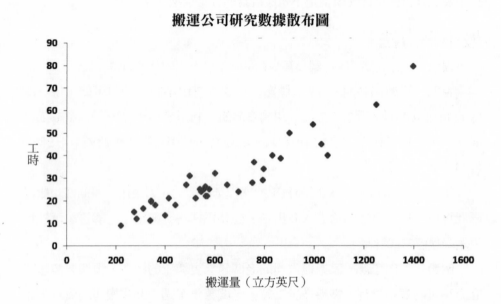

**搬運公司研究數據散布圖**

利用最小平方法分析這組研究數據後，得到下列工作表：

| | A | B | C | D | E | F | G | H | I |
|---|---|---|---|---|---|---|---|---|---|
| 1 | 簡單直線迴歸 | | | | | | | | |
| 2 | | | | | | | | | |
| 3 | 迴歸統計 | | | | | | | | |
| 4 | R的倍數 | 0.9430 | | | | | | | |
| 5 | R平方 | 0.8892 | | | | | | | |
| 6 | 調整的R平方 | 0.8860 | | | | | | | |
| 7 | 標準差 | 5.0314 | | | | | | | |
| 8 | 觀察值個數 | 36 | | | | | | | |
| 9 | | | | | | | | | |
| 10 | ANOVA | | | | | | | | |
| 11 | | 自由度 | SS | MS | F統計 | 顯著值 | | | |
| 12 | 迴歸 | 1 | 6910.7189 | 6910.7189 | 272.9864 | 0.0000 | | | |
| 13 | 殘差 | 34 | 860.7186 | 25.3153 | | | | | |
| 14 | 總和 | 35 | 7771.4375 | | | | | | |
| 15 | | | | | | | | | |
| 16 | | 係數 | 標準誤 | t統計 | p值 | 下限95% | 上限95% | 下限95% | 上限95% |
| 17 | 截距 | -2.3697 | 2.0733 | -1.1430 | 0.2610 | -6.5830 | 1.8437 | -6.5830 | 1.8437 |
| 18 | 搬運量 | 0.0501 | 0.0030 | 16.5223 | 0.0000 | 0.0439 | 0.0562 | 0.0439 | 0.0562 |

結果顯示$b_1$＝0.05、$b_0$＝-2.37，因此，最適合解釋這組數據的直線方程式如下：

預測工時＝-2.37＋0.05×搬運量

斜率$b_1$算出來是+0.05，意味著X值每增加1單位，預測Y值會增加0.05單位。換言之，每多搬運 1 立方英尺的貨物，依模型預估工時會增加0.05小時。

Y截距$b_0$算出來是-2.37，代表的是X值為 0 的時候，Y的值。由於搬運量不能為 0，因此Y截距沒有辦法用實際情況詮釋。依據手邊數據建立的樣本迴歸直線，和實際數據畫在一起，如下圖：

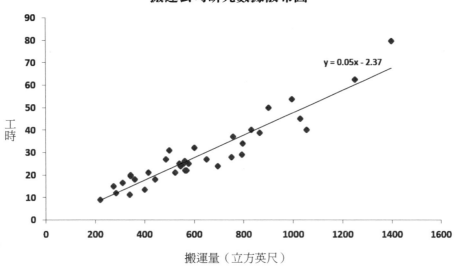

**搬運公司研究數據散布圖**

## 利用簡單直線迴歸模型作預測

建立迴歸模型後，就可以用模型做預測，以自變數 X 推斷依變數Y。但預測時，自變數X必須落在特定範圍內，超出範圍就不能進行推估。例如，你在寫例題二時，只能預測搬運量在220到1,397立方英尺之間的工時。

例題三：你想利用在例題二中建立的迴歸模型，預測搬運量800立方英尺時，所需的工時。預測結果是37.69小時（即-2.3697 ＋ 0.0501×800）。

進階公式

你對數學有興趣嗎？

除了用$b_0$代表Y截距、$b_1$表示斜率、$n$代表樣本數外，還有以下幾種常見符號：

- Y的預測值可以用$\hat{Y}_i$表示。
- 自變數X值用$X_i$表示。
- 依變數Y值用$Y_i$表示。
- X值平均數用$\overline{X}$表示。
- Y值平均數用$\overline{Y}$表示。

利用這些符號即可呈現簡單直線迴歸模型方程式：

$$\hat{Y}_i = b_0 + b_1 X_i$$

接著，用這個方程式結合以下總和符號：

- $\displaystyle\sum_{i\,1}^{n} X_i$ 代表X值總和。

- $\displaystyle\sum_{i\,1}^{n} Y_i$ 代表Y值總和。

- $\displaystyle\sum_{i\,1}^{n} X_i^2$ 代表X值平方和。

- $\displaystyle\sum_{i\,1}^{n} X_i Y_i$ 代表X與Y相乘的積。

即可得到斜率$b_1$的方程式：

$$b_1 = \frac{SSXY}{SSX}$$

在上列方程式中：

$$SSXY = \sum_{i=1}^{n}(X_i - \overline{X})(Y_i - \overline{Y}) = \sum_{i=1}^{n} X_i Y_i - \frac{\left(\sum_{i=1}^{n} X_i\right)\left(\sum_{i=1}^{n} Y_i\right)}{n}$$

且

$$SSX = \sum_{i=1}^{n}(X_i - \overline{X})^2 = \sum_{i=1}^{n} X_i^2 - \frac{\left(\sum_{i=1}^{n} X_i\right)^2}{n}$$

綜合這些公式，即可定義 Y 截距為：$b_0 = \overline{Y} - b_1 \overline{X}$

再次回顧搬運公司的例題，第215頁將用到的各種總和與Y平方合，計算如下：

| 工時（Y） | 立方英尺（X） | $X^2$ | $Y^2$ | XY |
|---|---|---|---|---|
| 24 | 545 | 297,025 | 576.00 | 13,080.00 |
| 13.5 | 400 | 160,000 | 182.25 | 5,400.00 |
| 26.25 | 562 | 315,844 | 689.06 | 14,752.50 |
| 25 | 540 | 291,600 | 625.00 | 13,500.00 |
| 9 | 220 | 48,400 | 81.00 | 1,980.00 |
| 20 | 344 | 118,336 | 400.00 | 6,880.00 |
| 22 | 569 | 323,761 | 484.00 | 12,518.00 |
| 11.25 | 340 | 115,600 | 126.56 | 3,825.00 |
| 50 | 900 | 810,000 | 2,500.00 | 45,000.00 |
| 12 | 285 | 81,225 | 144.00 | 3,420.00 |
| 38.75 | 865 | 748,225 | 1,501.56 | 33,518.75 |
| 40 | 831 | 690,561 | 1,600.00 | 33.24 |
| 19.5 | 344 | 118,336 | 380.25 | 6,708.00 |
| 18 | 360 | 129,600 | 324.00 | 6,480.00 |
| 28 | 750 | 562,500 | 784.00 | 21,000.00 |
| 27 | 650 | 422,500 | 7290.00 | 17,550.00 |
| 21 | 415 | 172,225 | 441.00 | 8,715.00 |
| 15 | 275 | 75,625 | 225.00 | 4,125.00 |
| 25 | 557 | 310,249 | 625.00 | 13,925.00 |
| 45 | 1,028 | 1,056,784 | 2,025.00 | 46,260.00 |
| 29 | 793 | 628,849 | 841.00 | 22,997.00 |
| 21 | 523 | 273,529 | 441.00 | 10,983.00 |
| 22 | 564 | 318,096 | 484.00 | 12,408.00 |
| 16.5 | 312 | 97,344 | 272.25 | 5,148.00 |
| 37 | 757 | 573,049 | 1,369.00 | 28,009.00 |
| 32 | 600 | 360,000 | 1,024.00 | 19,200.00 |
| 34 | 796 | 633,616 | 1,156.00 | 27,064.00 |
| 25 | 577 | 332,929 | 625.00 | 14,425.00 |

| 工時（Y） | 立方英尺（X） | $X^2$ | $Y^2$ | XY |
|---|---|---|---|---|
| 31 | 500 | 250,000 | 961.00 | 15,500.00 |
| 24 | 695 | 483,025 | 576.00 | 16,680.00 |
| 40 | 1,054 | 1,110,916 | 1,600.00 | 42,160.00 |
| 27 | 486 | 236,196 | 729.00 | 13,122.00 |
| 18 | 442 | 195,364 | 324.00 | 7,956.00 |
| 62.5 | 1,249 | 1,560,001 | 3,906.25 | 78,062.50 |
| 53.75 | 995 | 990,025 | 2,889.06 | 53,481.25 |
| 79.5 | 1,397 | 1,951,609 | 6,320.25 | 111,061.50 |
| 總和: 1,042.5 | 22,520 | 16,842,944 | 37,960.50 | 790,134.50 |

利用這些總和值，可以算出斜率 $b_1$：

$$SSXY = \sum_{i=1}^{n}(X_i - \overline{X})(Y_i - \overline{Y}) = \sum_{i=1}^{n} X_i Y_i - \frac{\left(\sum_{i=1}^{n} X_i\right)\left(\sum_{i=1}^{n} Y_i\right)}{n}$$

$$SSXY = 790,134.5 - \frac{(22,520)(1,042.5)}{36}$$

$$= 790,134.5 - 652,141.66$$

$$= 137,992.84$$

$$SSX = \sum_{i=1}^{n}(X_i - \overline{X})^2 = \sum_{i=1}^{n} X_i^2 - \frac{\left(\sum_{i=1}^{n} X_i\right)^2}{n}$$

$$= 16,842,944 - \frac{(22,520)^2}{36}$$

$$= 16,842,944 - 14,087,511.11$$

$$= 2,755,432.89$$

利用這些總和值，可以算出斜率 $b_1$：

因為 $b_1 = \dfrac{SSXY}{SSX}$，所以得知 $b_1 = \dfrac{137,992.84}{2,755,432.89}$

$$= 0.05$$

算出斜率 $b_1$ 後，就能進一步計算Y截距。算式如下：

首先，計算Y值平均（$\bar{Y}$）與X值平均（$\bar{X}$）：

$$\bar{Y} = \frac{\sum_{i=1}^{n} Y_i}{n} = \frac{1,042.5}{36} = 28.9583$$

$$\bar{X} = \frac{\sum_{i=1}^{n} X_i}{n} = \frac{22,520}{36} = 625.5555$$

接著，依據上述計算結果得出下列方程式：

$$b_0 = \bar{Y} - b_1 \bar{X}$$

$$b_0 = 28.9583 - (0.05)(625.5555)$$
$$= -2.3695$$

## 迴歸假設（Regression Assumptions）

進行迴歸分析時，以下假設必須成立：

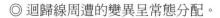

◎ 迴歸線周遭的變異呈常態分配。

◎ 無論X為何，Y值的變異數相等。

◎ 迴歸線周遭的變異各自獨立。

第一個假設要成立，每一個X值所對應的Y的分配，必須符合常態分配。就像 t 檢定還有ANOVA分析中的 F 檢定一樣，迴歸分析對常態假設的敏感性極低，只要對應到各X值的迴歸線周遭變異，沒有大幅偏離常態分布，依據迴歸線作出的推斷還有迴歸係數就不會受到顯著影響。

第二個假設代表的則是不管X值為何，Y的變異必須保持一致，這意味著不管X值高或低，Y的變異數都維持不變。變異數齊一性假說要成立，才能利用最小平方法計算迴歸係數，如果假說明顯不成立，就得用別的方法計算（見參考資料5）。

第三個假設假定迴歸線週遭的變異各自獨立。換言之，不管X值為何，對應的Y分配彼此互不影響。這項假設在資料區間橫跨一段時間時特別重要，在

這種情況下，某特定時間點、迴歸線周遭的變異往往會受前一個時間點的變異影響。

# 殘差分析

殘差分析（residual analysis）是一種圖解法，用來衡量依據資料架構出的迴歸模型是否適切，並且確認迴歸模型的三個基本假設是否成立。

# 殘差

觀念：給定X值，依變數Y的實際值與預測值之間的差。

說明：要衡量架構的模型是否合適，可以依據X值，在縱軸上畫出各點相對應的殘差（residual）。如果模型適合用來解釋數據，圖像不會有明顯規則，然而，若模型不適合，X值和殘差值會呈現出明顯的關聯性。

下圖是依據搬運公司的數據與分析時採用的迴歸線所繪製的殘差圖，圖中，橫軸X代表搬運量（立方英尺），縱軸Y則是殘差。你會發現雖然殘差點分散範圍很廣，和X值之間卻沒有明顯關聯，雖然X值改變，但殘差平均分配在大於零和小於零的範圍。這樣的結果表示：之前建立的直線模型足以用來分析搬運公司的數據。

**殘差圖**

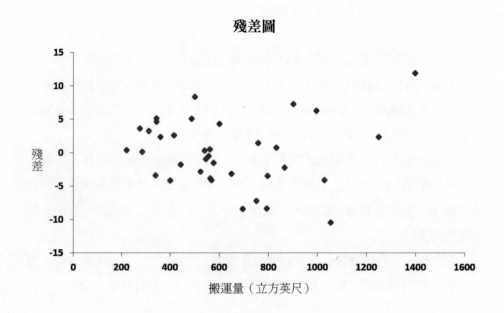

# 確認假設成立

　　利用殘差確認迴歸假設是否成立時，有幾個技巧。

　　要測試變異數是否相等，可以採用剛才用來看配適性的圖。上圖呈現搬運公司數據的各點殘差，X值雖然不同，但殘差沒有顯著差異。因此可知，這個模型沒有違反假設，無論X值為何，Y的變異數沒有明顯不同。

　　要衡量迴歸線周遭的變異是否呈常態分配，可以將殘差畫成直方圖（見第二章第二節）、盒鬚圖（見第三章第四節），或常態機率圖（見第五章第四節）。下方的直方圖是依據搬運公司的數據繪成的，可以看出數據基本上呈現常態分配，殘值大多集中在中間。

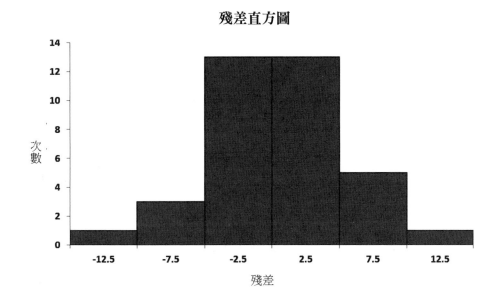

**殘差直方圖**

　　至於要測試迴歸線周遭的變異點是否獨立，可以依據取得數據的時間順序列出殘差，觀察相連的殘差之間是否有關聯。如果有，就違反了獨立性假設。因為搬運公司的數據並沒有依據時間蒐集，所以不需要衡量這個假設是否成立。

# 第三節　變異量數

　　找到適合解釋資料的迴歸模型後，接著要確認依變數Y的變量，有多少可以用自變數X的變量來解釋。有以下三種量測方式。

## 迴歸平方和

　　**觀念**：因X和Y的關係而產生的變量。

　　**說明**：迴歸平方和（regression sum of squares, SSR）是依據迴歸方程式預測的Y值與Y實際平均值的差平方和。

　　SSR＝總和（Y預測值－Y平均）$^2$

## 誤差平方和

　　**觀念**：除X和Y的關係外，受其他因素影響而產生的變量。

　　**說明**：誤差平方和（error sum of squares, SSE）是Y的觀察值與預測值的差平方和。

　　SSE＝總和（Y觀察值－Y預測值）

## 總平方和

　　**觀念**：所有$Y_i$值對平均值的變量。

　　**說明**：總平方和（total sum of squares, SST）是Y的觀察值與Y值平均的差平方和。

　　SST＝總和（Y觀察值－Y平均）$^2$

　　總平方和也是迴歸平方和與誤差平方和加總的結果。在前一節的例題中，SSR是6,910.7189，SSE（即殘差）為860.7186，SST則是7,771.4375（可以看出7,771.4375是6,910.7189和860.7186的和）。

本章節前段已經介紹了一些符號，你可以用它們來呈現迴歸分析中的
變異量數方程式。

總平方和（SST）的方程式有兩種表述法：

$$SST = \sum_{i=1}^{n}(Y_i - \bar{Y})^2 \quad 等於 \quad \sum_{i=1}^{n}Y_i - \frac{\left(\sum_{i=1}^{n}Y_i\right)^2}{n}$$

或是 SST＝SSR＋SSE

迴歸平方和（SSR）的方程式如下：

SSR＝解釋變異或迴歸平方和

$$SSR = \sum_{i=1}^{n}(\hat{Y}_i - \bar{Y})^2 \quad 等於 \quad b_0\sum_{i=1}^{n}Y_i + b_1\sum_{i=1}^{n}X_iY_i - \frac{\left(\sum_{i=1}^{n}Y_i\right)^2}{n}$$

誤差平方和（SSE）的方程式如下：

SSE＝未解釋變異或誤差平方和

$$= \sum_{i=1}^{n}(Y_i - \hat{Y}_i)^2 \quad 等於 \quad \sum_{i=1}^{n}Y_i^2 - b_0\sum_{i=1}^{n}Y_i - b_1\sum_{i=1}^{n}X_iY_i$$

以第215頁，搬運公司的例題為例：

$$SST＝總平方和 = \sum_{i=1}^{n}(Y_i - \bar{Y})^2 = \sum_{i=1}^{n}Y_i^2 - \frac{\left(\sum_{i=1}^{n}Y_i\right)^2}{n}$$

$$= 37,960.5 - \frac{(1,042.5)^2}{36}$$

$$= 37,960.5 - 30,189.0625$$

$$= 7,771.4375$$

$$\text{SSR}＝迴歸平方和＝\sum_{i=1}^{n}(\hat{Y}_i-\bar{Y})^2$$

$$=b_0\sum_{i=1}^{n}Y_i+b_1\sum_{i=1}^{n}X_iY_i-\frac{\left(\sum_{i=1}^{n}Y_i\right)^2}{n}$$

$$=(-2.3695)(1,042.5)+(0.05008)(790,134.5)-\frac{(1,042.5)^2}{36}$$

$$=6,910.671$$

$$\text{SSE}＝誤差平方和$$

$$=\sum_{i=1}^{n}(Y_i-\hat{Y}_i)^2$$

$$=\sum_{i=1}^{n}Y_i^2-b_0\sum_{i=1}^{n}Y_i-b_1\sum_{i=1}^{n}X_iY_i$$

$$=37,960.5-(-2.3695)(1,042.5)-(0.05008)(790,134.5)$$

$$=860.768$$

如果用SSR＋SSE的公式計算，會發現SST是7,771.439，和用第一個方程式算出來的結果有些許出入，這是在捨入時造成的誤差。

# 判定係數（Coefficient of Determination）

觀念：迴歸平方和對總平方和的比率，以 $r^2$ 表示。

說明：分別看SSR、SSE和SST，幾乎看不出端倪，需要相結合。迴歸平方和（SSR）和總平方和（SST）的比例，代表在迴歸模型中，可以用自變數X解釋的Y變異量。兩者比率呈現方式如下：

$$r^2=\frac{迴歸平方和}{總平方和}=\frac{\text{SSR}}{\text{SST}}$$

再次看到搬運公司的例子，SSR＝6,910.7189，SST＝7,771.4375（見第216頁的迴歸分析結果）。因此得知：

$$r^2 = \frac{6,910.719}{7,771.4375} = 0.8892$$

$r^2$的數值代表工時的變異量中，有89％是因搬運量改變造成的。顯示兩個變數之間存在強烈的正線性關係，迴歸模型成功將預測工時的變異性降低89％。換言之，除了迴歸模型中採用的因子——搬運量（立方英尺）外，只有11％的工時樣本變異性源自其他因子。

# 相關係數

**觀念**：衡量兩個變數之間、線性關係強度的量數，以 r 表示。

**說明**：相關係數（coefficient of correlation）介於-1到1之間，-1代表兩變數呈完全負相關，+1 則代表完全正相關。r 的正負號和簡單直線迴歸分析中的直線斜率相同，如果斜率為正，則 r 也為正，如果斜率為負，則 r 亦為負。相關係數（r）是判定係數 $r^2$ 的平方根。

在搬運公司的例題中，相關係數 r 是+0.943，也就是0.8892（$r^2$）的正平方根（因為斜率為正）。（在Excel中，相關係數被稱為「r 的倍數」。）由於相關係數非常接近+1.0，可知搬運量和工時之間存在非常強的正向關係，你可以合理推斷增加搬運量會增加工時。

你一定要記得，即使兩個變數存在強烈的相關性，通常也不能斷定他們之間有因果關係。

# 估計標準誤（Standard Error of the Estimate）

**觀念**：迴歸線周遭座標點的標準差，用來衡量Y的實際值與預測值之間的差異，以$S_{XY}$表示。

**說明**：雖然用最小平方法算出的迴歸線大致符合數據點的位置，預測值和實際值差異極小化，但除非判定係數 $r^2＝1.0$，否則迴歸線就無法精準預測數據值。

在第217頁的圖表中可以看到，搬運公司的數據散布圖與迴歸線，數據

點散落在迴歸線周遭，兩者之間有所差異。有些點在迴歸線上，有些則在下方，在該例題中，估計標準誤（在第216頁的表中稱為「標準誤」）為5.03小時。

就像標準差可以衡量數值和平均值間的差異，估計標準誤衡量的是數據點和迴歸線之間的差異。在下一節中，你會學習如何用估計標準誤來判斷兩個變數之間是否存在顯著的統計關聯性。

**進階公式**

你可以利用之前學到的符號呈現估計標準誤的公式：

$$S_{YX} = \sqrt{\dfrac{SSE}{n-2}} = \sqrt{\dfrac{\sum\limits_{i=1}^{n}(Y_i - \hat{Y}_i)^2}{n-2}}$$

在搬運公司例題中，SSE等於860.7186。套用公式如下：

$$S_{YX} = \sqrt{\dfrac{860.7186}{36-2}}$$

$$S_{YX} = 5\cdot0314$$

# 第四節　斜率統計推論

利用最小平方方法求得迴歸模型，並經過殘差分析確認模型未明顯違反三假設、直線迴歸模型適切後，你可以依據樣本統計結果，推斷母體變數的直線關係。

## 斜率 t 檢定

要判定X和Y變數之間是否存在顯著相關性，可以測試母體斜率 $\beta_1$ 是否為0。如果假說被拒絕，即證實線性關係成立。虛無假說與對立假說如下：

$H_0$：$\beta_1 = 0$（不存在線性關係）

$H_1$：$\beta_1 \neq 0$（存在線性關係）

檢定統計量符合 t 分配，自由度為樣本數減 2。檢定統計量為樣本斜率除以斜率的標準誤：

$$t = \frac{\text{樣本斜率}}{\text{斜率的標準誤}}$$

搬運公司的例題中（詳見第216頁的計算結果），顯著水準 $\alpha = 0.05$時，t 檢定的臨界值為2.0322，t 值為16.52，$p$ 值為0.0000（在Microsoft Excel工作表中，t 檢定統計量簡稱為「t 統計」，見第216頁）。採用 $p$ 值檢定法，$p$ 值為0.0000，小於 $\alpha$ 值0.05，因此拒絕虛無假設$H_0$。若用臨界值檢定法，t＝16.52＞2.0322，因此拒絕虛無假設$H_0$。得到結論：工時與搬運量之間存在顯著的線性關係。

進階
公式

你對數學
有興趣嗎？

要以等式表現用來檢定母體斜率 $\beta_1$的 t 檢定統計量，可以利用之前學到的符號，以及斜率的標準誤$S_{b_1}$。

首先，先以等式呈現斜率的標準誤$S_{b_1}$

$$S_{b_1} = \frac{S_{YX}}{\sqrt{SSX}}$$

接著，利用斜率的標準誤$S_{b_1}$來定義 t 檢定統計量：

$$t = \frac{b_1 - \beta_1}{S_{b_1}}$$

t 檢定統計量符合 t 分配，自由度為$n-2$。

再次看到搬運公司的例題，要測試在顯著水準 $\alpha = 0.05$時，搬運量和工時是否存在顯著相關性，參考第219頁的SSX計算與第218頁的估計標準誤：

$$S_{b_1} = \frac{S_{YX}}{\sqrt{SSX}}$$

$$= \frac{5.0314}{\sqrt{2,755,432.889}}$$

$$= 0.00303$$

由上列等式可知,欲測試顯著水準為0.05時,變數間是否存在線性關係,計算方法如下:

$b_1 = +0.05008 \qquad n = 36 \quad S_{b_1} = 0.00303$

$$t = \frac{b_1 - \beta_1}{S_{b_1}}$$

$$= \frac{0.05008 - 0}{0.00303} = 16.52$$

# 斜率信賴區間估計

另一種測試變數之間是否存在線性關係的作法,是設定斜率信賴區間($\beta_1$),並判定假設值($\beta_1 = 0$)有沒有落在區間內。

設立斜率信賴區間估計($\beta_1$)時,先將 t 檢定量乘上斜率的標準誤,再用樣本斜率加/減其乘積。

在搬運公司的例題中,第216頁的迴歸分析結果計算出的上下界,即是搬運量與工時的迴歸線斜率的信賴區間估計。信心水準95%時,下界為0.0439,而上界為0.0562。

由於兩個數字皆大於0,可得結論:工時與搬運量之間存在顯著相關性。計算出的信賴區間代表每多搬運 1 立方英尺的貨物,預估工時平均增加量界於0.0439到0.0562小時之間。如果信賴區間橫跨0,則變數之間不存在相關性。

# 簡單直線迴歸

第十章簡單直線迴歸中，包含一張簡單直線迴歸（SLR）工作表，配合例題二，呈現利用第215頁、搬運公司研究數據所做的迴歸分析結果。試著更改儲存格L8的信心水準，當作練習。

**最佳練習方式：**

使用Excel中的函數LINEST（Y變數儲存格範圍，X變數儲存格範圍，True，True），計算$b_0$和$b_1$、相關係數與標準誤、估計標準誤、$r^2$、F檢定統計量、殘差的自由度、SSR與SSE。

採用函數T.INV.2T（1−信賴水準，殘差的自由度)，計算 t 檢定的臨界值。

檢視第十章簡單直線迴歸資料夾中的殘差工作表（並未在本章節中呈現），以它作為計算殘差的範本。

**操作方式：**

計算 F 檢定顯著值，採用函數F.DIST.RT（F檢定臨界值，迴歸自由度，殘差的自由度）。

計算ANOVA工作表中的 p 值，運用函數T.DIST.2T（t 檢定統計量絕對值，殘差的自由度）。

附錄E中的分析工具箱技巧六，介紹如何使用分析工具箱，用另一種方式進行迴歸分析。

附錄E中的進階操作方式六，進一步介紹利用LINEST函數進行迴歸分析的方法。

附錄E中的進階操作方式七，解釋如何調整第十章簡單直線迴歸的檔案，並應用到其他數據上。

將之前學到的符號進行重組，列出斜率信賴區間估計 $\beta_1$ 方程式：

$$b_1 \pm t_{n-2}\, S_{b_1}$$

在搬運公司的例題中，已經算出 $b_1$ 值（第220頁），以及標準誤的斜率 $S_{b_1}$（第229頁）。

已知　$b_1 = +0.05008$　　$n = 36$　　$S_{b_1} = 0.00303$

因此，在95%的信心水準下，自由度＝$36-2=34$。

$$b_1 \pm t_{n-2}\, S_{b_1}$$

$$= +0.05008 \pm (2.0322)(0.00303)$$

$$= +0.05008 \pm 0.0061$$

$$+0.0439 \le \beta_1 \le +0.0562$$

# 第五節　迴歸分析常見錯誤

進行迴歸分析時，常在以下幾處出錯：

◎ 使用最小平方法設立迴歸模型時，不夠注意三個重要假設。

◎ 利用最小平方法設立迴歸模型後，不知道如何衡量模型是否違背假設。

◎ 發現模型違背假設時，不知道如何使用最小平方法以外的方式建立新模型。

◎ 使用迴歸模型時，對分析對象不熟悉。

◎ 在X的相關範圍外，預測Y值。

大部分的迴歸分析軟體常式，不會偵測這些錯誤。進行迴歸分析時要有技巧，從別人手上取得迴歸分析結果時，也要確定他們沒有犯這些錯。

以下四組數據呈現了在進行迴歸分析時，可能犯的錯誤。

## 安斯康姆（Anscombe）

| 數據組A | | 數據組B | | 數據組C | | 數據組D | |
|---|---|---|---|---|---|---|---|
| $X_i$ | $Y_i$ | $X_i$ | $Y_i$ | $X_i$ | $Y_i$ | $X_i$ | $Y_i$ |
| 10 | 8.04 | 10 | 9.14 | 10 | 7.46 | 8 | 6.58 |
| 14 | 9.96 | 14 | 8.10 | 14 | 8.84 | 8 | 5.76 |
| 5 | 5.68 | 5 | 4.74 | 5 | 5.73 | 8 | 7.71 |
| 8 | 6.95 | 8 | 8.14 | 8 | 6.77 | 8 | 8.84 |
| 9 | 8.81 | 9 | 8.77 | 9 | 7.11 | 8 | 8.47 |
| 12 | 10.84 | 12 | 9.13 | 12 | 8.15 | 8 | 7.04 |
| 4 | 4.26 | 4 | 3.10 | 4 | 5.39 | 8 | 5.25 |
| 7 | 4.82 | 7 | 7.26 | 7 | 6.42 | 19 | 12.50 |
| 11 | 8.33 | 11 | 9.26 | 11 | 7.81 | 8 | 5.56 |
| 13 | 7.58 | 13 | 8.74 | 13 | 12.74 | 8 | 7.91 |
| 6 | 7.24 | 6 | 6.13 | 6 | 6.08 | 8 | 6.89 |

資料來源：摘錄自F. J. Anscombe，〈統計分析圖表〉，《美國統計學家》，27卷（1973），第17-21頁。

美國統計學家安斯康姆（參考資料1）指出，對上列四組數據進行迴歸分析的結果完全相同。

Y的預測值＝$3.0+0.5X_i$

估計標準誤＝1.237

$r^2$＝0.667

SSR＝迴歸平方和＝27.51

SSE＝誤差平方和＝13.76

SST＝總平方和＝41.27

然而，從下列散布圖和殘差圖可以看得出來，這四組數據實際上相去甚遠。

仔細檢視這些圖表，你會發現這四組數據差異有多大：

◎ **數據組A**：散布圖大抵呈一直線，殘差圖也沒有特定規則或突兀的異常數據。

◎ **數據組B**：散布圖顯示迴歸模型是條曲線，而殘差圖佐證了這一點。

◎ **數據組**C：散布圖和殘差圖中，都出現極端值。

◎ **數據組**D：散布圖中出現一個極端值（X＝19，Y＝12.50），從殘差圖中可以看出，這個極端值強烈影響了模型的配適性。此迴歸模型是否足以解釋這組數據需要謹慎評估，因為相關係數受到單一數據點的影響非常大。

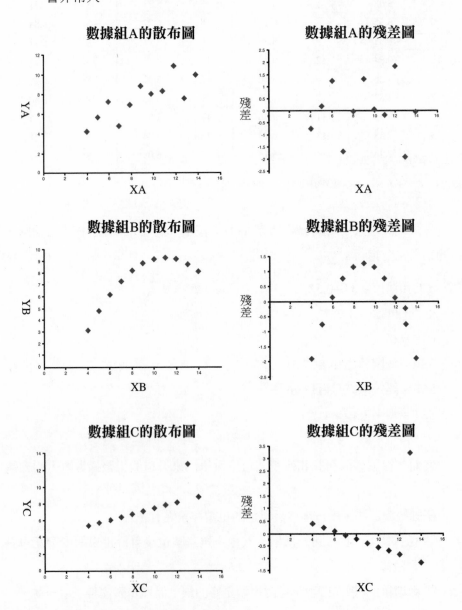

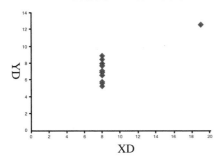

數據組D的散布圖

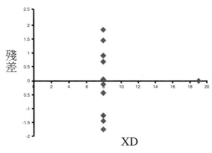

數據組D的殘差圖

要避免這些常見錯誤,請遵循以下步驟:

◎ 每一次都先畫出散布圖,觀察X和Y之間可能存在的關聯性。

◎ 確認迴歸模型適合數據組後,別急著採納模型計算出的結果,先確認
迴歸假設是否成立。

◎ 畫出殘差和自變數的關係圖,藉以確認採納的模型是適當的,並且確
認變異數相等假設成立。

◎ 將殘差畫成直方圖、盒鬚圖,或常態機率分布圖,用圖表衡量模型是
否強烈違反常態假設。

◎ 如果衡量殘差的結果顯示模型違反假說,應該採用合適的、最小平方
法以外的模型架構法,或其他類型的最小平方法(見參考資料5)。

如果依殘差衡量後,判斷假設成立,就可以用迴歸分析進行統計推估,
你可以針對斜率的顯著水準進行檢定,或計算斜率信賴區間估計。

重要
公式

迴歸等式

(10.1) $\hat{Y}_i = b_0 + b_1 X_i$

斜率

(10.2) $b_1 = \dfrac{SSXY}{SSX}$

平方和

（10.3） $SSXY = \sum_{i=1}^{n}(X_i - \overline{X})(Y_i - \overline{Y}) = \sum_{i=1}^{n} X_i Y_i - \dfrac{\left(\sum_{i=1}^{n} X_i\right)\left(\sum_{i=1}^{n} Y_i\right)}{n}$

以及

$$SSX = \sum_{i=1}^{n}(X_i - \overline{X})^2 = \sum_{i=1}^{n} X_i^2 - \dfrac{\left(\sum_{i=1}^{n} X_i\right)^2}{n}$$

Y截距

（10.4） $b_0 = \overline{Y} - b_1 \overline{X}$

總平方和

（10.5） $SST = \sum_{i=1}^{n}(Y_i - \overline{Y})^2$ 等於 $\sum_{i=1}^{n} Y_i - \dfrac{\left(\sum_{i=1}^{n} Y_i\right)^2}{{}_i n}$

（10.6） $SST = SSR + SSE$

迴歸平方和

（10.7） $SSR = $ 解釋變量或迴歸平方和 $= \sum_{i=1}^{n}(\hat{Y}_i - \overline{Y})^2$

等於 $b_0 \sum_{i=1}^{n} Y_i + b_1 \sum_{i=1}^{n} X_i Y_i - \dfrac{\left(\sum_{i=1}^{n} Y_i\right)^2}{n}$

誤差平方和

（10.8） $SSE = $ 未解釋變量或誤差平方和 $= \sum_{i=1}^{n}(Y_i - \hat{Y}_i)^2$

等於 $\sum_{i=1}^{n} Y_i^2 - b_0 \sum_{i=1}^{n} Y_i - b_1 \sum_{i=1}^{n} X_i Y_i$

判定係數

（10.9） $r^2 = \dfrac{迴歸平方和}{總平方和} = \dfrac{SSR}{SST}$

**相關係數**

（10.10）$r = \sqrt{r^2}$

若 $b_1$ 為正，則 r 為正。若 $b_1$ 為負，則 r 為負。

**估計標準誤**

（10.11）$S_{YX} = \sqrt{\dfrac{SSE}{n-2}} = \sqrt{\dfrac{\sum\limits_{i=1}^{n}(Y_i - \hat{Y}_i)^2}{n-2}}$

**斜率 t 檢定**

（10.12）$t = \dfrac{b_1 - \beta_1}{S_{b_1}}$

 **一分鐘總結**

簡單直線迴歸分析

◎ 最小平方法

◎ 變異量數

◎ 殘差分析

◎ 斜率顯著水準的 t 檢定

◎ 斜率信賴區間估計

# 📖 自我評量

## 選擇題

1. Y截距（$b_0$）代表：

   (a) X＝0時，Y的預測值。

   (b) X變動一單位時，Y值的變量。

   (c) Y的預測值。

   (d) 迴歸線周遭的變異。

2. 斜率（$b_1$）代表：

   (a) X＝0時，Y的預測值。

   (b) X變動一單位時，Y值的變量。

   (c) Y的預測值。

   (d) 迴歸線周遭的變異。

3. 估計標準誤是用來衡量：

   (a) 變異數Y的總變量。

   (b) 迴歸線周遭的變異。

   (c) 解釋變量。

   (d) 變異數X的變量。

4. 從判定係數（$r^2$）可看出：

   (a) 相關係數（r）大於1。

   (b) 迴歸線斜率是否顯著。

   (c) 迴歸平方和是否大於總平方和。

   (d) 總變量中已解釋的比例。

5. 針對兩個變數進行迴歸分析時，你做出以下假設：

   (a) X和Y的變異相等。

   (b) 無論X值為何，迴歸線周遭的變異皆相等。

   (c) X和Y各自獨立。

(d) 以上皆是。

6. 針對迴歸線周遭的變異的分配進行假設，下列何者為是？

   (a) 呈常態分配。

   (b) 所有變異皆為正。

   (c) 變異隨X值增加而增加。

   (d) 每個殘差都因前一個殘差值而異。

7. 殘差代表：

   (a) Y的實際值和平均值之間的差。

   (b) Y的實際值和預測值之間的差。

   (c) 斜率的平方根。

   (d) 當X＝0時，Y的預測值。

8. Y的判定係數（$r^2$）＝1.00，則：

   (a) Y截距必定為0。

   (b) 迴歸平方和（SSR）等於誤差平方和（SSE）。

   (c) 誤差平方和（SSE）為0。

   (d) 迴歸平方和（SSR）為0。

9. 若相關係數（r）＝-1.00，則：

   (a) 所有數據點都恰好落在斜率為1.00的直線上。

   (b) 所有數據點都恰好落在斜率為負的直線上。

   (c) 所有數據點都恰好落在斜率為正的直線上。

   (d) 所有數據點都恰好落在斜率為0的水平線上。

10. 假定X和Y之間存在直線（線性）關係，且相關係數（r）＝-0.30，則：

   (a) 兩變數不相關。

   (b) 斜率為負。

   (c) 變異數X比Y大。

   (d) X的變異數為負。

11.兩個數值變數之間的線性關係強度，量測標準為何？

(a) Y的預測值。

(b) 判定係數。

(c) 總平方和。

(d) Y截距。

12.在簡單直線迴歸模型中，相關係數和斜率：

(a) 正負號可能相反。

(b) 正負號必定相同。

(c) 正負號必定相反。

(d) 相同。

# 是非題：正確請寫「○」，錯誤請寫「×」

13.迴歸平方和（SSR）絕不可能大於總平方和（SST）。

14.判定係數是SSR和SST的比。

15.迴歸分析用在預測，相關性分析則用來衡量兩個數值變數的相關性強度。

16. r 值必然為正。

17.相關係數 r＝-1時，X和Y完全相關。

18.如果殘差圖沒有呈現明顯規律，則用來分析數據的迴歸模型是適當的。

19.若X變數的觀測範圍在100到300之間，則不能預測X＝400時，Y的值。

20.進行斜率 t 檢定時，$p$ 值為0.021，則顯著水準0.01下，檢定結果顯著。

# 填空題

21.殘差表示Y的觀察值與_____的差。

22.X每變動一單位，Y的變量稱為_____。

23. 迴歸平方和（SSR）和總平方和（SST）的比，稱為_____。

24. 在簡單直線迴歸模型中，若直線斜率為正，則相關係數一定也為_____。

25. 其中一個迴歸分析假設是迴歸線週遭的變異符合_____分配。

## 自我評量簡答題解答

| 1. a | 2. b | 3. b | 4. d | 5. b | 6. a |
|------|------|------|------|------|------|
| 7. b | 8. c | 9. b | 10. b | 11. b | 12. b |
| 13.○ | 14.○ | 15.○ | 16.× | 17.○ | 18.○ |
| 19.○ | 20.× | 21.預測值 | 22.斜率 | 23.判定係數 | 24.正 |
| 25.常態 | | | | | |

# 應用題

1. 下表為紐約州格蘭寇弗市的單房抽樣數據，共30組樣本，項目包括房地產市場價格（單位：千元）與占地（單位：英畝）。試建立簡單直線迴歸模型，依據房地產占地預測市值。

## 📥 格蘭寇弗（GlenCove）

| 市值（$000） | 房地產占地（英畝） | 市值（$000） | 房地產占地（英畝） |
|---|---|---|---|
| 522.9 | 0.2297 | 334.3 | 0.1714 |
| 425.0 | 0.2192 | 437.4 | 0.3849 |
| 539.2 | 0.1630 | 644.0 | 0.6545 |
| 628.2 | 0.4608 | 387.8 | 0.1722 |
| 490.4 | 0.2549 | 399.8 | 0.1435 |
| 487.7 | 0.2290 | 356.4 | 0.2755 |
| 370.3 | 0.1808 | 346.9 | 0.1148 |
| 777.9 | 0.5015 | 541.8 | 0.3636 |
| 347.1 | 0.2229 | 388.0 | 0.1474 |
| 756.8 | 0.1300 | 564.0 | 0.2281 |
| 389.0 | 0.1763 | 454.4 | 0.4626 |
| 889.0 | 1.3100 | 417.3 | 0.1889 |
| 452.2 | 0.2520 | 318.8 | 0.1228 |
| 412.4 | 0.1148 | 519.8 | 0.1492 |
| 338.3 | 0.1693 | 310.2 | 0.0852 |

(a) 假設市值和房地產占地之間存在線性關係，利用最小平方法算出迴歸係數$b_0$與$b_1$。列出迴歸等式，用土地大小預測市值。

(b) 解釋本題組中，Y截距 $b_0$ 和斜率 $b_1$ 代表的意義。

(c) 解釋為什麼迴歸係數 $b_0$ 在本題組中，沒有實質意義。

(d) 預測占地0.25英畝的房地產市值。

(e) 計算判定係數 $r^2$，並詮釋其意義。

(f) 針對結果進行殘差分析，並判斷模型是否適切。

(g) 判斷顯著水準0.05下，市值與房地產占地畝數是否存在顯著相關性。

(h) 針對市值與房地產占地畝數的母體斜率，進行信賴水準95％的斜率信賴區間估計。

2. 測量加州紅衫樹的高度是艱鉅的工程，因為紅衫樹可以長到300英尺以上。但熟悉紅衫樹的人都知道，樹高和樹的其他特點是有關係的，其中一項相關的特點就是成人胸高處的樹幹直徑。以下數據紀錄樹高（英尺）和胸高處的樹幹直徑，樣本數共21棵加州紅衫樹。

## 📋 紅衫樹

| 樹高 | 胸高處樹幹直徑 | 樹高 | 胸高處樹幹直徑 |
|---|---|---|---|
| 122.0 | 20 | 164.0 | 40 |
| 193.5 | 36 | 203.3 | 52 |
| 166.5 | 18 | 174.0 | 30 |
| 82.0 | 10 | 159.0 | 22 |
| 133.5 | 21 | 205.0 | 42 |
| 156.0 | 29 | 223.5 | 45 |
| 172.5 | 51 | 195.0 | 54 |
| 81.0 | 11 | 232.5 | 39 |
| 148.0 | 26 | 190.5 | 36 |
| 113.0 | 12 | 100.0 | 8 |
| 84.0 | 13 | | |

(a) 假定樹高和胸高處樹幹直徑之間，存在線性關係，利用最小平方法計算迴歸係數 $b_0$ 和 $b_1$。列出迴歸等式，以胸高處的樹幹直徑推斷樹高。

(b) 解釋等式中斜率的意義。

(c) 胸高處的樹幹直徑為25英吋，試預測樹高。

(d) 詮釋本例題中判定係數的意義。

(e) 對結果進行殘差分析，並判斷模型是否適切。

(f) 判斷顯著水準0.05下，紅衫樹樹高與胸高處的樹幹直徑是否存在顯著相關性。

(g) 針對樹高與胸高處樹幹直徑的母體斜率，進行信賴水準95％的斜率信賴區間估計。

3. 棒球分析師正在進行一項研究，分析目前的球季中各球隊的數據，藉以找出哪些變數可能可以用來預測球隊在球季中的勝場數。他決定先從衡量投手表現的防禦率（ERA）開始測試，用ERA預測球隊勝場數。以下為30支美國職棒大聯盟球隊的ERA數據：（🗎棒球）

（提示：解題前先分辨自變數和依變數）

(a) 假設兩變數之間存在線性關係，利用最小平方法計算迴歸係數 $b_0$ 和 $b_1$。列出迴歸等式，以ERA預測勝場數。

(b) 解釋本題組中，Y截距 $b_0$ 和斜率 $b_1$ 代表的意義。

(c) 某球隊的ERA為3.75，試預測他的勝場數。

(d) 計算判定係數 $r^2$，並詮釋其意義。

(e) 對結果進行殘差分析，並判斷模型是否適切。

(f) 顯著水準0.05下，是否有勝場數和ERA存在線性關係的證據？

(g) 進行信心水準95％的斜率信賴區間估計。

(h) 還有那些可能適合加進模組中的自變數？

4. 美國餐廳評價網站查加（Zagat）定期公布美國各地的餐廳評鑑結果。在本題組中，有50組樣本是市區內的餐廳（紐約市），另外50組則位於紐約市郊。查加的評鑑結果針對食物、環境、服務與每人消費額做紀錄。試建立迴歸模型，利用食物、環境、服務綜合評分預測每人消費額。（資料來

源：摘錄自《查加調查2013年紐約市餐廳》與《查加調查2012-2013年長島餐廳》（📥餐廳）

(a) 假設兩變數之間存在線性關係，利用最小平方法計算迴歸係數 $b_0$ 和 $b_1$。列出迴歸等式，以綜合評分預測每人消費額。

(b) 解釋本題組中，Y截距 $b_0$ 和斜率 $b_1$ 代表的意義。

(c) 某餐廳的綜合評分為50，試預測每人消費額。

(d) 計算判定係數 $r^2$，並詮釋其意義。

(e) 對結果進行殘差分析，並判斷模型是否適切。

(f) 顯著水準0.05下，是否有綜合評分和每人消費額存在線性關係的證據？

(g) 針對綜合評分與每人消費額的母體斜率，進行信賴水準95％的斜率信賴區間估計。

(h) 以綜合評分做為預測每人消費額的因子，效果如何？請解釋。

## 自我評量應用題解答

1. (a) $b_0 = 354.9934$，$b_1 = 434.5435$；預測市值＝354.9934＋434.5435英畝。

   (b) 房地產占地每增加一英畝，預估市值增加\$434.5435（千元）。

   (c) 在本題組中，$b_0$ 沒有實質意義，因為他代表的是房地產占地為 0 的狀況下的市值。

   (d) 預測市值＝354.9934＋434.5435（0.25）＝\$463.63（千元）。

   (e) $r^2 = 0.5069$，市值中有50.69％的變異源自於房地產占地的變異。

   (f) 殘差圖沒有特別規則，因此迴歸模型是適當的。

   (g) $t = 5.365$；$p$ 值 $0.0000 < 0.05$（或 $t = 5.365 > 2.0484$）。在95％的顯著水準下，拒絕虛無假設 $H_0$，證據顯示市值與房地產占地之間存在顯著線性關係。

   (h) $268.30 < \beta_1 < 600.457$。

2. (a) $b_0 = 78.7963$，$b_1 = 2.6732$；預測高度＝78.7963＋2.6732胸高處的樹幹直徑（英吋）。

   (b) 胸高處的樹幹直徑每增加一英吋，預估樹高會增加2.6732英尺。

(c) 預測高度＝78.7963 + 2.6732（25）＝145.6267英尺。

(d) $r^2$＝0.7288。樹高中有72.88％的變量可以用胸高處樹幹直徑的變量解釋。

(e) 殘差圖沒有特別規則，因此迴歸模型是適當的。

(f) t＝7.1455；$p$ 值＝幾乎為0 < 0.05（t＝ 7.1455 > 2.093），拒絕虛無假設 $H_0$，證據顯示樹高與胸高處樹幹直徑之間存在顯著線性關係。

(g) $1.8902 < \beta_1 < 3.4562$。

3. (a) $b_0$＝168.7804， $b_1$＝22.7194；預測勝場數＝168.7804－22.7194 ERA。

(b) 防禦率每增加一單位，預估勝場數減少22.7194。

(c) 預估勝場數＝168.7804－22.7194（3.75）＝83.5824。

(d) $r^2$＝0.5589。勝場數中有55.89％的變量可以用ERA的變量解釋。

(e) 殘差圖沒有特別的規則，因此迴歸模型是適當的。

(f) t＝-5.9565；$p$ 值幾乎為 0 < 0.05（t＝-5.9565 < -2.0484），拒絕虛無假設 $H_0$，證據顯示勝場數與防禦率之間存在顯著線性關係。

(g) $-30.5325 < \beta_1 < -14.9064$。

(h) 除了ERA，你也可以考慮在模型中加入其他自變數，包括：單場得分、安打數、救援成功次數、保送與失誤。第十一章將探討如何架構多元迴歸模型，納入多個自變數。

4. (a) $b_0$＝-46.7718，$b_1$＝1.4963；預估個人消費額＝-46.7718＋1.4963綜合評分。

(b) 綜合評分每增加一單位，預估個人消費額會增加$1.50。由於不會有餐廳綜合評分為0，所以不適合對Y截距做詮釋。

(c) 預估個人消費額＝-46.7718＋1.4963（50）＝$28.04。

(d) $r^2$＝0.5458。個人消費額的變量中，54.58％可以用綜合評分的變量解釋。

(e) 殘差圖沒有特別規則，因此迴歸模型是適當的。

(f) t＝10.8524；$b_1$值接近0 < 0.05（或 t＝10.8524>1.9845），拒絕虛無假設 $H_0$，證據顯示個人消費額與餐廳綜合評分之間存在顯著線性關係。

(g) $1.2227 \leq \beta_1 \leq 1.7699$。

(h) 這個直線迴歸模型足以解釋數據，並顯示個人消費額與餐廳綜合評分之間存在顯著的線性關係。因為個人消費額的變量中，54.58％可以用餐廳綜合評分的變量解釋，因此在預測個人消費額時，餐廳的綜合評分是還不錯的預估因子。

參考書目

1. Anscombe, F. J. "Graphs in Statistical Analysis." *American Statistician* 27 (1973): 17-21.
2. Berenson, M. L., D. M. Levine, and K. A. Szabat. *Basic Business Statistics: Concepts and Applications*, Thirteen Edition. Upper Saddle River, NJ: Pearson Education, 2015.
3. Hosmer, D. W., and S. Lemeshow. *Applied Logistic Regression*, Third ed. New York: Wiley, 2013.
4. Johnson, Stephen. "The Trouble with QSAR (or How I Learned to Stop Worrying and Embrace Fallacy." *Journal of Chemical Information and Modeling* 48 (2008):25-26.
5. Kutner, M. H., C. Nachtsheim, J. Neter, and W. Li. *Applied Linear Statistical Models*, Fifth Edition. New York: McGraw-Hill-Irwin, 2005.（本書最新中文版為第四版，《應用線性迴歸模型》，華泰文化，2005年8月9日）
6. Levine, D. M., D. Stephan, and K. A. Szabat. *Statistics for Managers Using Microsoft Excel*, Seventh Edition. Upper Saddle River, NJ: Pearson Education, 2014.
7. Microsoft Excel 2013. Redmond, WA: Microsoft Corporation, 2012.
8. Vidakovic, B. *Statistics for Bioengineering Sciences: With MATLAB and WinBUGS Support*. New York: Springer Science + Business Media, 2011.

# 第十一章

# 多元迴歸

$$\mu = \sum_{t=1}^{N} X_i P(X_i)$$

　　第十章介紹了簡單直線迴歸模型，用單一自變數X預測數值依變數Y。若能多採用幾個自變數，通常會讓預測更準確。本章節將介紹多元迴歸模型，利用兩或多個自變數（$X_s$）來預測依變數（Y）的值。

# 第一節 多元迴歸模型

觀念：多元迴歸模型是從簡單直線迴歸模型（第215頁）延伸而來的統計模型，分析時假定各個自變數和依變數之間存在直線或線性關係。

例題一：在第十章的例題中，你分析了搬運公司的數據，以搬運量來預測工時。除了搬運量（$X_1$）之外，現在還要考量大型家具（如：床、沙發、擺設櫃、化妝台）的件數（$X_2$）。

## 搬運

| 工時 | 搬運量（立方英尺） | 大型家具數 | 工時 | 搬運量（立方英尺） | 大型家具數 |
|---|---|---|---|---|---|
| 24.00 | 545 | 3 | 25.00 | 557 | 2 |
| 13.50 | 400 | 2 | 45.00 | 1,028 | 5 |
| 26.25 | 562 | 2 | 29.00 | 793 | 4 |
| 25.00 | 540 | 2 | 21.00 | 523 | 3 |
| 9.00 | 220 | 1 | 22.00 | 564 | 3 |
| 20.00 | 344 | 3 | 16.50 | 312 | 2 |
| 22.00 | 569 | 2 | 37.00 | 757 | 3 |
| 11.25 | 340 | 1 | 32.00 | 600 | 3 |
| 50.00 | 900 | 6 | 34.00 | 796 | 3 |
| 12.00 | 285 | 1 | 25.00 | 577 | 3 |
| 38.75 | 865 | 4 | 31.00 | 500 | 4 |
| 40.00 | 831 | 4 | 24.00 | 695 | 3 |
| 19.50 | 344 | 3 | 40.00 | 1,054 | 4 |
| 18.00 | 360 | 2 | 27.00 | 486 | 3 |
| 28.00 | 750 | 3 | 18.00 | 442 | 2 |
| 27.00 | 650 | 2 | 62.50 | 1,249 | 5 |
| 21.00 | 415 | 2 | 53.75 | 995 | 6 |
| 15.00 | 275 | 2 | 79.50 | 1,397 | 7 |

針對數據做分析後，得到工作表如下：

| | A | B | C | D | E | F | G | H | I |
|---|---|---|---|---|---|---|---|---|---|
| 1 | 搬運公司數據之多元迴歸分析結果 | | | | | | | | |
| 2 | | | | | | | | | |
| 3 | | 迴歸統計 | | | | | | | |
| 4 | R的倍數 | 0.96578 | | | | | | | |
| 5 | R平方 | 0.93274 | | | | | | | |
| 6 | 調整的R平方 | 0.92866 | | | | | | | |
| 7 | 標準誤 | 3.98000 | | | | | | | |
| 8 | 觀察值個數 | 36 | | | | | | | |
| 9 | | | | | | | | | |
| 10 | ANOVA | | | | | | | | |
| 11 | | 自由度 | SS | MS | F | 顯著值 | | | |
| 12 | 迴歸 | 2 | 7248.705601 | 3624.353 | 228.805 | 4.55335E-20 | | | |
| 13 | 殘差 | 33 | 522.7318989 | 15.84036 | | | | | |
| 14 | 總和 | 35 | 7771.4375 | | | | | | |
| 15 | | | | | | | | | |
| 16 | | 係數 | 標準誤 | t統計 | p值 | 下限95% | 上限95% | 下限95% | 上限95% |
| 17 | 截距 | -3.9152 | 1.6738 | -2.3391 | 0.0255 | -7.3206 | -0.5099 | -7.3206 | -0.5099 |
| 18 | 搬運量 | 0.0319 | 0.0046 | 6.9339 | 0.0000 | 0.0226 | 0.0413 | 0.0226 | 0.0413 |
| 19 | 大型家具件數 | 4.2228 | 0.9142 | 4.6192 | 0.0001 | 2.3629 | 6.0828 | 2.3629 | 6.0828 |

# 淨迴歸係數

**觀念：**又稱為部分迴歸係數，是用來量測特定變數X變動一單位時（其他變數X不變），Y值變動量的係數。

**說明：**第十章介紹的簡單迴歸模型中，斜率代表X變動一單位時，Y值的變量，模型只包含一個自變數。在包含兩個自變數的多元迴歸模型中，會有兩個淨迴歸係數：$b_1$ 和 $b_2$。$b_1$（Y對$X_1$的斜率）代表考量$X_2$的影響後，$X_1$每變動一單位時、Y的變量；$b_2$（Y對$X_2$的斜率）代表考量$X_1$的影響後，$X_2$每變動一單位時、Y的變量。

例如，在搬運公司的研究統計結果中，Y對$X_1$的斜率 $b_1$ 是0.0319，Y對$X_2$的斜率則是4.2228。斜率 $b_1$ 代表$X_1$每增加1單位、假定$X_2$的影響不變，Y的預測值會增加0.0319單位。換言之，假定大型家具件數固定，每多搬運1立方英尺的貨物，以模型預估的工時會增加0.0319小時。

斜率 $b_2$（+4.2228）則代表$X_2$每增加1單位、假定$X_1$的影響不變，Y的預估值會增加4.2228單位。換言之，固定搬運量時，每增加一件大型家具，以模型預估的工時會增加4.2228小時。

另外一種解釋「淨影響」的方法，是想像有兩次的搬運任務，大型家具

的件數相同。如果第一次任務的搬運量比第二次多1立方英尺，這個差異帶來的「淨影響」是第一次需要多0.0319小時的工時。相反地，如果要闡述大型家具件數的淨影響，可以想像兩次搬家任務的搬運量相同，但第一次任務比第二次多一件大型家具，這個差異造成的淨影響是第一次任務的工時，預計比第二次長4.2228小時。

除了淨迴歸係數 $b_1$ 和 $b_2$ 外，再加上Y截距 $b_0$ 就能列出多元迴歸方程式。以下是包含兩個自變數的迴歸模型：

Y的預測值＝$b_0 + b_1 X_1 + b_2 X_2$

例如，搬運公司的數據分析結果顯示，Y截距 $b_0$ 為-3.915，可得這項研究結果的多元迴歸方程式：

預測工時=-3.915＋（0.0319×搬運量）＋（4.2228 ×大型家具數）

回想一下第十章中提到的，Y截距代表X為 0 時，Y的預測值。在這個例題中，因為搬運量不可能小於0，因此Y截距不具實質意義。同時，要記得迴歸模型只有在自變數的觀察值區間成立。

## 預測依變數 Y

如同簡單直線迴歸分析，你也可以用多元迴歸方程式來預測依變數的值。

例題二：運用在例題一中建構的迴歸模型，預測搬運500立方英尺的貨物，其中包含三件大型家具，所需的工時。預測結果等於24.715 （-3.915＋0.0319 ×500＋4.2228 ×3）。

# 第二節　多元判定係數

觀念：一種統計量，反映Y的變量中，可以用多元迴歸模型所包含的自變數解釋的部分。

說明：多元判定係數是判定係數（$r^2$）的延伸。在簡單直線迴歸模型中，判定係數用來量測Y的變量中，可以用自變數X解釋的部分（見第十章第三節）。

例題三：計算搬運公司研究模型的多元判定係數。在多元迴歸分析結果中（見第249頁），ANOVA摘要表顯示SSR為7,248.71、SST為7,771.44。故得知：

$r^2$＝迴歸平方和／總平方和＝SSR／SST＝7,248.71／7,771.44＝0.9327

多元判定係數（$r^2$＝0.9327）顯示工時的變量中，有93.27％可以用搬運量以及大型家具件數量的變動來解釋。

# 第三節　整體 F 檢定

**觀念**：用來檢測整體迴歸模型的顯著性的檢定。

**說明**：你可以用整體 F 檢定來檢測依變數和一整組自變數之間，是否存在顯著的關聯性。因為自變數不只一個，虛無假設和對立假設如下：

$H_0$：依變數和所有自變數之間不存在線性關係。
$H_1$：依變數和至少一個自變數間存在線性關係。

整體 F 檢定的ANOVA摘要表如下（$n$＝樣本數；$k$＝自變數個數）：

| 變異來源 | 自由度 | 平方和 | 平方平均數（變異數） | F |
|---|---|---|---|---|
| 迴歸 | $k$ | SSR | $MSR = \dfrac{SSR}{k}$ | $F = \dfrac{MSR}{MSE}$ |
| 殘差 | $n-k-1$ | SSE | $MSE = \dfrac{SSE}{n-k-1}$ | |
| 總和 | $n-1$ | SST | | |

例題四：針對搬運公司的研究進行整體 F 檢定。在多元迴歸分析結果中（見第249頁），ANOVA摘要表顯示 F 統計量為228.805，而 $p$ 值為0.0000（表中寫作為4.55E-20），因為 $p$ 值＝0.000<0.05，你應該拒絕虛無假設$H_0$，並得到結論：至少有一個自變數〔搬運量和（或）大型家具件數〕與工時有關。

# 第四節　多元迴歸模型的殘差分析

在第十章第二節中，你已經學會用殘差分析來衡量簡單直線迴歸模型是否適合用來分析數據。針對包含兩個自變數的多元迴歸模型進行殘差分析時，你需要建構並分析以下殘差圖：

◎ 殘差與Y預測值的關係圖。

◎ 殘差與第一自變數$X_1$的關係圖。

◎ 殘差與第二自變數$X_2$的關係圖。

◎ 殘差與時間的關係圖（若資料蒐集有先後順序）。

如果殘差與Y預測值關係圖中的數據點符合特殊規則，可知殘差至少與一個自變數有曲線關係，這也意味著此模型可能違反變異數相等假設，且（或）需要修正Y變數。殘差與自變數關係圖中的數據點所呈現的規則（見下圖二、三）顯示兩者之間存在曲線關係，代表著迴歸模型中需要再加入一個曲線獨立自變數（見參考資料1、2）。第四種、殘差與時間的關係圖，可以處理有先後數據的資料，判斷模型是否違反獨立性假設。

**例題五：** 針對搬運公司的研究，進行多元迴歸模型的殘差分析。該模型的殘差圖如下。

你會發現，這些圖表顯示殘差與Y的預測值、搬運量（$X_1$）、大型家具件數（$X_2$）所構成的數據點，幾乎沒有規則，因此得到結論：此多元迴歸模型適合用來預測工時。

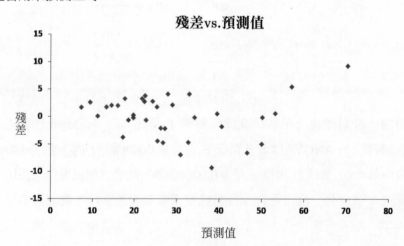

殘差vs.預測值

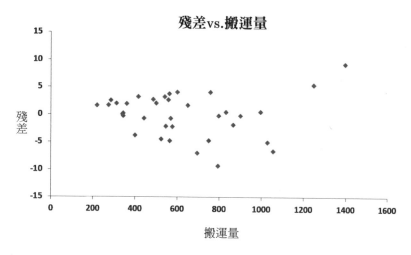

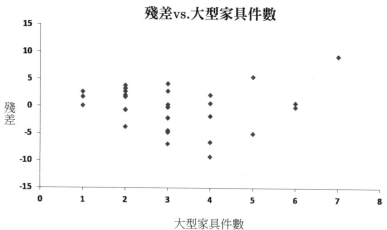

# 第五節　母體統計推估

　　第十章第四節提到如何用簡單直線迴歸模型的斜率，來判斷X和Y的關係是否顯著，並算出母體斜率的信賴區間估計。在此節中，我們會將這些做法延伸到多元迴歸模型。

## 假設檢定

　　和簡單直線迴歸模型一樣，你用 t 檢定來檢定對母體斜率的假設。在包含兩個自變數的多元迴歸模型中，對各個自變數所做的虛無假設是：在其他自

變數的影響不變的情況下，工時和該自變數之間不存在線性關係。對立假設則是：在其他自變數的影響不變的情況下，工時和該自變數之間存在線性關係。針對特定迴歸係數的顯著性所做的 t 檢定，其實是在檢測已包含其他變數的模型，再加入一個變數是否會有顯著影響。

　　**例題六**：針對搬運公司研究中的多元迴歸模型，進行母體斜率的假設檢定。在第249頁的結果中，對自變數——搬運量進行分析，t 統計量為6.93，$p$ 值為0.000。因為 $p$ 值0.000<0.05，你應該拒絕虛無假設，並得到結論：工時與搬運量（$X_1$）之間存在線性關係。若對大型家具件數進行分析，則 t 統計量為4.62、$p$ 值為0.000，因為 $p$ 值0.000<0.05，你應該拒絕虛無假設，並得到結論：工時與大型家具件數（$X_2$）之間存在線性關係。你進一步推知，因為這兩個自變數的檢定結果都具有顯著性，因此應該加入迴歸模型中。

# 信賴區間估計

　　你可以像在進行簡單直線迴歸分析時一樣（見第十章第四節），建構斜率的信賴區間估計。計算信賴區間估計的方法，是先將 t 統計量乘上斜率標準誤，再用樣本斜率加／減乘積。

　　**例題七**：試判斷搬運公司的多元迴歸模型進行斜率信賴區間估計。第249頁的統計結果中，在95％的信心水準下，搬運量與工時的斜率信賴區間估計下限為0.0226小時、上限為0.0413小時。此信賴區間代表，假定大型家具件數不變，每多搬運1立方英尺的貨物，工時的增量預估會在0.0226到0.0413小時之間。在95％的信心水準下，大型家具件數與工時的斜率信賴區間估計下限為2.3629小時、上限為6.0828小時。此信賴區間代表，假定搬運量不變，每多搬運一件大型家具，工時的增量預估會在2.3629到6.0828小時之間。

**圖表解題** **多元迴歸**

　　第十一章多元迴歸中包含搭配例題一的工作表，表中呈現第249頁、搬運公司數據的迴歸分析結果。更改L8儲存格中的信心水準，以這張工作表做練習。

最佳練習方式：

使用Excel中的函數LINEST（Y變數儲存格範圍，X變數儲存格範圍，True，True），算出 $b_0$ 和 $b_1$、相關係數與標準誤、$r^2$、估計標準誤、F 檢定統計量、殘差的自由度、SSR與SSE。

採用函數T.INV.2T（1－信心水準，殘差的自由度），計算 t 檢定的臨界值。

檢視第十章簡單直線迴歸的殘差工作表，以它作為計算殘差的範本。

操作方式：

計算 F 檢定顯著值，利用函數F.DIST.RT（F檢定臨界值，迴歸自由度，殘差的自由度）。

計算ANOVA表中的 $p$ 值，利用函數T.DIST.2T（t 檢定統計量絕對值，殘差的自由度）。

附錄E中的分析工具箱技巧六，介紹如何使用分析工具箱，用另一種方式進行迴歸分析。

附錄E中的進階操作方式六，進一步介紹利用LINEST函數進行迴歸分析的方法。

 一分鐘總結

多元迴歸

◎ 利用多個自變數預測依變數

◎ 淨迴歸係數

◎ 多元判定係數

◎ 整體 F 檢定

◎ 殘差分析

◎ 用 t 檢定檢視各個自變數的顯著性

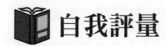 **自我評量**

## 選擇題

1. 在包含兩個自變數的多元迴歸模型中，$b_1$是+3.0，意味著：

   (a) $X_1$和Y的關聯性顯著。

   (b) 設$X_2$不變，$X_1$每增加一單位，Y的預估值會增加三單位。

   (c) 不管$X_2$為何，$X_1$每增加一單位，Y的預估值都會增加三單位。

   (d) 當$X_1$為0時，Y的預估值為3。

2. 多元判定係數可以：

   (a) 衡量預測迴歸方程式周遭的變異。

   (b) 衡量Y的變量中，可以用$X_1$和$X_2$解釋的比例。

   (c) 衡量$X_2$為定值時，Y的變量中，可以用$X_1$解釋的比例。

   (d) 正負號和$b_1$相同。

3. 在多元迴歸模型中，多元判定係數的值：

   (a) 介於-1到+1之間。

   (b) 介於0到-1之間。

   (c) 介於-1到0之間。

   (d) 可以是任何數值。

## 是非題：正確請寫「○」，錯誤請寫「×」

4. 多元線性迴歸模型對於斜率的解釋，和簡單直線迴歸模型不同。

5. 多元線性迴歸模型對於Y截距的解釋，和簡單直線迴歸模型不同。

6. 在包含兩個自變數的多元迴歸模型中，多元判定係數可以用來衡量Y的變量中，可以用$X_1$和$X_2$解釋的比重。

7. 多元迴歸模型中的斜率稱為「淨迴歸係數」。

8. 多元判定係數的計算方式，是1減迴歸平方和和總平方和的比
   （SSR／SST）。

9. 你剛建立一個多元迴歸模型，它的多元判定係數為0.35。要確認判定係數
   的值是否代表模型中依變數的變異可以用自變數解釋的部分足夠顯著，應
   該採用 F 檢定。

10. 你沒有辦法透過多元判定係數來判斷Y和任何個別自變數之間的關聯性強
    度。

## 自我評量簡答題解答

| 1. b | 2. b | 3. b | 4.○ | 5. × | 6.○ |
|------|------|------|------|------|------|
| 7.○ | 8. × | 9.○ | 10.○ | | |

# 應用題

1. 下表是紐約州格蘭寇弗市的單房抽樣數據，共30組樣本，項目包括房地產
   市場價格（單位：千元）、占地（單位：英畝）和屋齡（單位：年）。試
   建立一個多元迴歸模型，依據房地產占地和屋齡預測市值。

## 格蘭寇弗（GlenCove）

| 市值（$000） | 房地產占地（英畝） | 屋齡 | 市值（$000） | 房地產占地（英畝） | 屋齡 |
|------|------|------|------|------|------|
| 522.9 | 0.2297 | 56 | 334.3 | 0.1714 | 62 |
| 425.0 | 0.2192 | 61 | 437.4 | 0.3849 | 54 |
| 539.2 | 0.1630 | 39 | 644.0 | 0.6545 | 56 |
| 628.2 | 0.4608 | 28 | 387.8 | 0.1722 | 62 |
| 490.4 | 0.2549 | 56 | 399.8 | 0.1435 | 88 |
| 487.7 | 0.2290 | 98 | 356.4 | 0.2755 | 81 |
| 370.3 | 0.1808 | 58 | 346.9 | 0.1148 | 107 |
| 777.9 | 0.5015 | 17 | 541.8 | 0.3636 | 55 |
| 347.1 | 0.2229 | 62 | 388.0 | 0.1474 | 51 |
| 756.8 | 0.1300 | 25 | 564.0 | 0.2281 | 50 |
| 389.0 | 0.1763 | 64 | 454.4 | 0.4626 | 92 |
| 889.0 | 1.3100 | 62 | 417.3 | 0.1889 | 64 |
| 452.2 | 0.2520 | 56 | 318.8 | 0.1228 | 54 |
| 412.4 | 0.1148 | 22 | 519.8 | 0.1492 | 44 |
| 338.3 | 0.1693 | 74 | 310.2 | 0.0852 | 104 |

(a) 列出多元迴歸方程式。

(b) 解釋本題組中，斜率、$b_1$ 和 $b_2$ 代表的意義。

(c) 解釋為什麼迴歸係數 $b_0$ 在本題組中，沒有實質意義。

(d) 預測占地0.25英畝、屋齡55年的房地產市值。

(e) 計算多元判定係數 $r^2$，並詮釋其意義。

(f) 針對結果進行殘差分析，並判斷模型是否適切。

(g) 判斷顯著水準0.05下，市值與兩個自變數（房地產占地和屋齡）是否存在顯著相關性。

(h) 判斷顯著水準0.05下，各自變數是否對迴歸模型有顯著影響。並依據判斷結果，決定模型應該包含哪些自變數。

(i) 針對市值與房地產占地畝數、以及市值與屋齡的母體斜率，進行信賴水準95％的斜率信賴區間估計。

2. 測量加州紅衫樹的高度是艱鉅的工程，因為紅衫樹可以長到300英尺以上。但熟悉紅衫樹的人都知道，樹高和樹的其他特點是有關係的，特點包括：成人胸高處的樹幹直徑和樹皮厚度。以下數據紀錄樹高（英尺）、胸高處樹幹直徑和樹皮厚度，樣本數共21棵加州紅衫樹。

### 📥 紅衫樹

| 樹高 | 胸高處樹幹直徑 | 樹皮厚度 | 樹高 | 胸高處樹幹直徑 | 樹皮厚度 |
|---|---|---|---|---|---|
| 122.0 | 20 | 1.1 | 164.0 | 40 | 2.3 |
| 193.5 | 36 | 2.8 | 203.3 | 52 | 2.0 |
| 166.5 | 18 | 2.0 | 174.0 | 30 | 2.5 |
| 82.0 | 10 | 1.2 | 159.0 | 22 | 3.0 |
| 133.5 | 21 | 2.0 | 205.0 | 42 | 2.6 |
| 156.0 | 29 | 1.4 | 223.5 | 45 | 4.3 |
| 172.5 | 51 | 1.8 | 195.0 | 54 | 4.0 |
| 81.0 | 11 | 1.1 | 232.5 | 39 | 2.2 |
| 148.0 | 26 | 2.5 | 190.5 | 36 | 3.5 |
| 113.0 | 12 | 1.5 | 100.0 | 8 | 1.4 |
| 84.0 | 13 | 1.4 | | | |

(a) 列出多元迴歸方程式，以胸高處的樹幹直徑和樹皮厚度推斷樹高。

(b) 解釋方程式中斜率的意義。

(c) 胸高處的樹幹直徑為25英吋、樹皮厚度2英吋，試預測樹高。

(d) 詮釋本例題中多元判定係數的意義。

(e) 對結果進行殘差分析，並判斷模型是否適切。

(f) 判斷顯著水準0.05下，紅衫樹樹高與兩個自變數（胸高處的樹幹直徑、樹皮厚度）是否存在顯著相關性。

(g) 判斷顯著水準0.05下，各自變數是否對迴歸模型有顯著影響。並依據判斷結果，決定模型應該包含哪些自變數。

(h) 針對樹高與胸高處樹幹直徑、樹高與樹皮厚度的母體斜率，進行信賴水準95%的斜率信賴區間估計。

3. 棒球分析師正在進行一項研究，分析目前的球季中各球隊的數據，藉以找出哪些變數可能可以用來預測球隊在球季中的勝場數。他已經蒐集了以下幾項和勝場數相關的資料：衡量投手表現的防禦率（ERA）、當季平均每場得分。建立多元迴歸模型，依據ERA和平均得分預測勝場數。

📋 **棒球**

| 隊伍 | ERA | 平均每場得分 | 勝場數 |
|---|---|---|---|
| 巴爾的摩 | 4.20 | 4.60 | 85 |
| 波士頓 | 3.79 | 5.27 | 97 |
| 芝加哥白襪 | 3.98 | 3.69 | 63 |
| 克里夫蘭 | 3.82 | 4.60 | 92 |
| 底特律 | 3.61 | 4.91 | 93 |
| 休士頓 | 4.79 | 3.77 | 51 |
| 堪薩斯城 | 3.45 | 4.00 | 86 |
| 洛杉磯天使 | 4.23 | 4.52 | 78 |
| 明尼蘇達 | 4.55 | 3.79 | 66 |
| 紐約洋基 | 3.94 | 4.01 | 85 |
| 奧克蘭 | 3.56 | 4.73 | 96 |
| 西雅圖 | 4.31 | 3.85 | 71 |
| 坦帕灣 | 3.75 | 4.29 | 91 |

| 隊伍 | ERA | 平均每場得分 | 勝場數 |
|---|---|---|---|
| 德州 | 3.62 | 4.49 | 91 |
| 多倫多 | 4.25 | 4.40 | 74 |
| 亞利桑那 | 3.92 | 4.23 | 81 |
| 亞特蘭大 | 3.18 | 4.25 | 96 |
| 芝加哥小熊 | 4.00 | 3.72 | 66 |
| 辛辛那堤 | 3.38 | 4.31 | 90 |
| 科羅拉多 | 4.44 | 4.36 | 74 |
| 洛杉磯道奇 | 3.25 | 4.01 | 92 |
| 邁阿密 | 3.71 | 3.17 | 62 |
| 米沃奇 | 3.84 | 3.95 | 74 |
| 紐約大都會 | 3.77 | 3.82 | 74 |
| 費城 | 4.32 | 3.77 | 73 |
| 匹茲堡 | 3.26 | 3.91 | 94 |
| 聖路易 | 3.42 | 4.83 | 97 |
| 聖地牙哥 | 3.98 | 3.81 | 76 |
| 舊金山 | 4.00 | 3.88 | 76 |
| 華盛頓 | 3.59 | 4.05 | 86 |

(a) 列出多元迴歸方程式。

(b) 解釋本題組中，斜率代表的意義。

(c) 某球隊的ERA為3.75、平均得分為4.00，試預測它的勝場數。

(d) 對結果進行殘差分析，並判斷迴歸假設是否成立。

(e) 顯著水準0.05下，勝場數和兩個自變數（ERA、平均各場得分）是否有顯著關聯？

(f) 詮釋多元判定係數的意義。

(g) 判斷顯著水準0.05下，各自變數是否對迴歸模型有顯著影響。並依據結果，指出最適合用來分析這組數據的模型。

(h) 針對勝場數與ERA、勝場數與平均得分的母體斜率，進行信賴水準95％的斜率信賴區間估計。

4. 某消費者組織想建構一個迴歸模型，用汽車引擎的馬力和汽車重量（英鎊）來估計里程數（一加侖汽油可以跑的英里數）。樣本包含50個新車種（📄汽車）。

(a) 列出多元迴歸方程式。

(b) 解釋本題組中，斜率 $b_1$、$b_2$ 代表的意義。

(c) 解釋為什麼迴歸係數 $b_0$ 在本題組中不具有實際意義。

(d) 預測馬力60、車重2,000鎊的汽車，一加侖汽油可以跑多少英里。

(e) 對結果進行殘差分析，判斷模型是否適切。

(f) 計算多元判定係數 $r^2$ 並詮釋其意義。

(g) 判斷顯著水準0.05下，里程數和兩個自變數（馬力與車重）的關聯性是否顯著。

(h) 判斷顯著水準0.05下，各自變數是否對迴歸模型有顯著影響。並依據結果判斷模型應該包含哪些自變數。

(i) 針對里程數與馬力、里程數與車重的母體斜率，進行信賴水準95％的斜率信賴區間估計。


**自我評量應用題解答**

1. (a) 預估市值＝532.2883＋407.1346房地產占地－2.8257屋齡。

(b) 給定屋齡，房地產占地每增加一公畝，預估市值會增加$407.13千元。給定房地產占地畝數，屋齡每增加一年，預估市值會減少$2.83千元。

(c) $b_0$ 在本題組中，沒有實質的解釋意涵，因為它代表一間占地為 0 的新房子的預估市值。

(d) 預估市值＝532.2883＋407.1346（0.25）－2.8257（55）＝$478.66千元。

(e) $r^2＝0.6988$。意味著市值的變量中，有69.88％可以用房地產占地和屋齡的變異解釋。

(f) 殘差圖沒有特定規則，顯示模型是適切的。

(g) F＝31.32；$p$ 值趨近於0。在5％的顯著水準下，拒絕$H_0$，證據顯示市值和兩個解釋變數之間有顯著的關聯性。

(h) 針對房地產占地的檢定結果：t＝6.2827 > 2.0518，或 $p$ 值＝0.0000 <0.05，拒絕$H_0$，得知已考量屋齡的影響後，房地產占地畝數仍對模型有顯著影響。針對屋齡的檢定結果：t＝-4.1475 < -2.0518，或 $p$ 值＝0.0003 <

0.05，拒絕$H_0$，得知已考量房地產占地的影響後，屋齡仍對模型有顯著影響。因此，模型應該包含房地產占地和屋齡兩變數。

(i) $274.1702 < \beta_1 < 540.0990$；$-4.2236 < \beta_2 < -1.4278$。

2. (a) 預估樹高＝$62.1411 + 2.0567$胸高處樹直徑（英吋）＋$15.6418$樹皮厚度（英吋）。

(b) 設樹皮厚度的影響不變，胸高處樹直徑每增加一英吋，預估樹高會增加$2.0567$英尺。設胸高處樹直徑的影響不變，樹皮厚度每增加一英吋，預估樹高會增加$15.6418$英尺。

(c) 預估樹高＝$62.1411 + 2.0567（25）+ 15.6418（2）= 144.84$英尺。

(d) $r^2 = 0.7858$。意味著樹高的變異中，有$78.58\%$可以用胸高處的樹直徑與樹皮厚度的變量來解釋。

(e) 殘差和樹皮厚度構成的點狀圖呈現特定規則，可能需要加入曲線項。其中一個值在兩張殘差圖中，都特別突出。

(f) 自由度為2和18時，F＝$33.0134$，$p$值幾乎為$0 < 0.05$，拒絕$H_0$。至少有一項自變數和依變數之間存在線性關係。

(g) 針對胸高處樹幹直徑的檢定結果：t＝$4.6448 > 2.1009$或 $p$ 值＝$0.0002 < 0.05$，拒絕$H_0$。考量樹皮厚度的影響後，胸高處直徑仍對迴歸模型有顯著影響。針對樹皮厚度的檢定結果：t＝$2.1882 > 2.1009$，或 $p$ 值＝$0.0421 < 0.05$，拒絕$H_0$，考量胸高處直徑的影響後，樹皮厚度仍對迴歸模型有顯著影響。因此，模型應該納入胸高處直徑和樹皮厚度兩項自變數。

(h) $1.1264 \leq \beta_1 \leq 2.9870$；$0.6238 \leq \beta_2 \leq 30.6598$。

3. (a) 預估勝場數＝$87.7213 - 18.9527$ ERA＋$15.9626$平均每場得分

(b) 設平均每場得分不變，ERA每增加 1，預估勝場數會減少$18.9527$。給定ERA，平均每常得分每增加 1，預估勝場數會增加$15.9626$。

(c) 預估勝場數＝$87.7213 - 18.9527$ ERA（$3.75$）＋$15.9626$（$4$）＝$80.50$平均每場得分。

(d) 不管是ERA或平均每場得分的殘差圖都沒有顯示特定規則。

(e) F＝MSR／MSE＝$1,9314.33112 / 18.7162 = 102.282$；$p$ 值＝$0.0000 <$

0.05，拒絕$H_0$。在顯著水準5％下，證據顯示勝場數和兩個解釋變數之間有顯著關聯性。

(f) $r^2 = $ SSR／SST＝3,828.6625／4,334.0＝0.8834； 勝場數的變量中有88.34％可以用ERA和平均各場得分的變量來解釋。

(g) 針對$X_1$的檢定結果：$t_{STAT} = b_1 / S_{b_1}$＝-9.2734>-2.0518，$p$ 值為0.0000 < 0.05，拒絕$H_0$。證據顯示變數$X_1$對已包含$X_2$的模型有顯著影響。針對$X_2$的檢定結果：$t_{STAT} = b_1 / S_{b_2}$＝8.6683 > 2.0518，$p$ 值為0.0000 < 0.05，拒絕$H_0$。模型應該包含$X_1$和$X_2$兩個變數。

(h) -23.1462 < $\beta_1$ < -14.7592；12.1842 < $\beta_2$ < 19.7411。

4. (a) 預估每加侖里程數（MPG）＝58.15708－0.11753馬力－0.00687車重。

(b) 給定車重，馬力每增加一單位，預估MPG會減少0.11753。給定馬力，車重每增加一鎊，預估MPG會減少0.00687。

(c) 本題組中，$b_0$沒有實際意義，因為它代表馬力和車重都為 0 時的預估每加侖里程數。

(d) 預估每加侖里程數（MPG）＝58.15708－0.11753（60）－0.00687（2,000）＝37.365 MPG。

(e) MPG預測值的殘差和馬力所構成的殘差圖呈現曲線關係，因此，在判斷是否要將自變數納入模型時，要考量自變數的曲線項。

(f) F＝1,225.98685／17.444＝70.2813；$p$ 值＝0.0000 < 0.05，拒絕$H_0$。證據顯示MGP與馬力和／或車重之間有顯著線性關係。

(g) $r^2$＝2,451.974／3,271.842＝0.7494。意味著MPG的變量中，有74.94％可以用馬力和車重的變量來解釋。

(h) 針對馬力的檢定結果：t <-3.60 <-2.0117，或 $p$ 值＝0.0008 <0.05。拒絕$H_0$，證據顯示馬力對已包含車重的模型有顯著影響。針對車重的檢定結果：t <-4.9035 <-2.0117，或 $p$ 值＝0.0000 < 0.05，拒絕$H_0$。證據顯示車重對已包含馬力的模型有顯著影響。$X_1$和$X_2$兩個變數都應該加入模型中。

(i) -0.1832 < $\beta_1$ < -0.0519；-0.0097 < $\beta_2$ < -0.00405。

參考資料

1. Berenson, M. L., D. M. Levine, and K. A. Szabat. *Basic Business Statistics: Concepts and Applications*, 13th Ed. Upper Saddle River, NJ: Pearson Education, 2015.

2. Kutner, M. H., C. Nachtsheim, J. Neter, and W. Li. *Applied Linear Statistical Models*, Fifth Edition. New York: McGraw-Hill-Irwin, 2005. （本書最新中文版為第四版，《應用線性迴歸模型》，華泰文化，2005年8月9日）

3. Microsoft Excel 2013. Redmond, WA: Microsoft Corp., 2012.

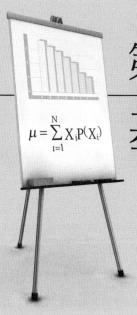

# 第十二章

# 基礎統計分析

　　在前面的章節中，已經討論到呈現與總結數據的描述方法，以及用來進行信賴區間估計、假設檢定和迴歸分析的推論方法。統計分析也是用來呈現、彙整數據，或針對數據做推論的技巧，但部分作法可能是前幾章提到的技巧的反向操作。本章節將介紹一些基本的統計分析觀念。

# 第一節　統計分析的基本單字

要真正了解統計分析和前幾章討論到的統計方式有什麼不同，你得先熟悉一些用詞。第一個要看懂的詞就是：統計分析。

## 統計分析（Analytics）

**觀念**：利用描述性和推論性的統計法，針對手邊資料進行分析，找出規則或建立假設。

**說明**：在前幾個章節中學到的統計方法都依循以下幾個步驟：辨識並挑選相關變數，再找出變數之間的關聯性。但這些方法沒辦法找出非特定規則，也不能跳脫已選定的變數，找尋其他更重要的變數。此外，這些統計法往往針對特定時點蒐集的資料，數據是很早以前就蒐集好的。相形之下，統計分析撇開這些限制，不但能找出新規則，而且經常能在蒐集資料的同時（或蒐集後沒多久）就進行分析。

統計分析方法分成以下三個類別：描述型分析、預測分析和時效性分析。第十三章將探討描述型分析，而預測分析將於第十四章中說明。

## 大數據（Big Data）

**觀念**：快速蒐集大量且多元的數據，利用創新方法分析資料，提出更深入的觀點，並做為下決策時的輔助。

**範例**：零售業者可能將顧客的消費歷史和信用卡資料、與業者在社群媒體上的互動、其他人口資料結合；專業運動隊伍會追蹤門票銷售、觀眾動態，以及賽事當天，觀眾和隊伍透過運動場域和隊伍的互動，互動範圍從停車場一路到觀賽座位。

**說明**：大數據是無法用傳統方式處理的數據集合，需要採用進階資料分析技巧。本書中提出並採用多組數據，你可以隨意點開一組，但沒辦法像這樣輕易點開大數據檔。由於「大數據」這個詞最初是一間顧問公司創的詞彙，所以沒有精準的定義，但多數人都同意大數據必須要同時符合「3V」的條件：

◎ 數量（volume）：數據集合非常大。在零售大數據的例子中，綜合客

戶數據可能涵蓋數以百萬計的顧客，每個客戶一年會進行數十次交易，而每次交易又包含好幾項產品。

◎ 快速（velocity）：數據產生（和使用）的速度非常快。在運動隊伍的大數據範例中，觀眾的樣態每分鐘（或更短時間）都在改變，從某個人抵達停車場開始，到穿過閘門，再到販賣部或小攤販買東西，最後找到合適的位置。

◎ 多樣（variety）：數據的儲存方式不同。零售大數據的例子中，有些數據很容易做成工作表或表格的形式，例如：交易收據，但有些數據就沒辦法，像是顧客寫給業者的電子信件內容。

統計分析方法可以找尋數據規則或針對數據提出假設，因此很適合用在大數據，因為用其他方式都很難從大數據中找到具關聯性的變數或依據變數間的關聯性提出新觀點。因此，雖然統計分析也可以用在數量較小的數據集合，但大數據和統計分析這兩個詞彙幾乎是綁在一起的。

# 描述型分析（Descriptive Analytics）

**觀念：** 總結大量數據或變數的統計方法，用以呈現經常更新的資訊。

**範例：** 運動場中，各個運作階段的即時動態；呈現某變數現值和特定時間範圍內的值、目標值的比較。

**說明：** 描述型分析總結一個組織的狀態或歷史數據，依據第二、三章的內容做延伸，不再只考量某歷史時點的數據。各個獨立的分析法可以綜合起來，繪成儀表板，呈現決策或達成企業目標時所需、最重要的幾項變數，並持續更新。許多分析方式都能更成功地彙整大數據，因為這些技巧能同時總結多個變數，藉以反應出在其他狀況下、可能不明顯的變數間關聯性。描述型分析通常包含「下鑽」功能，可以清楚看見從高到低層級的摘要資訊（「下鑽」詳見第十三章）。

# 預測分析（Predictive Analytics）

**觀念：** 統計分析的一種，用來發掘近期可能發生的事件，並找出數據之間、採用描述型分析法分析時，尚不鮮明的關聯性。

範例：預測零售業的顧客行為，找出詐欺金融交易的規則。

說明：預測分析依據模型預測目標值、將數據依照目標分類或層級來歸類、將各個項目分成幾個自然的組別（叢聚），或是找出經常同時發生的項目，並且指出他們同時發生的規則。

舉個著名的例子，就是美國零售巨頭塔吉特（Target）嘗試辨識出懷孕但不願意表明的消費者。塔吉特選定特殊商品，包括護膚乳液、營養品、無香精肥皂等，做出預測模型，依據消費者購買25種商品的習慣預測消費者是否懷有身孕。最開始測試的時候，塔吉特用這個模型列出寄件清單，寄送孕期相關或育兒用品的優惠券。其中一位青少女的父親自尊心強，收到這類優惠券便衝到塔吉德質問，為什麼店家會寄送這樣的優惠券給他女兒，後來才發現女兒真的懷孕了。

## 資料探勘（Data Mining）

觀念：預測分析方法，用來找出大數據集合未知的規則。

範例：判斷塔吉特的顧客中，哪些人可能懷有身孕；線上消費網站的推薦清單，例如，美國線上串流公司Netflix的推薦引擎。

說明：「資料探勘」這個詞是用自然資源探勘做類比，不像之前提到的統計方法需要先抽樣，資料探勘試圖探索（「探勘」）組織內既有的數據資源，原本就堆積在大數據庫（「礦坑」）的資料。進行資料探勘時，可以採用上述四種預測分析。

## 時效性分析（Prescriptive Analytics）

觀念：時效性分析可以針對特定狀況，推薦最佳的未來性決策。

範例：判斷零售業者每天最適切的員工人數，在最小化人工成本的同時、極大化銷售額；旅行業者的系統設定旅館住宿價格時，會讓營收極大化，同時確保同層級的住宿價格有一致性。

說明：時效性分析的目的是做出最佳抉擇，締造更好的表現。時效性分析的初期運用，包括管理學和作業研究採用的傳統「最佳化方法」（optimization methods）。時效性分析善用描述型分析和預測分析，為好的建

議奠定基礎。

# 第二節　統計分析軟體

　　Microsoft Excel目前的版本有涵蓋部分描述型分析方法，但大部分的統計分析都需要用到進階版的統計軟體，或是特殊分析程式。雖然要購買或租借這些程式所費不貲，但很多軟體都有免費、限定使用期間的試用版本，或是讓個人分析較小規模數據的免費「公用版」軟體（若要分析大數據，需要較大的電腦系統中、特別的數據儲存軟體）。第十三章利用Excel進行「圖表解題」，第十四章則會採用JMP來解題。JMP是賽仕軟體公司（SAS Institute, Inc.）出版的分析軟體，雖然在本書中不會完整教授JMP的功能，但在第十四章中的「軟體解題」將總結JMP運用技巧。

 **一分鐘總結**

　　統計分析的基本單字
　　◎ 統計分析：描述型分析、預測分析、時效性分析
　　◎ 大數據
　　◎ 資料探勘

 **自我評量**

## 選擇題

1. 著重在從已經蒐集好的資料中，找出規則或建立假設的方法是：

　　(a) 信賴區間

　　(b) 迴歸

　　(c) 變異數分析

　　(d) 統計分析

2. 大數據通常包括：

(a) 海量數據

(b) 快速產生的數據

(c) 儲存方式多元的數據

(d) 以上皆是

3. 總結大量數據並呈現不斷更新的動態資訊的分析方法為：

(a) 描述型分析

(b) 預測分析

(c) 時效性分析

(d) 以上皆是

4. 辨識未來可能發生的事件，並找出數據之間、原本不明顯的關聯性，這種分析法是：

(a) 描述型分析

(b) 預測分析

(c) 時效性分析

(d) 以上皆是

5. 針對特定狀況提出最佳決策建議的方法是：

(a) 描述型分析

(b) 預測分析

(c) 時效性分析

(d) 以上皆是

# 是非題：正確請寫「○」，錯誤請寫「×」

6. 統計分析著重在找出手邊資料的規則或提出假設。

7. 大數據包含海量資料。

8. 大數據包含的資料是長時間內、偶爾蒐集的數據。

9. 大數據包含的資料往往只有一種形式。

10.描述型分析總結大量數據集合，並呈現不斷更新的動態。

11.預測分析方法判斷近期可能發生的事件，並找出數據間原本可能還不明顯的關聯性。

12.時效性分析方法判斷近期可能發生的事件，並找出數據間原本可能還不明顯的關聯性。

13.資料探勘通常包含已經儲存在公司大數據庫裡的數據資料。

14.大部分的統計分析方法都需要用到特殊的統計軟體。

15.目前Microsoft Excel可以用來進行所有描述型和預測分析法。

## 自我評量簡答題解答

| 1. d | 2. d | 3. a | 4. b | 5. c | 6.○ |
| 7.○ | 8. × | 9. × | 10.○ | 11.○ | 12. × |
| 13.○ | 14.○ | 15. × | | | |

參考資料

1. Braun, Vivian. "Prescriptive versus Predictive: An IBMer's Guide to Advanced Data Analytics in Travel." Tnooz, bit.ly/1yVJMZe.
2. Duhigg, Charles. "How Companies Learn Your Secrets." *The New York Times Sunday Magazine*, 20 February 2012.
3. "Gartner IT Glossary." www.gartner.com/it-glossary/big-data.
4. Kimball, Aaron. "Understanding What Big Data Can Deliver." *Dr. Dobb's Journal*, November 2013.
5. Levin, Yuri. "Prescriptive analytics: the key to improving performance." SAS Knowledge Exchange, bit.ly/1pa4H6L.
6. "NASDAQ Wall Capabilities." www.nasdaq.com/reference/wall_cap.stm.

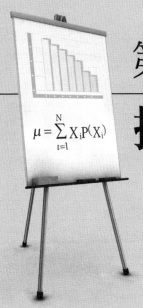

# 第十三章

# 描述型分析

描述型分析彙整大量數據，並不斷提供最新資訊或歷史背景。本章節將介紹一些常見的描述型分析方法，並側重在Microsoft Excel可用的技巧。

# 第一節　儀表板

**觀念：**總結做決策或達成企業目標所需、最重要的幾項變數，並以圖像呈現。

**範例：**運動場各個營運階段的即時動態；那斯達克市場動態影視牆彙總那斯達克成分股的交易狀況與走勢。

**說明：**多年來，人們一直試圖創立高階主管資訊系統（executive information system），讓決策者動根手指，就能得知完整訊息。而統計分析儀表板就以視覺方式呈現這些資訊，目標是讓它們易讀易懂。儀表板上可能包含第二章中提到的各種摘要表和圖表，下圖就是遊樂園的營收儀表板，第十三章第二節中，我們還會討論到更新、更特別的視覺呈現方式，不僅可以處理大數據，也能用在較小的數據集。

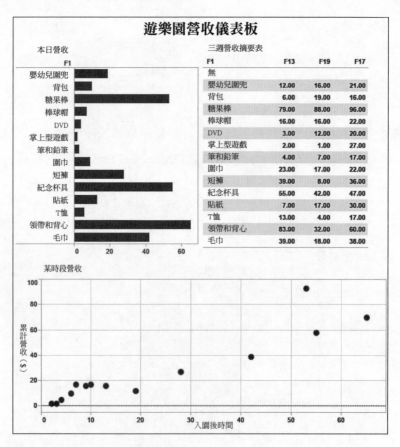

# 下鑽

**觀念：**從較高層級的摘要資訊中，拉出較低層級的資訊。

**範例：**在Excel的「樞紐分析表」中，點選任何一個項目，藉以展開該項所總括的工作表列；點選儀表板的圖表，瀏覽與摘要資訊相關的細部資料。

**說明：**下鑽是儀表板與許多描述型分析法的重要特色，可以協助管理數據細節或是較複雜的部分，進行彙整後，依據決策者的需求，調整資訊複雜度與細節揭露程度（不同決策者需求不同）。下鑽也可以用在「數據發現」（data discovery），透過數據發現，決策者可以總覽數據，以找出規律、不尋常的值或較突兀的數據。

**例題一：**你需要深入分析一組共同基金樣本，樣本已依據投資類型（成長型或價值型）、風險（低、中、高）與市值（小、中或大）進行分類，分析時採用下方的樞紐分析結果，樞紐分析表已依據類型和風險分類，總結共同基金過去十年平均報酬率（下左圖）。

下鑽以展開工作表，進一步看成長型與價值型基金依市值細分後，各基金的報酬率（下右圖）。原始的摘要表顯示風險低或高的價值型基金十年報酬率平均比同風險等級的成長型基金高，但展開表格後會發現規則其實更複雜。展開後的圖表顯示市值大的成長型基金表現最差，而且明顯拉低了成長型基金整體的報酬平均（工作表中有一格空白的儲存格，意味著在這個例題中，沒有高風險、高市值的價值型基金）。

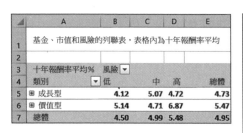

基金、市值和風險的列聯表，表格內為十年報酬率平均

| 類別 | 低 | 中 | 高 | 總體 |
|---|---|---|---|---|
| ⊟ 成長型 | 4.12 | 5.07 | 4.72 | 4.73 |
| ⊞ 價值型 | 5.14 | 4.71 | 6.87 | 5.47 |
| 總體 | 4.50 | 4.99 | 5.48 | 4.95 |

展開後基金、市值和風險的列聯表，表格內為十年報酬率平均

| 類別 | 低 | 中 | 高 | 總體 |
|---|---|---|---|---|
| ⊟ 成長型 | 4.12 | 5.07 | 4.72 | 4.73 |
| 大 | 3.69 | 3.65 | 1.26 | 3.48 |
| 中 | 5.62 | 6.04 | 5.77 | 5.92 |
| 小 | 5.38 | 6.15 | 5.30 | 5.65 |
| ⊟ 價值型 | 5.14 | 4.71 | 6.87 | 5.47 |
| 大 | 4.52 | 4.13 | | 4.34 |
| 中 | 6.62 | 6.27 | 5.52 | 6.01 |
| 小 | 10.77 | 8.12 | 7.58 | 7.94 |
| 總體 | 4.50 | 4.99 | 5.48 | 4.95 |

再進一步下鑽，分析中市值、低風險的基金，會發現成長型和價值型基金的另一項差異：中市值、低風險的共同基金中，投資標的數最多的基金，費用率最低，但這個反向關係卻不能套用到成長型基金上，相反地，成長型基金中，中型投資標的數的基金費用率最低。

| | A | B | C | D | E | F | G | H | I | J |
|---|---|---|---|---|---|---|---|---|---|---|
| 1 | 基金編號 | 市值 | 類別 | 資產 | 周轉率 | Beta值 | 標準差 | 風險 | 十年報酬率平均% | 費用率 |
| 2 | RF241 | 中市值 | 價值型 | 44.7 | 21 | 1.02 | 18.99 | 低 | 5.43 | 1.27 |
| 3 | RF239 | 中市值 | 價值型 | 1452.0 | 43 | 0.93 | 17.47 | 低 | 8.2 | 1.01 |
| 4 | RF238 | 中市值 | 價值型 | 196.9 | 68.05 | 0.76 | 15.86 | 低 | 6.68 | 1.70 |
| 5 | RF235 | 中市值 | 價值型 | 1546.1 | 41 | 0.99 | 18.64 | 低 | 8.9 | 1.15 |
| 6 | RF231 | 中市值 | 價值型 | 37.1 | 82 | 0.86 | 16.31 | 低 | 3.88 | 1.76 |

| | A | B | C | D | E | F | G | H | I | J |
|---|---|---|---|---|---|---|---|---|---|---|
| 1 | 基金編號 | 市值 | 類別 | 資產 | 周轉率 | Beta值 | 標準差 | 風險 | 十年報酬率平均% | 費用率 |
| 2 | RF222 | 中市值 | 成長型 | 70.5 | 205 | 0.59 | 13.31 | 低 | 2.07 | 1.81 |
| 3 | RF221 | 中市值 | 成長型 | 150.6 | 150 | 0.82 | 16.16 | 低 | 7.82 | 1.30 |
| 4 | RF217 | 中市值 | 成長型 | 135.4 | 7 | 0.76 | 15.42 | 低 | 0.53 | 1.31 |
| 5 | RF216 | 中市值 | 成長型 | 9.1 | 246 | 0.95 | 18.4 | 低 | 2.68 | 1.17 |
| 6 | RF208 | 中市值 | 成長型 | 110.6 | 27.93 | 0.88 | 17.24 | 低 | 4.88 | 0.99 |
| 7 | RF207 | 中市值 | 成長型 | 3507.4 | 18 | 0.93 | 18.02 | 低 | 9.76 | 1.14 |
| 8 | RF203 | 中市值 | 成長型 | 174.0 | 12 | 0.92 | 17.52 | 低 | 5.99 | 1.25 |
| 9 | RF202 | 中市值 | 成長型 | 61.8 | 17.99 | 0.98 | 18.46 | 低 | 6.18 | 1.46 |
| 10 | RF200 | 中市值 | 成長型 | 287.6 | 16 | 0.95 | 18.59 | 低 | 6.73 | 1.21 |
| 11 | RF190 | 中市值 | 成長型 | 27.9 | 159 | 0.79 | 16.19 | 低 | 8.06 | 2.00 |
| 12 | RF188 | 中市值 | 成長型 | 319.5 | 7 | 0.96 | 18.1 | 低 | 7.3 | 1.23 |
| 13 | RF184 | 中市值 | 成長型 | 95.4 | 35 | 0.92 | 17.92 | 低 | 5.38 | 1.04 |

**圖表解題**

## 下鑽

第十三章下鑽依據下鑽的步驟，將配合例題一的工作表分解成多張表，針對原始樞紐分析表進行下鑽分析，用這些工作表練習找出各種不同階層的細節。

對展開後的樞紐分析表中，各個儲存格連按兩次右鍵，建立另一張工作表，呈現特定基金組別的細部資料。

**最佳練習方式：**

使用EXCEL樞紐分析表去建立你可以進行下鑽分析的圖表。

# 第二節　常見的描述型分析圖表

除了在第二章中介紹過的圖表外，還有許多可以單獨採用、或做為儀表板一部分的視覺描述型分析。其中，最常見的是折線圖、樹狀圖和子彈圖。

## 折線圖

**觀念：**小而精簡的圖表，用圖像呈現一段時間內的量測結果，可以做為圖表或內文的輔助。

**範例：**下面圖表中包含四張折線圖，呈現四家車商（A、B、C和D）、四年來的新車銷售數據，反應各年變化。

| 公司 | 四年銷售<br>折線圖 |
|------|------|
| A | ～ |
| B | ～ |
| C | ～ |
| D | ～ |

**說明：**第一個採用折線圖的學者是德福特教授（Edward R. Tufte），折線圖彙整一段時間的歷史資料變化，即時間序列數據。提供歷史框架，可以避免只用一種統合方法呈現數據造成的錯覺。

**例題二：**你想進一步了解下圖中、新車銷售年成長的數據。

| 公司 | 年成長 |
|------|--------|
| A | 3.0% |
| B | 33.2% |
| C | 6.3% |
| D | 11.8% |

檢視第277頁、四家車商的折線圖，折線圖中最後一個時間點，就是摘要表中的年分，折線圖反應多個現象，包括：車商B今年成長率特別高，其實是因為去年基期低；車商D過去四年績效一路下滑；車商C四年銷售最平穩。

## 折線圖

第十三章折線圖夾中包含第277頁的折線圖，配合例題二，呈現車商新車銷售的歷史紀錄。用這張圖表作練習，更改B到E欄的銷售數字。

**最佳練習方式：**

在Excel頁面選取「插入」選單下的「平面折線圖」來建立折線圖，建立圖表後，點選「設計」→「座標軸」，並勾選垂直座標軸最小值下方「套用到所有折線圖」選項。再次點選「設計」→「座標軸」，勾選垂直座標軸最大值下方「套用到所有折線圖」選項。

# 樹狀圖

**觀念：**具象化兩或多個變數之間差異的圖表，以長方形的大小和顏色代表變數值。

**說明：**樹狀圖包含各種不同大小、顏色的長方形區塊，可以用來進行快速的初階分析。如果類別變數眾多，樹狀圖會構成多階層圖或是可以進一步分析各類別中的數值變數、進而找出規則的樹狀圖。

樹狀圖是速度和精準度相權衡後的結果，在進行決策時，要決定在某個狀況下如何控管行動現況，速度或許更有幫助，當然前提是樹狀圖呈現的變數經過精挑細選。

**例題三：**你接到任務，要用樹狀圖做初步的觀察。圖中比較成長型和價值型基金樣本的十年報酬率平均，下方的樹狀圖簡潔地呈現成長型基金（左側）和價值型基金（右側）的報酬率趨勢，顯示兩者的資產規模和十年報酬率平均之間的關係相似。特別的是，你會發現大體而言，規模最小的基金報酬率最低（顏色最淺），而「中型」基金看來報酬率佳（深色區塊）。

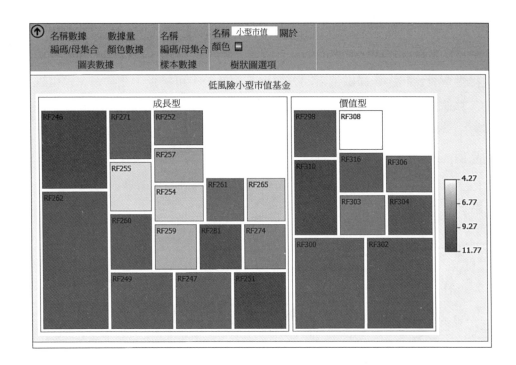

低風險小型市值基金

成長型 ｜ 價值型

RF246　RF271　RF252　RF257　RF255　RF262　RF260　RF254　RF261　RF265　RF259　RF281　RF274　RF249　RF247　RF251

RF298　RF308　RF310　RF316　RF306　RF303　RF304　RF300　RF302

4.27
6.77
9.27
11.77

名稱數據　數據量　名稱　　名稱 小型市值 關於
編碼/母集合　顏色數據　編碼/母集合　顏色 ▢
圖表數據　　　　樣本數據　　樹狀圖選項

**圖表解題**

## 樹狀圖

　　第十三章樹狀圖中，包含第279頁、用來解例題三的樹狀圖，要進一步了解或用它做練習，需要安裝樹狀圖應用程式，如果你電腦中的Excel不包含這個應用程式，樹狀圖的顏色會顯得昏暗，同時跳出資訊視窗，說明如何下載和使用應用程式。

### 最佳練習方式：

　　欲在Excel中下載並安裝樹狀圖應用程式，點選「插入」表單中的「市集」圖示，連結到微軟Office市集（需連網），依據應用程式首頁中的指示，完成安裝。

# 子彈圖

　　觀念：長條圖的一種，結合單一數值變數（長條）與分類變數（長條後的色塊），進行數值分類。

說明：資訊設計專家史蒂芬・夫（Stephen Few）發明了子彈圖，也就是比較精簡的儀表板。子彈圖可以補強長條圖的不足，除了圖表中的數值外，還提供背景資訊，依據數值區間分類別，例如差、可接受、非常好。也可以加入其他補充物件，例如在長條圖的座標軸上，加上目標值，用線條或是符號表示。舉例而言，本頁的子彈圖就呈現了遊樂園中、紀念品攤販每週賣出的品項，圖中每一個產品都有自己的銷售目標（垂直線，代表單位數），同時用不同色塊表現銷售狀況差（深色區）、可接受（淡色區）或非常好（白色區）。

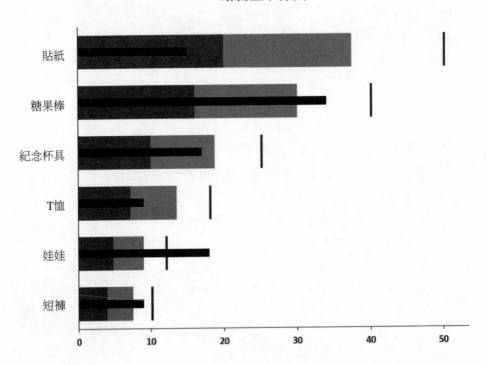

**銷售量子彈圖**

例題四：試分類遊樂園中、某個紀念品攤販本週賣出的產品項。透過上方的子彈圖，你已標明娃娃的銷售超標、糖果棒和短褲銷售佳，而貼紙的銷售則不好。

**子彈圖**

　　第十三章子彈圖包括第280頁的子彈圖，彙總紀念品攤販一週的銷售量，用來解例題四。更改B欄的預測值與C欄的實際值，來進行子彈圖數據工作表的練習。

**最佳練習方式：**

　　由於Excel中不包括子彈圖，你要用特製的結合型圖表，在長條圖上再畫上實際值（黑條），再利用次座標軸繪製較細的線條，兩長條的寬度差距約500％。

 **一分鐘總結**

描述型分析基礎

◎ 儀表板

◎ 下鑽

採用哪些視覺圖表？

◎ 欲提供統計數據的歷史紀錄時，採用折線圖。

◎ 欲提供基本的變數比較、進行分類，採用樹狀圖。

◎ 欲呈現一組相關的數值，並選定數值分類基準，甚至進一步將實際值與基準值比較，採用子彈圖。

 **自我評量**

**選擇題**

1. 用來呈現決策或達成企業目標時所需、最重要的幾項變數，這種圖表稱為：

　(a) 儀表板

　(b) 折線圖

(c) 樹狀圖

(d) 子彈圖

2. 用圖像呈現一段時間內蒐集的數據，並設計成小型、緊密的圖表，此圖表可能是工作表或文章的一部分。這種呈現方式稱為：

(a) 儀表板

(b) 折線圖

(c) 樹狀圖

(d) 子彈圖

3. 用視覺化方式比較兩或多個變數，利用不同顏色、大小的長方形代表數值。這種圖表稱為：

(a) 儀表板

(b) 折線圖

(c) 樹狀圖

(d) 子彈圖

4. 長條圖的一種，結合單一數值變數（長條）與類別變數（長條後的色塊）。這種圖表稱為：

(a) 儀表板

(b) 折線圖

(c) 樹狀圖

(d) 子彈圖

5. 下鑽，_____。填入空格：

(a) 可以顯示不同層級的摘要資訊。

(b) 降低圖表複雜度。

(c) 是儀表板的一大特色。

(d) 以上皆是。

# 是非題：正確請寫「○」，錯誤請寫「×」

6. 儀表板彙整了決策時所需的變數組。

7. 下鑽讓你能依據某一變數的值來對另一個變數進行解構分類，藉以找出原始變數中，不明顯的規則。

8. 下鑽總是會揭露摘要數據的細節。

9. 折線圖呈現特定時間點的量值。

10. 折線圖呈現一段時間內的量值。

11. 折線圖可以在一張圖表中呈現多個數據組的量值。

12. 樹狀圖視覺化兩或多個變數間的比較，利用不同大小、顏色的長條圖代表數值。

13. 樹狀圖的區塊顏色代表該類別的數據量多寡。

14. 子彈圖比較分類後的變數。

15. 子彈圖的區塊顏色和柱體長度代表相同的變數。


## 自我評量簡答題解答

| 1. a | 2. b | 3. c | 4. d | 5. d | 6.○ |
|------|------|------|------|------|------|
| 7.○ | 8.○ | 9. × | 10.○ | 11.○ | 12.○ |
| 13. × | 14. × | 15. × | | | |

參考資料
1. Few, Stephen. *Information Dashboard Design*, 2nd ed. Burlingame, CA: Analytics Press, 2013.
2. Microsoft Excel 2013. Redmond, WA: Microsoft Corporation, 2012.
3. "NASDAQ Wall Capabilities." www.nasdaq.com/reference/wall_cap.stm.
4. Perceptual Edge. *Bullet Graph Design Specification*. bit.ly/1pal7f9.
5. Tufte, Edward. *Beautiful Evidence*. Cheshire, CT: Graphics Press, 2006.

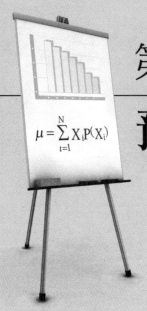

# 第十四章

# 預測分析

$$\mu = \sum_{i=1}^{N} X_i P(X_i)$$

　　預測分析法可以辨識近期可能發生的事件，並找出數據間的連結。透過本章節的內容，你將深入學習幾種預測分析法，並了解那些題型適合用預測分析法處理。

# 第一節　統計分析之預測分析

預測分析法可以用在以下四種分析：預測、分類、叢聚、連結數據。

## 預測

**觀念**：依據模型找出標的值的方法。

**範例**：依據各種個人特徵，預測某人貸款違約的機率。

## 分類

**觀念**：將群體中的項目分配到目標類別或層級的分析法。

**範例**：依據附卡數和每月刷卡金額，將信用卡持有人歸類到「可能升級」類別。

## 叢聚

**觀念**：找出一組數據中自然形成的群體（即「叢」）的分析法。

**範例**：依據食物的特徵，將各種食物分成不同叢聚。

## 連結

**觀念**：找出經常同時發生的項目，並明確指出造成他們同時發生的規則之分析法。

**範例**：利用各種食物的類別特徵，進行二或多維配對。

特定預測分析法可以運用一或多個分析技巧，下面的圖表列出哪些技巧可以用在各種分析法上，接下來會再深入討論。

| | 預測 | 分類 | 叢聚 | 連結 |
|---|---|---|---|---|
| 樹分析（分類與迴歸樹） | ● | ● | | |
| 叢聚分析 | | | ● | |
| 多維標度法 | | ● | | ● |

# 第二節　分類與迴歸樹

**觀念：**分類與迴歸樹分析依據自變數／解釋變數（X）的值，將數據分組。

**說明：**一或多次拆分數據，可以用樹狀圖來呈現，主幹在各層或節點處分岔。樹分析的目的是判斷某自變數的值，是否能用來預測依變數（Y）。進行樹分析的時候，不需事先決定模型要包含哪些變數，因為這個分析法的用途就是判斷模型應該涵蓋哪些變數。畫樹狀圖的時候，分類與迴歸樹分析法從根部開始，每個節點選定一個最適合分類數據的自變數。繪製時，還必須引用一些原則來判斷，主幹到哪一層開始，數據無法再分割。

數據組中的自變數分配不會影響分類與迴歸樹的分析結果。一般而言，在繪製樹狀圖的時候，會畫出非常多層結點，直到數據已無法再分割，或是再分也沒有意義。分割完成後，善用技巧修剪樹，將無助於最終分析的樹枝刪除。

## 訓練、驗證與測試組

和其他預測分析方法一樣，分類與迴歸樹分析要做得好，需要透過訓練和驗證組來精進模型。將原始資料分成訓練組和驗證組，訓練組用來進行樹分析，驗證組則用在精進樹狀圖，確保樹狀圖不只是為訓練資料而設。如果原始資料筆數夠多，通常會再多分一組、共分割成三個組別：訓練、驗證與測試。在此狀況下，測試組用來對樹分析建構的模型進行最後試驗。如果原始數據集不大，則所有數據都當成訓練組，不另設驗證組。

## 分類樹

**觀念：**樹分析的一種，要預測的依變數（Y）可分類。

**例題一：**你想建立一組分類樹模型，依據客房服務中、早餐送達的時間，來預測房客滿意度。你手邊有某一天的數據共30筆，並記錄房客是否滿意，資料包括實際送達時間與房客要求的送達時間差（如果實際送達時間比房客要求得早，則此數為負），以及該房客過去是否曾下榻此旅館。

由於樣本數非常少，你決定把所有數據都納入訓練組，下圖是用分類樹

軟體分析數據得到的結果。分類樹模型的 $r^2$ 值為0.573，意味著房客滿意度的變異量中，有57.3％可以用房客是否曾下榻此旅館與早餐實際送達與房客要求的時間差來解釋。

## 滿意度

| 滿意度 | 送達時間差 | 是否曾下榻 | 滿意度 | 送達時間差 | 是否曾下榻 |
|---|---|---|---|---|---|
| 否 | 6.1 | 是 | 是 | 3.6 | 是 |
| 是 | 4.5 | 否 | 否 | 6.0 | 否 |
| 是 | 0.8 | 否 | 是 | 4.4 | 是 |
| 是 | 1.3 | 是 | 是 | 0.9 | 否 |
| 是 | 3.6 | 是 | 是 | 1.2 | 是 |
| 是 | 2.7 | 是 | 否 | 3.8 | 否 |
| 否 | 5.9 | 否 | 是 | 3.5 | 是 |
| 是 | 4.5 | 是 | 否 | 4.0 | 是 |
| 否 | 4.8 | 是 | 是 | 4.3 | 是 |
| 是 | 2.1 | 否 | 否 | 4.9 | 是 |
| 是 | 4.1 | 是 | 是 | 2.3 | 否 |
| 否 | 5.6 | 否 | 是 | 3.8 | 是 |
| 是 | 3.8 | 是 | 否 | 5.9 | 是 |
| 是 | 2.3 | 否 | 是 | 3.7 | 是 |
| 否 | 3.2 | 否 | 是 | 2.5 | 否 |

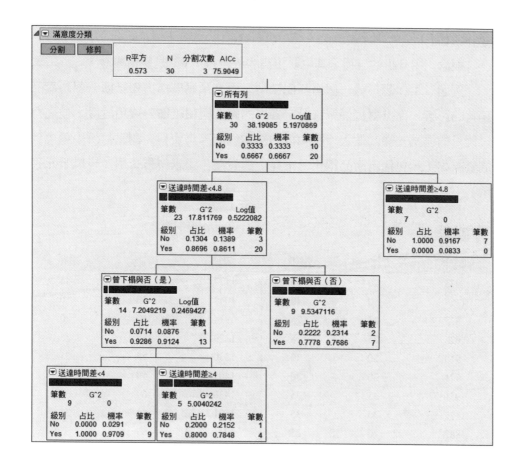

　　第一層是依據送達時間差大於或小於4.8分鐘進行切分，在送達時間差小於4.8分鐘的23位房客中，20位感到滿意，僅有3位不滿意。7位送達時間差大於4.8分鐘的房客都不滿意。這個模型指出，決定房客滿意度的一大關鍵點是送達時間大或小於4.8分鐘。

　　第二層則針對送達時間差小於4.8分鐘的房客進一步分析，這些房客中有14位曾經下榻同間旅館，其中13位感到滿意，只有1位不滿意。另一方面，9位不曾下榻此旅館的房客中，有7位表示滿意，2位不滿意。

　　第三層則再針對14位曾下榻此旅館房客進行分類。有9位房客的早餐送達時間差小於4分鐘，全部都表示滿意，而另外5位早餐送達時間差大於4分鐘的房客中，則有4位覺得滿意、1位不滿意。分類結果顯示，過去曾下榻此間旅館的房客，較容易感到滿意，其中，早餐送達時間差小於4分鐘的房客尤是。

## 迴歸樹

**觀念**：樹分析的一種，其中要預測的依變數（Y）是數值變數。

**例題二**：你想打造一個迴歸樹模型，用來預測廣播與報紙廣告對新產品銷售的影響。你針對每個城市設定各自的廣播與報紙廣告費用等級，並進行一個月的測試，從22個人口數相近的樣本城市蒐集資料。測試月份中蒐集到的資料如下，包括新產品銷售（千元）與廣播、報紙廣告費用（皆以千元表示）：

### 📥 廣告

| 銷售 | 廣播 | 報紙 | 銷售 | 廣播 | 報紙 |
|---|---|---|---|---|---|
| 973 | 0 | 40 | 1577 | 45 | 45 |
| 1119 | 0 | 40 | 1044 | 50 | 0 |
| 875 | 25 | 25 | 914 | 50 | 0 |
| 625 | 25 | 25 | 1329 | 55 | 25 |
| 910 | 30 | 30 | 1330 | 55 | 25 |
| 971 | 30 | 30 | 1405 | 60 | 30 |
| 931 | 35 | 35 | 1436 | 60 | 30 |
| 1177 | 35 | 35 | 1521 | 65 | 35 |
| 882 | 40 | 25 | 1741 | 65 | 35 |
| 982 | 40 | 25 | 1866 | 70 | 40 |
| 1628 | 45 | 45 | 1717 | 70 | 40 |

由於樣本數很少，你決定將所有資料當成訓練組。用迴歸樹軟體分析後得到結果如右：

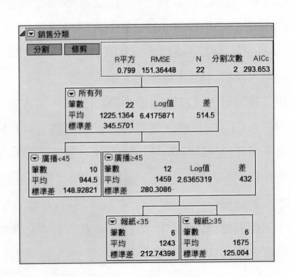

迴歸樹模型的 $r^2$ 為0.799。意味著銷售額的變量中，有79.9％可以用廣播與報紙廣告費用差異來解釋。

第一層的分類標準是廣播費用大於或小於45,000元，若廣播費用小於45,000元，平均銷售額為944,500。如果廣播費用大於45,000，則銷售額平均1,459,000。結果顯示，廣播費用是否大於45,000對於銷售額有顯著影響。

第二層則針對報紙廣告費用分析，切分點為35,000元。在廣播費用大於45,000元的城市中，如果報紙廣告費用未達35,000，則銷售額平均為1,243,000，相對地，同樣的城市中，報紙廣告費用如超過35,000，則銷售額平均為1,675,000。結果顯示，在廣播費用達到45,000的情況下，報紙廣告費用是否達到35,000對銷售額有顯著影響。

**分類與迴歸樹**

第289頁中的分類樹用來解析例題一，而第290頁的迴歸樹則搭配例題二，兩者都是用 JMP 軟體的分裂功能（Partition）所繪製的，JMP 軟體由賽仕軟體（SAS Institute）出品。本書並不會提到 JMP 軟體的應用，欲下載試用版可到：www.jmp.com。

# 第三節　叢聚分析

**觀念**：一種預測分析工具。將統計資料依據特定標準分成若干群體，群體內的差異性小於群體間的差異性。

**說明**：進行叢聚分析（cluster analysis）時，分析結果可能因選擇不同叢聚而受影響。以下特性都可能影響分析結果：

◎ 層疊或非層疊叢聚

◎ 個體到個體之間的距離

◎ 叢聚間的距離

分析層疊叢聚時，要從各叢聚內的項目開始分析，將兩個最接近的項目合為一個叢聚，不斷重複，直到剩下最後一個叢聚，涵蓋所有項目。其中一種非層疊叢聚是 k 組平均數叢聚，在 k 組平均數叢聚分析中，叢聚數（k）在分析前就預設好了，接著才反覆將資料分到各個叢聚，使各叢聚之間的平均值差異最大化。層疊叢聚的資料一旦合併，就不會再變動，但在非層疊叢聚分析中，反覆進行資料分類時，同筆資料可以重新放到不同叢聚中。

在進行叢聚分析時，最常見的資料間距離量數是歐氏距離（Euclidean distance），是以受測數據所在的各個維度中，數據點間的差平方做為量測基準。另一種偶爾會用到的量數是城市街距離（city block distance），量測基準是受測數據所在的各個維度中，數據點間的距離絕對值。

至於叢聚間距離的衡量方式，則包括完全連結法（complete linkage）、單一連結法（single linkage）、平均連結法（average linkage）和華德最小變異法（Ward's minimum variance）。完全連結法將叢聚中的數據點與另一叢聚中數據點的差異最大值視為叢聚間距離；單一連結法則將叢聚中數據點與另一叢聚中數據點的差異最小值視作叢聚間距離；平均連結法將叢聚中各數據點與另一叢聚中數據點的距離平均視為叢聚間距離；華德最小變異法則將叢聚中數據點和另一叢聚中的數據點的變異平方和視為叢聚間距離。

**例題三：**試透過叢聚分析，頗析不同運動的相似與相異之處。你進行調查，詢問大眾對九項運動的四點特質之看法（運動項目包括籃球、滑冰、棒球、乒乓球、曲棍球、田徑、保齡球、網球和美式足球）。針對四大特質進行分析時，採用7分制。

◎ 移動速度：1＝快速到7＝慢速

◎ 規則：1＝規則複雜到7＝規則單純

◎ 團隊合作：1＝團隊運動到7＝個人運動

◎ 肢體接觸程度：1＝不接觸到7＝頻繁接觸

下表列出各項運動、四種特質的平均得分：

## 🔖 運動

| 運動 | 移動速度 | 規則 | 團隊合作 | 肢體接觸程度 |
|---|---|---|---|---|
| 籃球 | 1.84 | 2.58 | 1.56 | 4.89 |
| 滑冰 | 3.98 | 5.17 | 5.96 | 3.01 |
| 棒球 | 3.76 | 2.47 | 1.86 | 4.57 |
| 乒乓球 | 4.98 | 5.83 | 5.93 | 1.32 |
| 曲棍球 | 1.71 | 2.22 | 1.82 | 5.96 |
| 田徑 | 5.83 | 4.88 | 5.47 | 2.11 |
| 保齡球 | 6.07 | 5.16 | 5.78 | 1.49 |
| 網球 | 4.67 | 4.26 | 5.47 | 2.16 |
| 美式足球 | 2.92 | 2.26 | 1.44 | 6.47 |

利用叢聚分析軟體分析數據，得到以下結果：

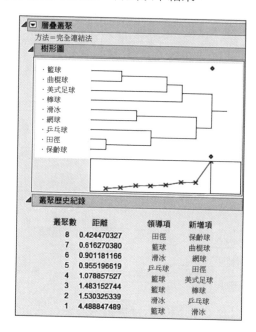

　　不管是看叢聚歷史紀錄或由左到右的樹狀圖（又稱譜系圖），都可以看出前兩個被綁在一起的運動是田徑與保齡球，接著是籃球與曲棍球，然後是滑冰與網球，最後乒乓球再和田徑與保齡球合併。這樣的過程不斷反覆，直到所有運動合為一個叢聚。

　　剩下三個叢聚時，叢聚分別是「籃球、曲棍球、美式足球、棒球」、「保齡球、乒乓球、田徑」、「網球與滑冰」，第一組「籃球、曲棍球、美式足球、棒球」可以說是團隊運動的代表，第二組「保齡球、乒乓球、田徑」則是移動速度較慢的個人競賽，第三組「網球與滑冰」則是速度偏快的個人競賽。

**軟題
解題**

### 叢聚分析

　　第293頁的叢聚分析圖，搭配例題三。該圖是用 JMP 軟體的叢聚功能所繪製，JMP 軟體由賽仕軟體公司（SAS Institute）出品。本書並不會提到JMP軟體的應用，欲下載試用版可到：www.jmp.com。

# 第四節　多維標度法

　　**觀念：**在二維度以上的空間中，標記出數據點的預測分析。

　　**說明：**多維標度法的目標是找出圖中哪些點距離較近，並指出座標圖中各維度的特徵。

　　在進行多維標度法分析時，有幾項必須解決的問題：

◎ 數據點間的距離

◎ 數據點間的距離尺度

◎ 衡量各種維度下，多維標度法分析結果的適當性

　　採用多維標度法進行分析時，數據點間的距離量數和叢聚分析一樣以歐氏距離最為常見。歐氏距離以受測數據所在的各個維度中，數據點間的差平方做為量測基準。另一種偶爾會用到的量數是城市街距離，量測基準是受測

數據所在的各個維度中，數據點間的距離絕對值。

數據點間的距離尺度有兩種類型：計量尺度（metric scaling）與非計量尺度（nonmetric scaling）。採用計量尺度衡量數據點間的距離時，假設原點（0, 0）確實存在，且每段距離都可以用另一段距離的倍數呈現。非計量尺度則是看各點間距離的大小順序等級。

要衡量各種維度下，多維標度法分析結果的適當性，最常見的做法是計算壓力統計量（stress statistic）。這種統計法可以衡量統計結果和數據點間實際距離的契合度，雖然壓力統計量越小代表結果越契合，但並沒有確切數字來切分統計量多少是可以接受的。大體而言，壓力統計數會隨著維度增加而減少，因此維度高時，可以讓壓力統計數趨近於零（完美契合），但這樣畫出來的圖會非常複雜，複雜度甚至接近原始數據。因此，一般而言最好在壓力統計量明顯遞減的區間內，增加維度，多數時候，壓力統計量減少的幅度會在二、三維的時候，開始降低，這是件好事，因為要分析三維以上的圖表、結果是否顯著，非常困難。

例題四：我們再次看到之前做過的調查，分析各運動項目間的相似與相異處（見第293頁），針對該項數據進行壓力統計分析的結果如下：

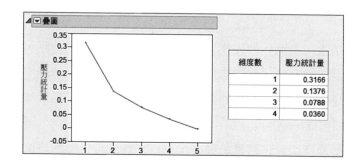

　　結果顯示，一維度下，壓力統計量為0.3166，二維度時為0.1376，三維則是0.0788。因為一維和二維之間，壓力統計量存在顯著差異，但是二到三維，壓力統計量就沒有顯著改變，所以應該從二維結果開始分析。結果如下：

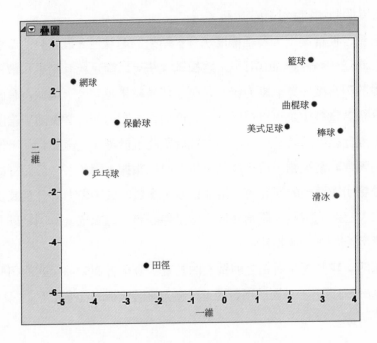

　　想詮釋這張二維圖，你先找出看起來接近與相去甚遠的點。雖然這張圖沒有這個問題，但有時候你得旋轉圖表才能更清楚地分析各維度，從圖表可以看出美式足球、曲棍球和籃球較接近，網球、乒乓球和保齡球是一群，而田徑和滑冰則自成一格。

　　要更完整詮釋切分各活動的維度，可以將圖順時針旋轉45度，此時可以看到有一條座標軸分開團隊運動「美式足球、曲棍球、籃球和棒球」與非團隊運動。另一條座標軸則區分了快節奏、高接觸性的運動「美式足球、曲棍球和籃球」與慢節奏、低接觸性的運動，如乒乓球、保齡球和網球。

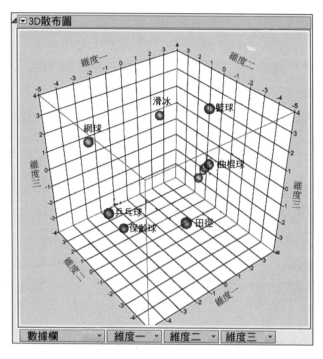

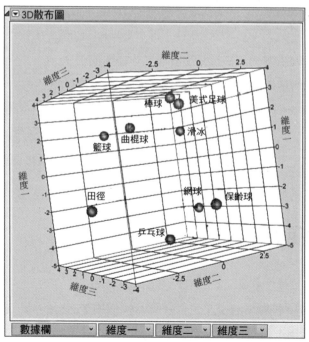

分析完二維圖後，可以進一步分析三維圖，確認是否會得到更精確的結果。但分析三維圖原本就比較困難，因為旋轉與分析三維立方體的方式比二維圖多得多。上圖是原始與旋轉後的三維圖，在旋轉後的三維圖中可以看到，團隊運動集中在最上方，個人運動則較集中在最底部。由於這樣的結果和二維分析結果沒有太大差別，在進行最終分析時，你可以採用較單純的二維圖。

### 多維標度法

第297頁中呈現的多維標度分析結果是配合例題四所做的，採用JMP軟體的多維標度增益集繪製，該軟體由賽仕軟體公司（SAS Institute）出品。本書並不會提到JMP軟體的應用，欲下載試用版可到：www.jmp.com。

 ## 一分鐘總結

預測分析

◎ 欲預測的依變數（Y）可分類時，分類樹的應用。

◎ 欲預測的依變數（Y）是數值變數時，迴歸樹的應用。

◎ 利用叢聚分析依序分類數據，使得叢聚內差異性小於叢聚間的差異性。

◎ 多維標度法（multidimensional scaling, MDS）具象化二維或多維圖表中的數據點。

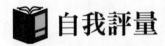 ## 自我評量

### 選擇題

1. 某金融服務業者想預測卡友是否願意升級信用卡。分析時，採納的自變數包括現有信用卡每月刷卡金額與持卡數。應該採用哪種預測分析模型來分析資料？

(a) 分類樹

(b) 迴歸樹

(c) 叢聚分析

(d) 多維標度法

2. 某釀酒廠想研究影響紅酒品質評分的因素，已針對影響評分結果的幾項特徵進行資料蒐集。應該採用哪種預測分析模型來分析資料？

(a) 分類樹

(b) 迴歸樹

(c) 叢聚分析

(d) 多維標度法

3. 一名歷史學家希望分析1912年鐵達尼號沉船時，具有特定特徵的旅客生還率是否較高。蒐集到的資料包括船上旅客的年齡、性別、坐艙等，以及事發後存亡。應該採用哪種模型來預測旅客是否生還？

(a) 分類樹

(b) 迴歸樹

(c) 叢聚分析

(d) 多維標度法

4. 一名籃球分析專家想建造統計模型來預測美國大聯盟（NBA）的隊伍勝場數。採納的自變數包括投籃命中率、對手投籃命中率、三分球命中率、對手三分球命中率、籃板球和失誤。應該採用哪種預測模型來預測某旅客是否生還？

(a) 分類樹

(b) 迴歸樹

(c) 叢聚分析

(d) 多維標度法

5. 某歐風餐廳的老闆想研究顧客對各種主菜的看法,餐廳提供的主餐包括牛排、羊排、鮮蝦、龍蝦、干貝、比目魚、鱒魚、雞、鴨和火雞。顧客依據每道主菜的多項特色進行評分,包括:調味、口感、健康和卡路里。老闆想知道哪幾項主菜較相似,以及各主菜之間的差異在哪裡。應該採用哪種預測模型來分析資料?

(a) 分類樹

(b) 迴歸樹

(c) 叢聚分析

(d) 多維標度法

6. 某歐風餐廳的老闆想研究顧客對各種主菜的看法,餐廳提供的主餐包括牛排、羊排、鮮蝦、龍蝦、干貝、比目魚、鱒魚、雞、鴨和火雞。顧客依據每道主菜的各種特色進行評分,包括:調味、口感、健康和卡路里。老闆想畫一張圖,呈現各主菜的相對關係,並分析哪些維度可以區分主菜類型。應該採用哪種預測模型來分析資料?

(a) 分類樹

(b) 迴歸樹

(c) 叢聚分析

(d) 多維標度法

7. 棒球分析專家想了解目前的球季中,各個球隊的相似與相異處。各種攻擊與投手表現相關的數據都已蒐集完成,包括:各場得分、全壘打數、打擊率、失分、防禦率、救援次數與對手打擊率。應該採用哪種預測模型來分析資料?

(a) 分類樹

(b) 迴歸樹

(c) 叢聚分析

(d) 多維標度法

8. 棒球分析專家想了解目前的球季中，各個球隊的相似與相異處。各種攻擊與投球相關的數據都已蒐集完成，包括：各場得分、全壘打數、打擊率、失分、防禦預、救援次數與對手打擊率。他想畫一張圖表現各隊之間的相對位置，並且分析哪些維度區分了各支隊伍。應該採用哪種預測模型來分析資料？

(a) 分類樹

(b) 迴歸樹

(c) 叢聚分析

(d) 多維標度法

## 是非題：正確請寫「○」，錯誤請寫「×」

9. 如果依變數（Y）可分類，可以採用迴歸樹分析。

10. 如果依變數（Y）是數值變數，可以採用迴歸樹分析。

11. 使用分類樹和迴歸樹分析時，模型中所採納的變數一開始就要決定。

12. 一旦樹狀圖已分裂，就不能再回頭進行修剪。

13. 當資料筆數夠多時，應該將資料分成訓練組、驗證組和測試組。

14. 進行叢聚分析時，組內數據的差異小於組間數據的差異。

15. 在層疊叢聚中，一旦兩個數據點已被歸類到同一個叢聚，就不能再分到其他叢聚裡。

16. 叢聚分析和多維標度法採用的歐氏距離，是以受測數據所在的各個維度中，數據點間的差平方做為量測基準。

17. 完全連結叢聚分析法的叢聚間距離量測基準，是某一叢聚內的數據點與另一叢聚內的數據點間的最大距離。

18. 單一連結叢聚分析法的叢聚間距離量測基準，是某一叢聚內的數據點與另一叢聚內的數據點間的最大距離。

19.多維標度法具體呈現二或多維圖中的數據點。

20.多維標度法中，隨著維度減少，壓力統計量會增加。

## 自我評量簡答題解答

| 1. a | 2. b | 3. a | 4. b | 5. c | 6. d |
|------|------|------|------|------|------|
| 7. c | 8. d | 9. × | 10.○ | 11. × | 12. × |
| 13.○ | 14.○ | 15.○ | 16.○ | 17.○ | 18. × |
| 19.○ | 20.○ | | | | |

參考資料

1. Breiman, L., J. Friedman, C. J. Stone, and R. A. Olshen. *Classification and Regression Trees*. London: Chapman and Hall, 1984.
2. Cox, T. F., and M. A. Cox. *Multidimensional Scaling*, 2nd ed. Boca Raton, FL:CRC Press, 2010.
3. Everitt, B. S., S. Landau, and M. Leese. *Cluster Analysis*, 5th ed. New York: John Wiley, 2011.
4. *JMP Version* 11. Cary, NC: SAS Institute, 2013.
5. Lindoff, G., and M. Berry. *Data Mining Techniques: For Marketing, Sales, and Customer Relationship Management*. Hoboken, NJ: Wiley Publishing, Inc., 2011.
6. Loh, W. Y. "Fifty Years of Classification and Regression Trees." *International Statistical Review*, 2013.

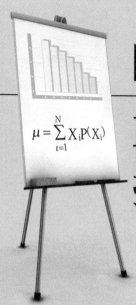

# 附錄A

# Microsoft Excel的
# 操作與配置

在本附錄中,你將學習如何操作並配置Microsoft Excel,搭配本書內容使用。同時,我們將複習書中在敘述各種工作表操作時,採納的習慣用語。

# 工作表操作慣用語

本書中，在進行工作表操作教學時，我們採用標準詞彙描述鍵盤與滑鼠（游標）操作。提到特定鍵時，以鍵盤上的圖標來稱呼。例如，「按Enter」這項指示代表要按下寫有「Enter」圖標的按鍵。

提到滑鼠操作時，本書多用「**點選**」、「**選取**」來敘述，偶爾會用到「**勾選**」、「**按右鍵**」和「**連按兩次**」。「點選」的意思是將游標移到某物件上，並按下左鍵。「選取」代表找到並標出下拉選單中的特定項，或是填滿該項目的表單選項按扭（又稱單選框）。「勾選」意味著在可勾選的空格中，點擊並勾選該項目。「按右鍵」代表按次要鍵（或是在使用單鍵滑鼠時，同時按Control鍵與左鍵）。「連按兩次」指的則是快速連按兩次滑鼠左鍵，直接選取物件。

# 工作表技術配置

本書在進行Microsoft Excel應用教學時，假定讀者不需要特別設定。但如果你打算採用附錄E中提到的分析工具箱技巧，就要確定你電腦中的Microsoft Excel已經安裝分析工具箱增益集。（Mac Excel 2008沒有內建分析工具箱，且無法安裝。）

如果想確定Solver（或分析工具箱）增益集是否存在，可以打開電腦中的Excel並進行以下步驟：

1. 選取「檔案」→「選項」（在Excel 2007版本中，點選Office鍵，再按 Excel選項）。

在Excel選項對話框中：

2. 點選左側窗格中的「增益集」，並在右側窗格中、「**使用中應用程式增益集**」底下，找到「**分析工具箱**」選項。

3. 如果選項存在，則點選「**確定**」。

4. 如果「分析工具箱」不在「使用中應用程式增益集」之列，在「**管理**」的下拉列表中，選取「**Excel增益集**」，並點選「**執行**」。

5. 在增益集對話框中，勾選「**現有的增益集**」底下、「**分析工具箱**」前的框框，並點選「**確定**」。

　如果清單中沒有分析工具箱，且你是在微軟系統中使用Microsoft Excel，請再次執行Microsoft Office安裝程式，以安裝這項元件。

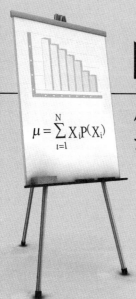

# 附錄B

# 算術與代數複習

　　作者理解本書讀者背景不一,數學程度相去甚遠。有些人已經上過代數、微積分和矩陣代數等數學課程,其他人卻可能早已與數學課脫節。因為本書的重點是在闡述統計觀念,並詮釋工作表的結果,所以只需要基礎代數就夠了。為了衡量你的算術與代數技巧,請回答以下問題,並閱讀測驗後的複習內容。

# 評量測驗

## 第一部分

請算出正確答案。

1. $\dfrac{\frac{1}{2}}{3}=$

2. $(0.4)^2=$

3. $1+\dfrac{2}{3}=$

4. $(\dfrac{1}{3})^{(4)}=$

5. $\dfrac{1}{5}=$（用小數表示）

6. $1-(-0.3)=$

7. $4\times0.2\times(-8)=$

8. $\left(\dfrac{1}{4}\times\dfrac{2}{3}\right)=$

9. $\left(\dfrac{1}{100}\right)+\left(\dfrac{1}{200}\right)=$

10. $\sqrt{16}=$

# 第二部分

請選出正確答案。

1. 若 $a=bc$, 則 $c=$

    a. $ab$

    b. $b/a$

    c. $a/b$

    d. 以上皆非

2. 若 $x+y=z$，則 $y=$

    a. $z/x$

    b. $z+x$

    c. $z-x$

    d. 以上皆非

3. $(X^3)(X^2)=$

    a. $X^5$

    b. $X^6$

    c. $X^1$

    d.以上皆非

4. $X^0=$

    a. $X$

    b. 1

    c. 0

    d. 以上皆非

5. $x(y-z)=$

    a. $xy-z$

    b. $xy-z$

    c. $(y-z)/x$

    d. 以上皆非

6. $(x+y)/z=$

    a. $(x/z)+y$

    b. $(x/z) + (y/z)$

    c. $x + (y/z)$

    d. 以上皆非

7. $x/(y+z)=$

    a. $(x/y)+(1/z)$

    b. $(x/y)+(x/z)$

    c. $(y+z)/x$

    d. 以上皆非

8. 若 $x=10, y=5, z=2, w=20$，則 $(xy-z2)/w=$

    a. 5

    b. 2.3

    c. 46

    d. 以上皆非

9. $(8x^4)/(4x^2)=$

    a. $2x^2$

    b. 2

    c. $2x$

    d. 以上皆非

10. $\sqrt{\dfrac{X}{Y}} =$

    a. $\sqrt{Y}/\sqrt{X}$

    b. $\sqrt{1}/\sqrt{XY}$

    c. $\sqrt{X}/\sqrt{Y}$

    d. 以上皆非

以上兩部分練習題的解答，請見附錄末。

# 符號

四則運算——加法、減法、乘法、除法，都可以用符號表示。

＋ 加號

×或‧乘號

－減號

÷或 / 除號

除了四則運算外，以下符號用來表示等與不等：

＝等於

≠不等於

≅ 約等於

＞大於

＜小於

≥大於等於

≤小於等於

# 加法

加法是對一組數字進行加總或累計。加法有兩個基本定律：交換律和結合律。

依據加法交換律，數字排列順序不影響運算結果。舉兩例如下：

$1+2=3$　$2+1=3$

$x+y=z$　$y+x=z$

在上述例子中，不管哪個數字先、哪個數字後，答案都不變。

加法結合律指的是在加總多個數字時，不管數字在最前、最後或中間，都可以任意分組。舉例如下：

$2+3+6+7+4+1=23$

$(5)+(6+7)+4+1=23$

$5+13+5=23$

$5+6+7+4+1=23$

在這些例子中，先加總哪些數字不影響結果。

# 減法

　　減法是加法的相反/反向操作。從2中取1（也就是2－1）意味著從兩個單位中，取走一單位，留下一單位。和加法相反，減法不符合交換律、結合律。從下列例子中可見一斑：

$8-4=4$　　　　但　　$4-8=-4$

$3-6=-3$　　　　但　　$6-3=3$

$8-3-2=3$　　　但　　$3-2-8=-7$

$9-4-2=3$　　　但　　$2-4-9=-11$

記得減項是負數時，負負得正，減一個負數等於加上一個正數。因此：

$4-(3)=+7$　　$4+3=7$

$8-(-10)=+18$　　$8+10=18$

# 乘法

　　乘法是要連加同個數值時的捷徑。例如，連加三次七（$7+7+7$），可以直接用7乘以3，得到21。

　　乘法和加法一樣，符合交換律和結合律，因此：

$a\times b=b\times a$

$4\times 5=5\times 4=20$

$(2\times 5)\times 6=10\times 6=60$

乘法還有另一項定律是分配律，在某數乘上多個數的總和時成立。如，

$a(b+c)=ab+ac$

$2(3+4)=2(7)=2(3)+2(4)=14$

不管是先加總 b 和 c 再乘以 a，或是 a 乘 b 加 b 乘c，算出來的結果相同。

記得在負數相乘時，兩負數相乘，結果為正數。因此：

$(-a)\times(-b)=ab$

$(-5)\times(-4)=+20$

# 除法

　　一如減法是加法的反面，除法是乘法的相反。除法可說是減法的捷徑，

當你計算20除以4時，實際上是在算20減幾次4才會變為0。然而，多數時候兩數相除的結果不是整數，可能會有餘數。例如，21除以4，答案是5餘1，或5又4分之1。

和減法一樣，除法不像加法、乘法一樣符合交換律或結合律。

$$a \div b \neq b \div a$$

$$9 \div 3 \neq 3 \div 9$$

$$6 \div (3 \div 2) = 4$$

$$(6 \div 3) \div 2 = 1$$

只有當相加的數字在分子而非分母時，分配律才成立。因此，

$$\frac{a+b}{c} = \frac{a}{c} + \frac{b}{c} \quad 但 \quad \frac{a}{b+c} \neq \frac{a}{b} + \frac{a}{c}$$

例如：

$$\frac{1}{2+3} = \frac{1}{5} \quad 但 \quad \frac{1}{2+3} \neq \frac{1}{2} + \frac{1}{3}$$

除法的最後一項重要特色是，如果分子和分母同乘、或同除某個數值，則得出來的商不變。因此：

$$\frac{80}{40} = 2$$

則

$$\frac{5(80)}{5(40)} = \frac{400}{200} = 2$$

且

$$\frac{80 \div 5}{40 \div 5} = \frac{16}{8} = 2$$

# 分數

分數是整數的一部分，或整數與分數的結合。例如，1/3就是純分數，7/6則包含整數1加上分數1/6。加法、減法、乘法、除法的運算都可以套用到分數。在進行分數的加、減法時，你必須先找到所有分母的最小公倍數。例如，計算1/3 + 1/5時，分母的最小公倍數是15，得到算式：

$$\frac{5}{15} + \frac{3}{15} = \frac{8}{15}$$

減法1/4－1/6也要用一樣的原則,分母的最小公倍數為12,得到算式:

$$\frac{3}{12} - \frac{2}{12} = \frac{1}{12}$$

分數相乘或相除的時候,不需要像加、減法一樣,先找分母的最小公倍數。a/b乘以c/d,等於ac/bd。

上述算式中,乘積的分子ac就是兩個分子a和c相乘的結果,而分母bd則是兩個分母相乘。有時候乘積的分子、分母可以同除一個數,進行約分。例如:

$$\frac{2}{3} \times \frac{6}{7} = \frac{12}{21}$$

分子、分母同除3,得到4/7。

分數的除法可以想成乘法的相反,取除數的倒數,並乘上原被除數即可。如:

$$\frac{9}{5} \div \frac{1}{4} = \frac{9}{5} \times \frac{4}{1} = \frac{36}{5}$$

分數的除法也可以看成是把分數轉為小數的方法。例如,2/5可以轉換成小數,分子2除以5的商,以小數表現就是0.40。

# 指數與平方根

指數化(數值自乘)可以簡化大量相乘的算式。例如,$2 \times 2 \times 2 \times 2 \times 2$可以寫成$2^5=32$,5是2的指數(自乘次數),表示2自乘5次。

乘方在進行乘、除法時,符合以下幾個定律。

## 定律一:$X^a \cdot X^b = X^{(a+b)}$

如果兩個乘方的底數相同,則兩者的乘積底數不變、指數相加。

$4^2 \cdot 4^3 = (4 \cdot 4)(4 \cdot 4 \cdot 4) = 4^5$

## 定律二:$(X^a)^b = X^{ab}$

在乘方外,再取指數,結果底數不變、指數相乘。例如:

$(4^2)^3 = (4^2)(4^2)(4^2) = 4^6$

# 定律三：$\dfrac{X^a}{X^b} = X^{(a-b)}$

乘方除以另一個底數相同的乘方，則兩者的商底數不變、指數相減。例如：

$$\frac{3^5}{3^3} = \frac{3 \cdot 3 \cdot 3 \cdot 3 \cdot 3}{3 \cdot 3 \cdot 3} = 3^2$$

如果分母的次方數高於分子，則商的次方數為負。如，

$$\frac{3^3}{3^5} = \frac{3 \cdot 3 \cdot 3}{3 \cdot 3 \cdot 3 \cdot 3 \cdot 3} = \frac{1}{3^2} = 3^{-2} = \frac{1}{9}$$

如果分子與分母的指數相減結果為1，則商為底數。換言之，$X^1 = X$。例如：

$$\frac{3^3}{3^2} = \frac{3 \cdot 3 \cdot 3}{3 \cdot 3} = 3^1 = 3$$

如果分子和分母的指數相同，則商為1。一般式為：

$$\frac{x^a}{x^a} = x^{a-a} = x^0 = 1$$

任何指數為0的乘數皆等於1。如：

$$\frac{3^3}{3^3} = \frac{3 \cdot 3 \cdot 3}{3 \cdot 3 \cdot 3} = 3^0 = 1$$

平方根以 $\sqrt{\phantom{x}}$ 表示，是個特例，即1/2次方。意味著乘方自乘一次等於底數。

# 方程式

統計學上，許多公式都以方程式表示，未知數是另一個值的函數。因此，你得知道如何將方程式變換成不同形式。前述加、減、乘、除的定律都可以用來改造方程式。例如：

$x - 2 = 5$

只要等號兩邊都加上2，即可解出$x$。算式如下：

$x - 2 + 2 = 5 + 2$。因此，$x = 7$

如果 $x+y=z$，等號兩邊各減 $y$，即可得到下列式子：

$x+y-y=z-y$，則 $x=z-y$。

如果兩數乘積為另一數值，如：

$xy=z$

只要等式兩邊各除 $y$，即可得到下列式子：

$$\frac{xy}{y} = \frac{z}{y}$$

$$\frac{x}{y} = z$$

相對地，如果 $\frac{x}{y}=z$，兩邊同乘 $y$ 即可得 $x$。

$$\frac{xy}{y} = zy$$

$$x = zy$$

　　總括而言，加減乘除的運算法都可以應用到方程式中，只要等號兩邊同時進行，等式就會成立。

# 測驗解答

## 第一部分

| 1. 3/2 | 2. 0.16 | 3. 5/3 | 4. 1/81 | 5. 0.20 | 6. 1.30 |
|--------|---------|--------|---------|---------|---------|
| 7. -6.4 | 8. +1/6 | 9. 3/200 | 10. 4 | | |

## 第二部分

| 1. c | 2. c | 3. a | 4. b | 5. a | 6. b |
|------|------|------|------|------|------|
| 7. d | 8. b | 9. a | 10. c | | |

# 附錄C

# 統計附表

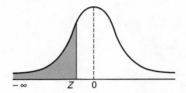

### 表C.1 標準常態累積分配

表格內數字代表橫軸範圍在-∞到Z之間，標準常態累積分配曲線與橫軸所構成的面積。

| Z | 0.00 | 0.01 | 0.02 | 0.03 | 0.04 | 0.05 | 0.06 | 0.07 | 0.08 | 0.09 |
|---|------|------|------|------|------|------|------|------|------|------|
| −3.9 | 0.00005 | 0.00005 | 0.00004 | 0.00004 | 0.00004 | 0.00004 | 0.00004 | 0.00004 | 0.00003 | 0.00003 |
| −3.8 | 0.00007 | 0.00007 | 0.00007 | 0.00006 | 0.00006 | 0.00006 | 0.00006 | 0.00005 | 0.00005 | 0.00005 |
| −3.7 | 0.00011 | 0.00010 | 0.00010 | 0.00010 | 0.00009 | 0.00009 | 0.00008 | 0.00008 | 0.00008 | 0.00008 |
| −3.6 | 0.00016 | 0.00015 | 0.00015 | 0.00014 | 0.00014 | 0.00013 | 0.00013 | 0.00012 | 0.00012 | 0.00011 |
| −3.5 | 0.00023 | 0.00022 | 0.00022 | 0.00021 | 0.00020 | 0.00019 | 0.00019 | 0.00018 | 0.00017 | 0.00017 |
| −3.4 | 0.00034 | 0.00032 | 0.00031 | 0.00030 | 0.00029 | 0.00028 | 0.00027 | 0.00026 | 0.00025 | 0.00024 |
| −3.3 | 0.00048 | 0.00047 | 0.00045 | 0.00043 | 0.00042 | 0.00040 | 0.00039 | 0.00038 | 0.00036 | 0.00035 |
| −3.2 | 0.00069 | 0.00066 | 0.00064 | 0.00062 | 0.00060 | 0.00058 | 0.00056 | 0.00054 | 0.00052 | 0.00050 |
| −3.1 | 0.00097 | 0.00094 | 0.00090 | 0.00087 | 0.00084 | 0.00082 | 0.00079 | 0.00076 | 0.00074 | 0.00071 |
| −3.0 | 0.00135 | 0.00131 | 0.00126 | 0.00122 | 0.00118 | 0.00114 | 0.00111 | 0.00107 | 0.00103 | 0.00100 |
| −2.9 | 0.0019 | 0.0018 | 0.0018 | 0.0017 | 0.0016 | 0.0016 | 0.0015 | 0.0015 | 0.0014 | 0.0014 |
| −2.8 | 0.0026 | 0.0025 | 0.0024 | 0.0023 | 0.0023 | 0.0022 | 0.0021 | 0.0021 | 0.0020 | 0.0019 |
| −2.7 | 0.0035 | 0.0034 | 0.0033 | 0.0032 | 0.0031 | 0.0030 | 0.0029 | 0.0028 | 0.0027 | 0.0026 |
| −2.6 | 0.0047 | 0.0045 | 0.0044 | 0.0043 | 0.0041 | 0.0040 | 0.0039 | 0.0038 | 0.0037 | 0.0036 |
| −2.5 | 0.0062 | 0.0060 | 0.0059 | 0.0057 | 0.0055 | 0.0054 | 0.0052 | 0.0051 | 0.0049 | 0.0048 |
| −2.4 | 0.0082 | 0.0080 | 0.0078 | 0.0075 | 0.0073 | 0.0071 | 0.0069 | 0.0068 | 0.0066 | 0.0064 |
| −2.3 | 0.0107 | 0.0104 | 0.0102 | 0.0099 | 0.0096 | 0.0094 | 0.0091 | 0.0089 | 0.0087 | 0.0084 |
| −2.2 | 0.0139 | 0.0136 | 0.0132 | 0.0129 | 0.0125 | 0.0122 | 0.0119 | 0.0116 | 0.0113 | 0.0110 |
| −2.1 | 0.0179 | 0.0174 | 0.0170 | 0.0166 | 0.0162 | 0.0158 | 0.0154 | 0.0150 | 0.0146 | 0.0143 |
| −2.0 | 0.0228 | 0.0222 | 0.0217 | 0.0212 | 0.0207 | 0.0202 | 0.0197 | 0.0192 | 0.0188 | 0.0183 |

| Z | 0.00 | 0.01 | 0.02 | 0.03 | 0.04 | 0.05 | 0.06 | 0.07 | 0.08 | 0.09 |
|---|---|---|---|---|---|---|---|---|---|---|
| −1.9 | 0.0287 | 0.0281 | 0.0274 | 0.0268 | 0.0262 | 0.0256 | 0.0250 | 0.0244 | 0.0239 | 0.0233 |
| −1.8 | 0.0359 | 0.0351 | 0.0344 | 0.0336 | 0.0329 | 0.0322 | 0.0314 | 0.0307 | 0.0301 | 0.0294 |
| −1.7 | 0.0446 | 0.0436 | 0.0427 | 0.0418 | 0.0409 | 0.0401 | 0.0392 | 0.0384 | 0.0375 | 0.0367 |
| −1.6 | 0.0548 | 0.0537 | 0.0526 | 0.0516 | 0.0505 | 0.0495 | 0.0485 | 0.0475 | 0.0465 | 0.0455 |
| −1.5 | 0.0668 | 0.0655 | 0.0643 | 0.0630 | 0.0618 | 0.0606 | 0.0594 | 0.0582 | 0.0571 | 0.0559 |
| −1.4 | 0.0808 | 0.0793 | 0.0778 | 0.0764 | 0.0749 | 0.0735 | 0.0721 | 0.0708 | 0.0694 | 0.0681 |
| −1.3 | 0.0968 | 0.0951 | 0.0934 | 0.0918 | 0.0901 | 0.0885 | 0.0869 | 0.0853 | 0.0838 | 0.0823 |
| −1.2 | 0.1151 | 0.1131 | 0.1112 | 0.1093 | 0.1075 | 0.1056 | 0.1038 | 0.1020 | 0.1003 | 0.0985 |
| −1.1 | 0.1357 | 0.1335 | 0.1314 | 0.1292 | 0.1271 | 0.1251 | 0.1230 | 0.1210 | 0.1190 | 0.1170 |
| −1.0 | 0.1587 | 0.1562 | 0.1539 | 0.1515 | 0.1492 | 0.1469 | 0.1446 | 0.1423 | 0.1401 | 0.1379 |
| −0.9 | 0.1841 | 0.1814 | 0.1788 | 0.1762 | 0.1736 | 0.1711 | 0.1685 | 0.1660 | 0.1635 | 0.1611 |
| −0.8 | 0.2119 | 0.2090 | 0.2061 | 0.2033 | 0.2005 | 0.1977 | 0.1949 | 0.1922 | 0.1894 | 0.1867 |
| −0.7 | 0.2420 | 0.2388 | 0.2358 | 0.2327 | 0.2296 | 0.2266 | 0.2236 | 0.2206 | 0.2177 | 0.2148 |
| −0.6 | 0.2743 | 0.2709 | 0.2676 | 0.2643 | 0.2611 | 0.2578 | 0.2546 | 0.2514 | 0.2482 | 0.2451 |
| −0.5 | 0.3085 | 0.3050 | 0.3015 | 0.2981 | 0.2946 | 0.2912 | 0.2877 | 0.2843 | 0.2810 | 0.2776 |
| −0.4 | 0.3446 | 0.3409 | 0.3372 | 0.3336 | 0.3300 | 0.3264 | 0.3228 | 0.3192 | 0.3156 | 0.3121 |
| −0.3 | 0.3821 | 0.3783 | 0.3745 | 0.3707 | 0.3669 | 0.3632 | 0.3594 | 0.3557 | 0.3520 | 0.3483 |
| −0.2 | 0.4207 | 0.4168 | 0.4129 | 0.4090 | 0.4052 | 0.4013 | 0.3974 | 0.3936 | 0.3897 | 0.3859 |
| −0.1 | 0.4602 | 0.4562 | 0.4522 | 0.4483 | 0.4443 | 0.4404 | 0.4364 | 0.4325 | 0.4286 | 0.4247 |
| −0.0 | 0.5000 | 0.4960 | 0.4920 | 0.4880 | 0.4840 | 0.4801 | 0.4761 | 0.4721 | 0.4681 | 0.4641 |

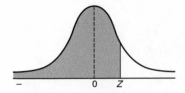

表C.1（續）

表格內數字代表橫軸範圍在-∞到Z之間，標準常態累積分配曲線與橫軸所構成的面積。

| Z | 0.00 | 0.01 | 0.02 | 0.03 | 0.04 | 0.05 | 0.06 | 0.07 | 0.08 | 0.09 |
|-----|--------|--------|--------|--------|--------|--------|--------|--------|--------|--------|
| 0.0 | 0.5000 | 0.5040 | 0.5080 | 0.5120 | 0.5160 | 0.5199 | 0.5239 | 0.5279 | 0.5319 | 0.5359 |
| 0.1 | 0.5398 | 0.5438 | 0.5478 | 0.5517 | 0.5557 | 0.5596 | 0.5636 | 0.5675 | 0.5714 | 0.5753 |
| 0.2 | 0.5793 | 0.5832 | 0.5871 | 0.5910 | 0.5948 | 0.5987 | 0.6026 | 0.6064 | 0.6103 | 0.6141 |
| 0.3 | 0.6179 | 0.6217 | 0.6255 | 0.6293 | 0.6331 | 0.6368 | 0.6406 | 0.6443 | 0.6480 | 0.6517 |
| 0.4 | 0.6554 | 0.6591 | 0.6628 | 0.6664 | 0.6700 | 0.6736 | 0.6772 | 0.6808 | 0.6844 | 0.6879 |
| 0.5 | 0.6915 | 0.6950 | 0.6985 | 0.7019 | 0.7054 | 0.7088 | 0.7123 | 0.7157 | 0.7190 | 0.7224 |
| 0.6 | 0.7257 | 0.7291 | 0.7324 | 0.7357 | 0.7389 | 0.7422 | 0.7454 | 0.7486 | 0.7518 | 0.7549 |
| 0.7 | 0.7580 | 0.7612 | 0.7642 | 0.7673 | 0.7704 | 0.7734 | 0.7764 | 0.7794 | 0.7823 | 0.7852 |
| 0.8 | 0.7881 | 0.7910 | 0.7939 | 0.7967 | 0.7995 | 0.8023 | 0.8051 | 0.8078 | 0.8106 | 0.8133 |
| 0.9 | 0.8159 | 0.8186 | 0.8212 | 0.8238 | 0.8264 | 0.8289 | 0.8315 | 0.8340 | 0.8365 | 0.8389 |
| 1.0 | 0.8413 | 0.8438 | 0.8461 | 0.8485 | 0.8508 | 0.8531 | 0.8554 | 0.8577 | 0.8599 | 0.8621 |
| 1.1 | 0.8643 | 0.8665 | 0.8686 | 0.8708 | 0.8729 | 0.8749 | 0.8770 | 0.8790 | 0.8810 | 0.8830 |
| 1.2 | 0.8849 | 0.8869 | 0.8888 | 0.8907 | 0.8925 | 0.8944 | 0.8962 | 0.8980 | 0.8997 | 0.9015 |
| 1.3 | 0.9032 | 0.9049 | 0.9066 | 0.9082 | 0.9099 | 0.9115 | 0.9131 | 0.9147 | 0.9162 | 0.9177 |
| 1.4 | 0.9192 | 0.9207 | 0.9222 | 0.9236 | 0.9251 | 0.9265 | 0.9279 | 0.9292 | 0.9306 | 0.9319 |
| 1.5 | 0.9332 | 0.9345 | 0.9357 | 0.9370 | 0.9382 | 0.9394 | 0.9406 | 0.9418 | 0.9429 | 0.9441 |
| 1.6 | 0.9452 | 0.9463 | 0.9474 | 0.9484 | 0.9495 | 0.9505 | 0.9515 | 0.9525 | 0.9535 | 0.9545 |
| 1.7 | 0.9554 | 0.9564 | 0.9573 | 0.9582 | 0.9591 | 0.9599 | 0.9608 | 0.9616 | 0.9625 | 0.9633 |
| 1.8 | 0.9641 | 0.9649 | 0.9656 | 0.9664 | 0.9671 | 0.9678 | 0.9686 | 0.9693 | 0.9699 | 0.9706 |
| 1.9 | 0.9713 | 0.9719 | 0.9726 | 0.9732 | 0.9738 | 0.9744 | 0.9750 | 0.9756 | 0.9761 | 0.9767 |
| 2.0 | 0.9772 | 0.9778 | 0.9783 | 0.9788 | 0.9793 | 0.9798 | 0.9803 | 0.9808 | 0.9812 | 0.9817 |
| 2.1 | 0.9821 | 0.9826 | 0.9830 | 0.9834 | 0.9838 | 0.9842 | 0.9846 | 0.9850 | 0.9854 | 0.9857 |
| 2.2 | 0.9861 | 0.9864 | 0.9868 | 0.9871 | 0.9875 | 0.9878 | 0.9881 | 0.9884 | 0.9887 | 0.9890 |

| Z | 0.00 | 0.01 | 0.02 | 0.03 | 0.04 | 0.05 | 0.06 | 0.07 | 0.08 | 0.09 |
|---|---|---|---|---|---|---|---|---|---|---|
| 2.3 | 0.9893 | 0.9896 | 0.9898 | 0.9901 | 0.9904 | 0.9906 | 0.9909 | 0.9911 | 0.9913 | 0.9916 |
| 2.4 | 0.9918 | 0.9920 | 0.9922 | 0.9925 | 0.9927 | 0.9929 | 0.9931 | 0.9932 | 0.9934 | 0.9936 |
| 2.5 | 0.9938 | 0.9940 | 0.9941 | 0.9943 | 0.9945 | 0.9946 | 0.9948 | 0.9949 | 0.9951 | 0.9952 |
| 2.6 | 0.9953 | 0.9955 | 0.9956 | 0.9957 | 0.9959 | 0.9960 | 0.9961 | 0.9962 | 0.9963 | 0.9964 |
| 2.7 | 0.9965 | 0.9966 | 0.9967 | 0.9968 | 0.9969 | 0.9970 | 0.9971 | 0.9972 | 0.9973 | 0.9974 |
| 2.8 | 0.9974 | 0.9975 | 0.9976 | 0.9977 | 0.9977 | 0.9978 | 0.9979 | 0.9979 | 0.9980 | 0.9981 |
| 2.9 | 0.9981 | 0.9982 | 0.9982 | 0.9983 | 0.9984 | 0.9984 | 0.9985 | 0.9985 | 0.9986 | 0.9986 |
| 3.0 | 0.99865 | 0.99869 | 0.99874 | 0.99878 | 0.99882 | 0.99886 | 0.99889 | 0.99893 | 0.99897 | 0.99900 |
| 3.1 | 0.99903 | 0.99906 | 0.99910 | 0.99913 | 0.99916 | 0.99918 | 0.99921 | 0.99924 | 0.99926 | 0.99929 |
| 3.2 | 0.99931 | 0.99934 | 0.99936 | 0.99938 | 0.99940 | 0.99942 | 0.99944 | 0.99946 | 0.99948 | 0.99950 |
| 3.3 | 0.99952 | 0.99953 | 0.99955 | 0.99957 | 0.99958 | 0.99960 | 0.99961 | 0.99962 | 0.99964 | 0.99965 |
| 3.4 | 0.99966 | 0.99968 | 0.99969 | 0.99970 | 0.99971 | 0.99972 | 0.99973 | 0.99974 | 0.99975 | 0.99976 |
| 3.5 | 0.99977 | 0.99978 | 0.99978 | 0.99979 | 0.99980 | 0.99981 | 0.99981 | 0.99982 | 0.99983 | 0.99983 |
| 3.6 | 0.99984 | 0.99985 | 0.99985 | 0.99986 | 0.99986 | 0.99987 | 0.99987 | 0.99988 | 0.99988 | 0.99989 |
| 3.7 | 0.99989 | 0.99990 | 0.99990 | 0.99990 | 0.99991 | 0.99991 | 0.99992 | 0.99992 | 0.99992 | 0.99992 |
| 3.8 | 0.99993 | 0.99993 | 0.99993 | 0.99994 | 0.99994 | 0.99994 | 0.99994 | 0.99995 | 0.99995 | 0.99995 |
| 3.9 | 0.99995 | 0.99995 | 0.99996 | 0.99996 | 0.99996 | 0.99996 | 0.99996 | 0.99996 | 0.99997 | 0.99997 |
| 4.0 | 0.99996832 | | | | | | | | | |
| 4.5 | 0.99999660 | | | | | | | | | |
| 5.0 | 0.99999971 | | | | | | | | | |
| 5.5 | 0.99999998 | | | | | | | | | |
| 6.0 | 0.99999999 | | | | | | | | | |

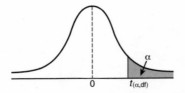

## 表C.2　t分配臨界值

| 自由度 | 右尾區面積 | | | | | |
|---|---|---|---|---|---|---|
| | 0.25 | 0.10 | 0.05 | 0.025 | 0.01 | 0.005 |
| 1 | 1.0000 | 3.0777 | 6.3138 | 12.7062 | 31.8207 | 63.6574 |
| 2 | 0.8165 | 1.8856 | 2.9200 | 4.3027 | 6.9646 | 9.9248 |
| 3 | 0.7649 | 1.6377 | 2.3534 | 3.1824 | 4.5407 | 5.8409 |
| 4 | 0.7407 | 1.5332 | 2.1318 | 2.7764 | 3.7469 | 4.6041 |
| 5 | 0.7267 | 1.4759 | 2.0150 | 2.5706 | 3.3649 | 4.0322 |
| 6 | 0.7176 | 1.4398 | 1.9432 | 2.4469 | 3.1427 | 3.7074 |
| 7 | 0.7111 | 1.4149 | 1.8946 | 2.3646 | 2.9980 | 3.4995 |
| 8 | 0.7064 | 1.3968 | 1.8595 | 2.3060 | 2.8965 | 3.3554 |
| 9 | 0.7027 | 1.3830 | 1.8331 | 2.2622 | 2.8214 | 3.2498 |
| 10 | 0.6998 | 1.3722 | 1.8125 | 2.2281 | 2.7638 | 3.1693 |
| 11 | 0.6974 | 1.3634 | 1.7959 | 2.2010 | 2.7181 | 3.1058 |
| 12 | 0.6955 | 1.3562 | 1.7823 | 2.1788 | 2.6810 | 3.0545 |
| 13 | 0.6938 | 1.3502 | 1.7709 | 2.1604 | 2.6503 | 3.0123 |
| 14 | 0.6924 | 1.3450 | 1.7613 | 2.1448 | 2.6245 | 2.9768 |
| 15 | 0.6912 | 1.3406 | 1.7531 | 2.1315 | 2.6025 | 2.9467 |
| 16 | 0.6901 | 1.3368 | 1.7459 | 2.1199 | 2.5835 | 2.9208 |
| 17 | 0.6892 | 1.3334 | 1.7396 | 2.1098 | 2.5669 | 2.8982 |
| 18 | 0.6884 | 1.3304 | 1.7341 | 2.1009 | 2.5524 | 2.8784 |
| 19 | 0.6876 | 1.3277 | 1.7291 | 2.0930 | 2.5395 | 2.8609 |
| 20 | 0.6870 | 1.3253 | 1.7247 | 2.0860 | 2.5280 | 2.8453 |
| 21 | 0.6864 | 1.3232 | 1.7207 | 2.0796 | 2.5177 | 2.8314 |
| 22 | 0.6858 | 1.3212 | 1.7171 | 2.0739 | 2.5083 | 2.8188 |
| 23 | 0.6853 | 1.3195 | 1.7139 | 2.0687 | 2.4999 | 2.8073 |
| 24 | 0.6848 | 1.3178 | 1.7109 | 2.0639 | 2.4922 | 2.7969 |
| 25 | 0.6844 | 1.3163 | 1.7081 | 2.0595 | 2.4851 | 2.7874 |
| 26 | 0.6840 | 1.3150 | 1.7056 | 2.0555 | 2.4786 | 2.7787 |

| 自由度 | 右尾區面積 | | | | | |
|---|---|---|---|---|---|---|
| | 0.25 | 0.10 | 0.05 | 0.025 | 0.01 | 0.005 |
| 27 | 0.6837 | 1.3137 | 1.7033 | 2.0518 | 2.4727 | 2.7707 |
| 28 | 0.6834 | 1.3125 | 1.7011 | 2.0484 | 2.4671 | 2.7633 |
| 29 | 0.6830 | 1.3114 | 1.6991 | 2.0452 | 2.4620 | 2.7564 |
| 30 | 0.6828 | 1.3104 | 1.6973 | 2.0423 | 2.4573 | 2.7500 |
| 31 | 0.6825 | 1.3095 | 1.6955 | 2.0395 | 2.4528 | 2.7440 |
| 32 | 0.6822 | 1.3086 | 1.6939 | 2.0369 | 2.4487 | 2.7385 |
| 33 | 0.6820 | 1.3077 | 1.6924 | 2.0345 | 2.4448 | 2.7333 |
| 34 | 0.6818 | 1.3070 | 1.6909 | 2.0322 | 2.4411 | 2.7284 |
| 35 | 0.6816 | 1.3062 | 1.6896 | 2.0301 | 2.4377 | 2.7238 |
| 36 | 0.6814 | 1.3055 | 1.6883 | 2.0281 | 2.4345 | 2.7195 |
| 37 | 0.6812 | 1.3049 | 1.6871 | 2.0262 | 2.4314 | 2.7154 |
| 38 | 0.6810 | 1.3042 | 1.6860 | 2.0244 | 2.4286 | 2.7116 |
| 39 | 0.6808 | 1.3036 | 1.6849 | 2.0227 | 2.4258 | 2.7079 |
| 40 | 0.6807 | 1.3031 | 1.6839 | 2.0211 | 2.4233 | 2.7045 |
| 41 | 0.6805 | 1.3025 | 1.6829 | 2.0195 | 2.4208 | 2.7012 |
| 42 | 0.6804 | 1.3020 | 1.6820 | 2.0181 | 2.4185 | 2.6981 |
| 43 | 0.6802 | 1.3016 | 1.6811 | 2.0167 | 2.4163 | 2.6951 |
| 44 | 0.6801 | 1.3011 | 1.6802 | 2.0154 | 2.4141 | 2.6923 |
| 45 | 0.6800 | 1.3006 | 1.6794 | 2.0141 | 2.4121 | 2.6896 |
| 46 | 0.6799 | 1.3022 | 1.6787 | 2.0129 | 2.4102 | 2.6870 |
| 47 | 0.6797 | 1.2998 | 1.6779 | 2.0117 | 2.4083 | 2.6846 |
| 48 | 0.6796 | 1.2994 | 1.6772 | 2.0106 | 2.4066 | 2.6822 |
| 49 | 0.6795 | 1.2991 | 1.6766 | 2.0096 | 2.4049 | 2.6800 |
| 50 | 0.6794 | 1.2987 | 1.6759 | 2.0086 | 2.4033 | 2.6778 |
| 51 | 0.6793 | 1.2984 | 1.6753 | 2.0076 | 2.4017 | 2.6757 |

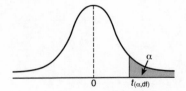

表C.2（續）

| 自由度 | 右尾區面積 | | | | | |
|---|---|---|---|---|---|---|
| | 0.25 | 0.10 | 0.05 | 0.025 | 0.01 | 0.005 |
| 52 | 0.6792 | 1.2980 | 1.6747 | 2.0066 | 2.4002 | 2.6737 |
| 53 | 0.6791 | 1.2977 | 1.6741 | 2.0057 | 2.3988 | 2.6718 |
| 54 | 0.6791 | 1.2974 | 1.6736 | 2.0049 | 2.3974 | 2.6700 |
| 55 | 0.6790 | 1.2971 | 1.6730 | 2.0040 | 2.3961 | 2.6682 |
| 56 | 0.6789 | 1.2969 | 1.6725 | 2.0032 | 2.3948 | 2.6665 |
| 57 | 0.6788 | 1.2966 | 1.6720 | 2.0025 | 2.3936 | 2.6649 |
| 58 | 0.6787 | 1.2963 | 1.6716 | 2.0017 | 2.3924 | 2.6633 |
| 59 | 0.6787 | 1.2961 | 1.6711 | 2.0010 | 2.3912 | 2.6618 |
| 60 | 0.6786 | 1.2958 | 1.6706 | 2.0003 | 2.3901 | 2.6603 |
| 61 | 0.6785 | 1.2956 | 1.6702 | 1.9996 | 2.3890 | 2.6589 |
| 62 | 0.6785 | 1.2954 | 1.6698 | 1.9990 | 2.3880 | 2.6575 |
| 63 | 0.6784 | 1.2951 | 1.6694 | 1.9983 | 2.3870 | 2.6561 |
| 64 | 0.6783 | 1.2949 | 1.6690 | 1.9977 | 2.3860 | 2.6549 |
| 65 | 0.6783 | 1.2947 | 1.6686 | 1.9971 | 2.3851 | 2.6536 |
| 66 | 0.6782 | 1.2945 | 1.6683 | 1.9966 | 2.3842 | 2.6524 |
| 67 | 0.6782 | 1.2943 | 1.6679 | 1.9960 | 2.3833 | 2.6512 |
| 68 | 0.6781 | 1.2941 | 1.6676 | 1.9955 | 2.3824 | 2.6501 |
| 69 | 0.6781 | 1.2939 | 1.6672 | 1.9949 | 2.3816 | 2.6490 |
| 70 | 0.6780 | 1.2938 | 1.6669 | 1.9944 | 2.3808 | 2.6479 |
| 71 | 0.6780 | 1.2936 | 1.6666 | 1.9939 | 2.3800 | 2.6469 |
| 72 | 0.6779 | 1.2934 | 1.6663 | 1.9935 | 2.3793 | 2.6459 |
| 73 | 0.6779 | 1.2933 | 1.6660 | 1.9930 | 2.3785 | 2.6449 |
| 74 | 0.6778 | 1.2931 | 1.6657 | 1.9925 | 2.3778 | 2.6439 |
| 75 | 0.6778 | 1.2929 | 1.6654 | 1.9921 | 2.3771 | 2.6430 |
| 76 | 0.6777 | 1.2928 | 1.6652 | 1.9917 | 2.3764 | 2.6421 |
| 77 | 0.6777 | 1.2926 | 1.6649 | 1.9913 | 2.3758 | 2.6412 |

| 自由度 | 右尾區面積 | | | | | |
|---|---|---|---|---|---|---|
| | 0.25 | 0.10 | 0.05 | 0.025 | 0.01 | 0.005 |
| 78 | 0.6776 | 1.2925 | 1.6646 | 1.9908 | 2.3751 | 2.6403 |
| 79 | 0.6776 | 1.2924 | 1.6644 | 1.9905 | 2.3745 | 2.6395 |
| 80 | 0.6776 | 1.2922 | 1.6641 | 1.9901 | 2.3739 | 2.6387 |
| 81 | 0.6775 | 1.2921 | 1.6639 | 1.9897 | 2.3733 | 2.6379 |
| 82 | 0.6775 | 1.2920 | 1.6636 | 1.9893 | 2.3727 | 2.6371 |
| 83 | 0.6775 | 1.2918 | 1.6634 | 1.9890 | 2.3721 | 2.6364 |
| 84 | 0.6774 | 1.2917 | 1.6632 | 1.9886 | 2.3716 | 2.6356 |
| 85 | 0.6774 | 1.2916 | 1.6630 | 1.9883 | 2.3710 | 2.6349 |
| 86 | 0.6774 | 1.2915 | 1.6628 | 1.9879 | 2.3705 | 2.6342 |
| 87 | 0.6773 | 1.2914 | 1.6626 | 1.9876 | 2.3700 | 2.6335 |
| 88 | 0.6773 | 1.2912 | 1.6624 | 1.9873 | 2.3695 | 2.6329 |
| 89 | 0.6773 | 1.2911 | 1.6622 | 1.9870 | 2.3690 | 2.6322 |
| 90 | 0.6772 | 1.2910 | 1.6620 | 1.9867 | 2.3685 | 2.6316 |
| 91 | 0.6772 | 1.2909 | 1.6618 | 1.9864 | 2.3680 | 2.6309 |
| 92 | 0.6772 | 1.2908 | 1.6616 | 1.9861 | 2.3676 | 2.6303 |
| 93 | 0.6771 | 1.2907 | 1.6614 | 1.9858 | 2.3671 | 2.6297 |
| 94 | 0.6771 | 1.2906 | 1.6612 | 1.9855 | 2.3667 | 2.6291 |
| 95 | 0.6771 | 1.2905 | 1.6611 | 1.9853 | 2.3662 | 2.6286 |
| 96 | 0.6771 | 1.2904 | 1.6609 | 1.9850 | 2.3658 | 2.6280 |
| 97 | 0.6770 | 1.2903 | 1.6607 | 1.9847 | 2.3654 | 2.6275 |
| 98 | 0.6770 | 1.2902 | 1.6606 | 1.9845 | 2.3650 | 2.6269 |
| 99 | 0.6770 | 1.2902 | 1.6604 | 1.9842 | 2.3646 | 2.6264 |
| 100 | 0.6770 | 1.2901 | 1.6602 | 1.9840 | 2.3642 | 2.6259 |
| 110 | 0.6767 | 1.2893 | 1.6588 | 1.9818 | 2.3607 | 2.6213 |
| 120 | 0.6765 | 1.2886 | 1.6577 | 1.9799 | 2.3578 | 2.6174 |
| ∞ | 0.6745 | 1.2816 | 1.6449 | 1.9600 | 2.3263 | 2.5758 |

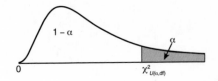

## 表C.3 卡方分配臨界值

表格內的數字代表自由度為特定值時，與各右尾區面積（$\alpha$）相對應的 $\chi^2$ 分配臨界值。

| 自由度 | 右尾區面積（$\alpha$） | | | | | |
| --- | --- | --- | --- | --- | --- | --- |
| | 0.995 | 0.99 | 0.975 | 0.95 | 0.90 | 0.75 |
| 1 | | | 0.001 | 0.004 | 0.016 | 0.102 |
| 2 | 0.010 | 0.020 | 0.051 | 0.103 | 0.211 | 0.575 |
| 3 | 0.072 | 0.115 | 0.216 | 0.352 | 0.584 | 1.213 |
| 4 | 0.207 | 0.297 | 0.484 | 0.711 | 1.064 | 1.923 |
| 5 | 0.412 | 0.554 | 0.831 | 1.145 | 1.610 | 2.675 |
| 6 | 0.676 | 0.872 | 1.237 | 1.635 | 2.204 | 3.455 |
| 7 | 0.989 | 1.239 | 1.690 | 2.167 | 2.833 | 4.255 |
| 8 | 1.344 | 1.646 | 2.180 | 2.733 | 3.490 | 5.071 |
| 9 | 1.735 | 2.088 | 2.700 | 3.325 | 4.168 | 5.899 |
| 10 | 2.156 | 2.558 | 3.247 | 3.940 | 4.865 | 6.737 |
| 11 | 2.603 | 3.053 | 3.816 | 4.575 | 5.578 | 7.584 |
| 12 | 3.074 | 3.571 | 4.404 | 5.226 | 6.304 | 8.438 |
| 13 | 3.565 | 4.107 | 5.009 | 5.892 | 7.042 | 9.299 |
| 14 | 4.075 | 4.660 | 5.629 | 6.571 | 7.790 | 10.165 |
| 15 | 4.601 | 5.229 | 6.262 | 7.261 | 8.547 | 11.037 |
| 16 | 5.142 | 5.812 | 6.908 | 7.962 | 9.312 | 11.912 |
| 17 | 5.697 | 6.408 | 7.564 | 8.672 | 10.085 | 12.792 |
| 18 | 6.265 | 7.015 | 8.231 | 9.390 | 10.865 | 13.675 |
| 19 | 6.844 | 7.633 | 8.907 | 10.117 | 11.651 | 14.562 |
| 20 | 7.434 | 8.260 | 9.591 | 10.851 | 12.443 | 15.452 |
| 21 | 8.034 | 8.897 | 10.283 | 11.591 | 13.240 | 16.344 |
| 22 | 8.643 | 9.542 | 10.982 | 12.338 | 14.042 | 17.240 |
| 23 | 9.260 | 10.196 | 11.689 | 13.091 | 14.848 | 18.137 |
| 24 | 9.886 | 10.856 | 12.401 | 13.848 | 15.659 | 19.037 |
| 25 | 10.520 | 11.524 | 13.120 | 14.611 | 16.473 | 19.939 |
| 26 | 11.160 | 12.198 | 13.844 | 15.379 | 17.292 | 20.843 |
| 27 | 11.808 | 12.879 | 14.573 | 16.151 | 18.114 | 21.749 |
| 28 | 12.461 | 13.565 | 15.308 | 16.928 | 18.939 | 22.657 |
| 29 | 13.121 | 14.257 | 16.047 | 17.708 | 19.768 | 23.567 |
| 30 | 13.787 | 14.954 | 16.791 | 18.493 | 20.599 | 24.478 |

自由度（df）過大、超出表格範圍時，可用公式 $Z = \sqrt{2\chi^2} - \sqrt{2(df)-1}$ 計算，右尾區面積可參考標準常態累積分配（表C.1）。

| | 右尾區面積（$\alpha$） | | | | |
|---|---|---|---|---|---|
| 0.25 | 0.10 | 0.05 | 0.025 | 0.01 | 0.005 |
| 1.323 | 2.706 | 3.841 | 5.024 | 6.635 | 7.879 |
| 2.773 | 4.605 | 5.991 | 7.378 | 9.210 | 10.597 |
| 4.108 | 6.251 | 7.815 | 9.348 | 11.345 | 12.838 |
| 5.385 | 7.779 | 9.488 | 11.143 | 13.277 | 14.860 |
| 6.626 | 9.236 | 11.071 | 12.833 | 15.086 | 16.750 |
| 7.841 | 10.645 | 12.592 | 14.449 | 16.812 | 18.458 |
| 9.037 | 12.017 | 14.067 | 16.013 | 18.475 | 20.278 |
| 10.219 | 13.362 | 15.507 | 17.535 | 20.090 | 21.955 |
| 11.389 | 14.684 | 16.919 | 19.023 | 21.666 | 23.589 |
| 12.549 | 15.987 | 18.307 | 20.483 | 23.209 | 25.188 |
| 13.701 | 17.275 | 19.675 | 21.920 | 24.725 | 26.757 |
| 14.845 | 18.549 | 21.026 | 23.337 | 26.217 | 28.299 |
| 15.984 | 19.812 | 22.362 | 24.736 | 27.688 | 29.819 |
| 17.117 | 21.064 | 23.685 | 26.119 | 29.141 | 31.319 |
| 18.245 | 22.307 | 24.996 | 27.488 | 30.578 | 32.801 |
| 19.369 | 23.542 | 26.296 | 28.845 | 32.000 | 34.267 |
| 20.489 | 24.769 | 27.587 | 30.191 | 33.409 | 35.718 |
| 21.605 | 25.989 | 28.869 | 31.526 | 34.805 | 37.156 |
| 22.718 | 27.204 | 30.144 | 32.852 | 36.191 | 38.582 |
| 23.828 | 28.412 | 31.410 | 34.170 | 37.566 | 39.997 |
| 24.935 | 29.615 | 32.671 | 35.479 | 38.932 | 41.401 |
| 26.039 | 30.813 | 33.924 | 36.781 | 40.289 | 42.796 |
| 27.141 | 32.007 | 35.172 | 38.076 | 41.638 | 44.181 |
| 28.241 | 33.196 | 36.415 | 39.364 | 42.980 | 45.559 |
| 29.339 | 34.382 | 37.652 | 40.646 | 44.314 | 46.928 |
| 30.435 | 35.563 | 38.885 | 41.923 | 45.642 | 48.290 |
| 31.528 | 36.741 | 40.113 | 43.194 | 46.963 | 49.645 |
| 32.620 | 37.916 | 41.337 | 44.461 | 48.278 | 50.993 |
| 33.711 | 39.087 | 42.557 | 45.722 | 49.588 | 52.336 |
| 34.800 | 40.256 | 43.773 | 46.979 | 50.892 | 53.672 |

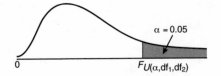

## 表C.4　F分配臨界值

給定分子與分母的自由度後，表格內數字代表與特定右尾區面積（α）相對應的F分配臨界值。

| 分母自由度<br>（$df_2$） | 分子自由度（$df_1$） | | | | | | | | |
|---|---|---|---|---|---|---|---|---|---|
| | 1 | 2 | 3 | 4 | 5 | 6 | 7 | 8 | 9 |
| 1 | 161.40 | 199.50 | 215.70 | 224.60 | 230.20 | 234.00 | 236.80 | 238.90 | 240.50 |
| 2 | 18.51 | 19.00 | 19.16 | 19.25 | 19.30 | 19.33 | 19.35 | 19.37 | 19.38 |
| 3 | 10.13 | 9.55 | 9.28 | 9.12 | 9.01 | 8.94 | 8.89 | 8.85 | 8.81 |
| 4 | 7.71 | 6.94 | 6.59 | 6.39 | 6.26 | 6.16 | 6.09 | 6.04 | 6.00 |
| 5 | 6.61 | 5.79 | 5.41 | 5.19 | 5.05 | 4.95 | 4.88 | 4.82 | 4.77 |
| 6 | 5.99 | 5.14 | 4.76 | 4.53 | 4.39 | 4.28 | 4.21 | 4.15 | 4.10 |
| 7 | 5.59 | 4.74 | 4.35 | 4.12 | 3.97 | 3.87 | 3.79 | 3.73 | 3.68 |
| 8 | 5.32 | 4.46 | 4.07 | 3.84 | 3.69 | 3.58 | 3.50 | 3.44 | 3.39 |
| 9 | 5.12 | 4.26 | 3.86 | 3.63 | 3.48 | 3.37 | 3.29 | 3.23 | 3.18 |
| 10 | 4.96 | 4.10 | 3.71 | 3.48 | 3.33 | 3.22 | 3.14 | 3.07 | 3.02 |
| 11 | 4.84 | 3.98 | 3.59 | 3.36 | 3.20 | 3.09 | 3.01 | 2.95 | 2.90 |
| 12 | 4.75 | 3.89 | 3.49 | 3.26 | 3.11 | 3.00 | 2.91 | 2.85 | 2.80 |
| 13 | 4.67 | 3.81 | 3.41 | 3.18 | 3.03 | 2.92 | 2.83 | 2.77 | 2.71 |
| 14 | 4.60 | 3.74 | 3.34 | 3.11 | 2.96 | 2.85 | 2.76 | 2.70 | 2.65 |
| 15 | 4.54 | 3.68 | 3.29 | 3.06 | 2.90 | 2.79 | 2.71 | 2.64 | 2.59 |
| 16 | 4.49 | 3.63 | 3.24 | 3.01 | 2.85 | 2.74 | 2.66 | 2.59 | 2.54 |
| 17 | 4.45 | 3.59 | 3.20 | 2.96 | 2.81 | 2.70 | 2.61 | 2.55 | 2.49 |
| 18 | 4.41 | 3.55 | 3.16 | 2.93 | 2.77 | 2.66 | 2.58 | 2.51 | 2.46 |
| 19 | 4.38 | 3.52 | 3.13 | 2.90 | 2.74 | 2.63 | 2.54 | 2.48 | 2.42 |

| | | | | 分子自由度（df₁） | | | | | |
|---|---|---|---|---|---|---|---|---|---|
| 10 | 12 | 15 | 20 | 24 | 30 | 40 | 60 | 120 | ∞ |
| 241.90 | 243.90 | 245.90 | 248.00 | 249.10 | 250.10 | 251.10 | 252.20 | 253.30 | 254.30 |
| 19.40 | 19.41 | 19.43 | 19.45 | 19.45 | 19.46 | 19.47 | 19.48 | 19.49 | 19.50 |
| 8.79 | 8.74 | 8.70 | 8.66 | 8.64 | 8.62 | 8.59 | 8.57 | 8.55 | 8.53 |
| 5.96 | 5.91 | 5.86 | 5.80 | 5.77 | 5.75 | 5.72 | 5.69 | 5.66 | 5.63 |
| 4.74 | 4.68 | 4.62 | 4.56 | 4.53 | 4.50 | 4.46 | 4.43 | 4.40 | 4.36 |
| 4.06 | 4.00 | 3.94 | 3.87 | 3.84 | 3.81 | 3.77 | 3.74 | 3.70 | 3.67 |
| 3.64 | 3.57 | 3.51 | 3.44 | 3.41 | 3.38 | 3.34 | 3.30 | 3.27 | 3.23 |
| 3.35 | 3.28 | 3.22 | 3.15 | 3.12 | 3.08 | 3.04 | 3.01 | 2.97 | 2.93 |
| 3.14 | 3.07 | 3.01 | 2.94 | 2.90 | 2.86 | 2.83 | 2.79 | 2.75 | 2.71 |
| 2.98 | 2.91 | 2.85 | 2.77 | 2.74 | 2.70 | 2.66 | 2.62 | 2.58 | 2.54 |
| 2.85 | 2.79 | 2.72 | 2.65 | 2.61 | 2.57 | 2.53 | 2.49 | 2.45 | 2.40 |
| 2.75 | 2.69 | 2.62 | 2.54 | 2.51 | 2.47 | 2.43 | 2.38 | 2.34 | 2.30 |
| 2.67 | 2.60 | 2.53 | 2.46 | 2.42 | 2.38 | 2.34 | 2.30 | 2.25 | 2.21 |
| 2.60 | 2.53 | 2.46 | 2.39 | 2.35 | 2.31 | 2.27 | 2.22 | 2.18 | 2.13 |
| 2.54 | 2.48 | 2.40 | 2.33 | 2.29 | 2.25 | 2.20 | 2.16 | 2.11 | 2.07 |
| 2.49 | 2.42 | 2.35 | 2.28 | 2.24 | 2.19 | 2.15 | 2.11 | 2.06 | 2.01 |
| 2.45 | 2.38 | 2.31 | 2.23 | 2.19 | 2.15 | 2.10 | 2.06 | 2.01 | 1.96 |
| 2.41 | 2.34 | 2.27 | 2.19 | 2.15 | 2.11 | 2.06 | 2.02 | 1.97 | 1.92 |
| 2.38 | 2.31 | 2.23 | 2.16 | 2.11 | 2.07 | 2.03 | 1.98 | 1.93 | 1.88 |

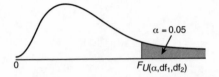

## 表C.4（續）

給定分子與分母的自由度後，表格內數字代表與特定右尾區面積（α）相對應的F分配臨界值。

| 分母自由度 | 分子自由度（df₁） | | | | | | | | |
|:---:|:---:|:---:|:---:|:---:|:---:|:---:|:---:|:---:|:---:|
| （df₂） | 1 | 2 | 3 | 4 | 5 | 6 | 7 | 8 | 9 |
| 20 | 4.35 | 3.49 | 3.10 | 2.87 | 2.71 | 2.60 | 2.51 | 2.45 | 2.39 |
| 21 | 4.32 | 3.47 | 3.07 | 2.84 | 2.68 | 2.57 | 2.49 | 2.42 | 2.37 |
| 22 | 4.30 | 3.44 | 3.05 | 2.82 | 2.66 | 2.55 | 2.46 | 2.40 | 2.34 |
| 23 | 4.28 | 3.42 | 3.03 | 2.80 | 2.64 | 2.53 | 2.44 | 2.37 | 2.32 |
| 24 | 4.26 | 3.40 | 3.01 | 2.78 | 2.62 | 2.51 | 2.42 | 2.36 | 2.30 |
| 25 | 4.24 | 3.39 | 2.99 | 2.76 | 2.60 | 2.49 | 2.40 | 2.34 | 2.28 |
| 26 | 4.23 | 3.37 | 2.98 | 2.74 | 2.59 | 2.47 | 2.39 | 2.32 | 2.27 |
| 27 | 4.21 | 3.35 | 2.96 | 2.73 | 2.57 | 2.46 | 2.37 | 2.31 | 2.25 |
| 28 | 4.20 | 3.34 | 2.95 | 2.71 | 2.56 | 2.45 | 2.36 | 2.29 | 2.24 |
| 29 | 4.18 | 3.33 | 2.93 | 2.70 | 2.55 | 2.43 | 2.35 | 2.28 | 2.22 |
| 30 | 4.17 | 3.32 | 2.92 | 2.69 | 2.53 | 2.42 | 2.33 | 2.27 | 2.21 |
| 40 | 4.08 | 3.23 | 2.84 | 2.61 | 2.45 | 2.34 | 2.25 | 2.18 | 2.12 |
| 60 | 4.00 | 3.15 | 2.76 | 2.53 | 2.37 | 2.25 | 2.17 | 2.10 | 2.04 |
| 120 | 3.92 | 3.07 | 2.68 | 2.45 | 2.29 | 2.17 | 2.09 | 2.02 | 1.96 |
| ∞ | 3.84 | 3.00 | 2.60 | 2.37 | 2.21 | 2.10 | 2.01 | 1.94 | 1.88 |

| | | | 分子自由度（$df_1$) | | | | | | |
|------|------|------|------|------|------|------|------|------|------|
| 10 | 12 | 15 | 20 | 24 | 30 | 40 | 60 | 120 | ∞ |
| 2.35 | 2.28 | 2.20 | 2.12 | 2.08 | 2.04 | 1.99 | 1.95 | 1.90 | 1.84 |
| 2.32 | 2.25 | 2.18 | 2.10 | 2.05 | 2.01 | 1.96 | 1.92 | 1.87 | 1.81 |
| 2.30 | 2.23 | 2.15 | 2.07 | 2.03 | 1.98 | 1.91 | 1.89 | 1.84 | 1.78 |
| 2.27 | 2.20 | 2.13 | 2.05 | 2.01 | 1.96 | 1.91 | 1.86 | 1.81 | 1.76 |
| 2.25 | 2.18 | 2.11 | 2.03 | 1.98 | 1.94 | 1.89 | 1.84 | 1.79 | 1.73 |
| 2.24 | 2.16 | 2.09 | 2.01 | 1.96 | 1.92 | 1.87 | 1.82 | 1.77 | 1.71 |
| 2.22 | 2.15 | 2.07 | 1.99 | 1.95 | 1.90 | 1.85 | 1.80 | 1.75 | 1.69 |
| 2.20 | 2.13 | 2.06 | 1.97 | 1.93 | 1.88 | 1.84 | 1.79 | 1.73 | 1.67 |
| 2.19 | 2.12 | 2.04 | 1.96 | 1.91 | 1.87 | 1.82 | 1.77 | 1.71 | 1.65 |
| 2.18 | 2.10 | 2.03 | 1.94 | 1.90 | 1.85 | 1.81 | 1.75 | 1.70 | 1.64 |
| 2.16 | 2.09 | 2.01 | 1.93 | 1.89 | 1.84 | 1.79 | 1.74 | 1.68 | 1.62 |
| 2.08 | 2.00 | 1.92 | 1.84 | 1.79 | 1.74 | 1.69 | 1.64 | 1.58 | 1.51 |
| 1.99 | 1.92 | 1.84 | 1.75 | 1.70 | 1.65 | 1.59 | 1.53 | 1.47 | 1.39 |
| 1.91 | 1.83 | 1.75 | 1.66 | 1.61 | 1.55 | 1.50 | 1.43 | 1.35 | 1.25 |
| 1.83 | 1.75 | 1.67 | 1.57 | 1.52 | 1.46 | 1.39 | 1.32 | 1.22 | 1.00 |

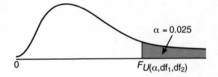

## 表C.4（續）

給定分子與分母的自由度後，表格內數字代表與特定右尾區面積（$\alpha$）相對應的F分配臨界值。

| 分母自由度 | 分子自由度（$df_1$） | | | | | | | | |
|---|---|---|---|---|---|---|---|---|---|
| （$df_2$） | 1 | 2 | 3 | 4 | 5 | 6 | 7 | 8 | 9 |
| 1 | 647.80 | 799.50 | 864.20 | 899.60 | 921.80 | 937.10 | 948.20 | 956.70 | 963.30 |
| 2 | 38.51 | 39.00 | 39.17 | 39.25 | 39.30 | 39.33 | 39.36 | 39.39 | 39.39 |
| 3 | 17.44 | 16.04 | 15.44 | 15.10 | 14.88 | 14.73 | 14.62 | 14.54 | 14.47 |
| 4 | 12.22 | 10.65 | 9.98 | 9.60 | 9.36 | 9.20 | 9.07 | 8.98 | 8.90 |
| 5 | 10.01 | 8.43 | 7.76 | 7.39 | 7.15 | 6.98 | 6.85 | 6.76 | 6.68 |
| 6 | 8.81 | 7.26 | 6.60 | 6.23 | 5.99 | 5.82 | 5.70 | 5.60 | 5.52 |
| 7 | 8.07 | 6.54 | 5.89 | 5.52 | 5.29 | 5.12 | 4.99 | 4.90 | 4.82 |
| 8 | 7.57 | 6.06 | 5.42 | 5.05 | 4.82 | 4.65 | 4.53 | 4.43 | 4.36 |
| 9 | 7.21 | 5.71 | 5.08 | 4.72 | 4.48 | 4.32 | 4.20 | 4.10 | 4.03 |
| 10 | 6.94 | 5.46 | 4.83 | 4.47 | 4.24 | 4.07 | 3.95 | 3.85 | 3.78 |
| 11 | 6.72 | 5.26 | 4.63 | 4.28 | 4.04 | 3.88 | 3.76 | 3.66 | 3.59 |
| 12 | 6.55 | 5.10 | 4.47 | 4.12 | 3.89 | 3.73 | 3.61 | 3.51 | 3.44 |
| 13 | 6.41 | 4.97 | 4.35 | 4.00 | 3.77 | 3.60 | 3.48 | 3.39 | 3.31 |
| 14 | 6.30 | 4.86 | 4.24 | 3.89 | 3.66 | 3.50 | 3.38 | 3.29 | 3.21 |
| 15 | 6.20 | 4.77 | 4.15 | 3.80 | 3.58 | 3.41 | 3.29 | 3.20 | 3.12 |
| 16 | 6.12 | 4.69 | 4.08 | 3.73 | 3.50 | 3.34 | 3.22 | 3.12 | 3.05 |
| 17 | 6.04 | 4.62 | 4.01 | 3.66 | 3.44 | 3.28 | 3.16 | 3.06 | 2.98 |
| 18 | 5.98 | 4.56 | 3.95 | 3.61 | 3.38 | 3.22 | 3.10 | 3.01 | 2.93 |
| 19 | 5.92 | 4.51 | 3.90 | 3.56 | 3.33 | 3.17 | 3.05 | 2.96 | 2.88 |
| 20 | 5.87 | 4.46 | 3.86 | 3.51 | 3.29 | 3.13 | 3.01 | 2.91 | 2.84 |
| 21 | 5.83 | 4.42 | 3.82 | 3.48 | 3.25 | 3.09 | 2.97 | 2.87 | 2.80 |

| 分子自由度（$df_1$） | | | | | | | | | |
|---|---|---|---|---|---|---|---|---|---|
| 10 | 12 | 15 | 20 | 24 | 30 | 40 | 60 | 120 | ∞ |
| 968.60 | 976.70 | 984.90 | 993.10 | 997.20 | 1,001.00 | 1,006.00 | 1,010.00 | 1,014.00 | 1,018.00 |
| 39.40 | 39.41 | 39.43 | 39.45 | 39.46 | 39.46 | 39.47 | 39.48 | 39.49 | 39.50 |
| 14.42 | 14.34 | 14.25 | 14.17 | 14.12 | 14.08 | 14.04 | 13.99 | 13.95 | 13.90 |
| 8.84 | 8.75 | 8.66 | 8.56 | 8.51 | 8.46 | 8.41 | 8.36 | 8.31 | 8.26 |
| 6.62 | 6.52 | 6.43 | 6.33 | 6.28 | 6.23 | 6.18 | 6.12 | 6.07 | 6.02 |
| 5.46 | 5.37 | 5.27 | 5.17 | 5.12 | 5.07 | 5.01 | 4.96 | 4.90 | 4.85 |
| 4.76 | 4.67 | 4.57 | 4.47 | 4.42 | 4.36 | 4.31 | 4.25 | 4.20 | 4.14 |
| 4.30 | 4.20 | 4.10 | 4.00 | 3.95 | 3.89 | 3.84 | 3.78 | 3.73 | 3.67 |
| 3.96 | 3.87 | 3.77 | 3.67 | 3.61 | 3.56 | 3.51 | 3.45 | 3.39 | 3.33 |
| 3.72 | 3.62 | 3.52 | 3.42 | 3.37 | 3.31 | 3.26 | 3.20 | 3.14 | 3.08 |
| 3.53 | 3.43 | 3.33 | 3.23 | 3.17 | 3.12 | 3.06 | 3.00 | 2.94 | 2.88 |
| 3.37 | 3.28 | 3.18 | 3.07 | 3.02 | 2.96 | 2.91 | 2.85 | 2.79 | 2.72 |
| 3.25 | 3.15 | 3.05 | 2.95 | 2.89 | 2.84 | 2.78 | 2.72 | 2.66 | 2.60 |
| 3.15 | 3.05 | 2.95 | 2.84 | 2.79 | 2.73 | 2.67 | 2.61 | 2.55 | 2.49 |
| 3.06 | 2.96 | 2.86 | 2.76 | 2.70 | 2.64 | 2.59 | 2.52 | 2.46 | 2.40 |
| 2.99 | 2.89 | 2.79 | 2.68 | 2.63 | 2.57 | 2.51 | 2.45 | 2.38 | 2.32 |
| 2.92 | 2.82 | 2.72 | 2.62 | 2.56 | 2.50 | 2.44 | 2.38 | 2.32 | 2.25 |
| 2.87 | 2.77 | 2.67 | 2.56 | 2.50 | 2.44 | 2.38 | 2.32 | 2.26 | 2.19 |
| 2.82 | 2.72 | 2.62 | 2.51 | 2.45 | 2.39 | 2.33 | 2.27 | 2.20 | 2.13 |
| 2.77 | 2.68 | 2.57 | 2.46 | 2.41 | 2.35 | 2.29 | 2.22 | 2.16 | 2.09 |
| 2.73 | 2.64 | 2.53 | 2.42 | 2.37 | 2.31 | 2.25 | 2.18 | 2.11 | 2.04 |

## 表C.4（續）

給定分子與分母的自由度後，表格內數字代表與特定右尾區面積（$\alpha$）相對應的F分配臨界值。

| 分母自由度<br>（$df_2$） | 分子自由度（$df_1$） | | | | | | | | |
|---|---|---|---|---|---|---|---|---|---|
| | 1 | 2 | 3 | 4 | 5 | 6 | 7 | 8 | 9 |
| 22 | 5.79 | 4.38 | 3.78 | 3.44 | 3.22 | 3.05 | 2.93 | 2.84 | 2.76 |
| 23 | 5.75 | 4.35 | 3.75 | 3.41 | 3.18 | 3.02 | 2.90 | 2.81 | 2.73 |
| 24 | 5.72 | 4.32 | 3.72 | 3.38 | 3.15 | 2.99 | 2.87 | 2.78 | 2.70 |
| 25 | 5.69 | 4.29 | 3.69 | 3.35 | 3.13 | 2.97 | 2.85 | 2.75 | 2.68 |
| 26 | 5.66 | 4.27 | 3.67 | 3.33 | 3.10 | 2.94 | 2.82 | 2.73 | 2.65 |
| 27 | 5.63 | 4.24 | 3.65 | 3.31 | 3.08 | 2.92 | 2.80 | 2.71 | 2.63 |
| 28 | 5.61 | 4.22 | 3.63 | 3.29 | 3.06 | 2.90 | 2.78 | 2.69 | 2.61 |
| 29 | 5.59 | 4.20 | 3.61 | 3.27 | 3.04 | 2.88 | 2.76 | 2.67 | 2.59 |
| 30 | 5.57 | 4.18 | 3.59 | 3.25 | 3.03 | 2.87 | 2.75 | 2.65 | 2.57 |
| 40 | 5.42 | 4.05 | 3.46 | 3.13 | 2.90 | 2.74 | 2.62 | 2.53 | 2.45 |
| 60 | 5.29 | 3.93 | 3.34 | 3.01 | 2.79 | 2.63 | 2.51 | 2.41 | 2.33 |
| 120 | 5.15 | 3.80 | 3.23 | 2.89 | 2.67 | 2.52 | 2.39 | 2.30 | 2.22 |
| $\infty$ | 5.02 | 3.69 | 3.12 | 2.79 | 2.57 | 2.41 | 2.29 | 2.19 | 2.11 |

| 分子自由度（df₁） | | | | | | | | | |
|---|---|---|---|---|---|---|---|---|---|
| 10 | 12 | 15 | 20 | 24 | 30 | 40 | 60 | 120 | ∞ |
| 2.70 | 2.60 | 2.50 | 2.39 | 2.33 | 2.27 | 2.21 | 2.14 | 2.08 | 2.00 |
| 2.67 | 2.57 | 2.47 | 2.36 | 2.30 | 2.24 | 2.18 | 2.11 | 2.04 | 1.97 |
| 2.64 | 2.54 | 2.44 | 2.33 | 2.27 | 2.21 | 2.15 | 2.08 | 2.01 | 1.94 |
| 2.61 | 2.51 | 2.41 | 2.30 | 2.24 | 2.18 | 2.12 | 2.05 | 1.98 | 1.91 |
| 2.59 | 2.49 | 2.39 | 2.28 | 2.22 | 2.16 | 2.09 | 2.03 | 1.95 | 1.88 |
| 2.57 | 2.47 | 2.36 | 2.25 | 2.19 | 2.13 | 2.07 | 2.00 | 1.93 | 1.85 |
| 2.55 | 2.45 | 2.34 | 2.23 | 2.17 | 2.11 | 2.05 | 1.98 | 1.91 | 1.83 |
| 2.53 | 2.43 | 2.32 | 2.21 | 2.15 | 2.09 | 2.03 | 1.96 | 1.89 | 1.81 |
| 2.51 | 2.41 | 2.31 | 2.20 | 2.14 | 2.07 | 2.01 | 1.94 | 1.87 | 1.79 |
| 2.39 | 2.29 | 2.18 | 2.07 | 2.01 | 1.94 | 1.88 | 1.80 | 1.72 | 1.64 |
| 2.27 | 2.17 | 2.06 | 1.94 | 1.88 | 1.82 | 1.74 | 1.67 | 1.58 | 1.48 |
| 2.16 | 2.05 | 1.94 | 1.82 | 1.76 | 1.69 | 1.61 | 1.53 | 1.43 | 1.31 |
| 2.05 | 1.94 | 1.83 | 1.71 | 1.64 | 1.57 | 1.48 | 1.39 | 1.27 | 1.00 |

α = 0.01

$F_{U(\alpha, df_1, df_2)}$

## 表C.4（續）

給定分子與分母的自由度後，表格內數字代表與特定右尾區面積（α）相對應的F分配臨界值。

| 分母自由度 (df₂) | 分子自由度 (df₁) | | | | | | | | |
|---|---|---|---|---|---|---|---|---|---|
| | 1 | 2 | 3 | 4 | 5 | 6 | 7 | 8 | 9 |
| 1 | 4,052.00 | 4,999.50 | 5,403.00 | 5,625.00 | 5,764.00 | 5,859.00 | 5,928.00 | 5,982.00 | 6,022.00 |
| 2 | 98.50 | 99.00 | 99.17 | 99.25 | 99.30 | 99.33 | 99.36 | 99.37 | 99.39 |
| 3 | 34.12 | 30.82 | 29.46 | 28.71 | 28.24 | 27.91 | 27.67 | 27.49 | 27.35 |
| 4 | 21.20 | 18.00 | 16.69 | 15.98 | 15.52 | 15.21 | 14.98 | 14.80 | 14.66 |
| 5 | 16.26 | 13.27 | 12.06 | 11.39 | 10.97 | 10.67 | 10.46 | 10.29 | 10.16 |
| 6 | 13.75 | 10.92 | 9.78 | 9.15 | 8.75 | 8.47 | 8.26 | 8.10 | 7.98 |
| 7 | 12.25 | 9.55 | 8.45 | 7.85 | 7.46 | 7.19 | 6.99 | 6.84 | 6.72 |
| 8 | 11.26 | 8.65 | 7.59 | 7.01 | 6.63 | 6.37 | 6.18 | 6.03 | 5.91 |
| 9 | 10.56 | 8.02 | 6.99 | 6.42 | 6.06 | 5.80 | 5.61 | 5.47 | 5.35 |
| 10 | 10.04 | 7.56 | 6.55 | 5.99 | 5.64 | 5.39 | 5.20 | 5.06 | 4.94 |
| 11 | 9.65 | 7.21 | 6.22 | 5.67 | 5.32 | 5.07 | 4.89 | 4.74 | 4.63 |
| 12 | 9.33 | 6.93 | 5.95 | 5.41 | 5.06 | 4.82 | 4.64 | 4.50 | 4.39 |
| 13 | 9.07 | 6.70 | 5.74 | 5.21 | 4.86 | 4.62 | 4.44 | 4.30 | 4.19 |
| 14 | 8.86 | 6.51 | 5.56 | 5.04 | 4.69 | 4.46 | 4.28 | 4.14 | 4.03 |
| 15 | 8.68 | 6.36 | 5.42 | 4.89 | 4.56 | 4.32 | 4.14 | 4.00 | 3.89 |
| 16 | 8.53 | 6.23 | 5.29 | 4.77 | 4.44 | 4.20 | 4.03 | 3.89 | 3.78 |
| 17 | 8.40 | 6.11 | 5.18 | 4.67 | 4.34 | 4.10 | 3.93 | 3.79 | 3.68 |
| 18 | 8.29 | 6.01 | 5.09 | 4.58 | 4.25 | 4.01 | 3.84 | 3.71 | 3.60 |
| 19 | 8.18 | 5.93 | 5.01 | 4.50 | 4.17 | 3.94 | 3.77 | 3.63 | 3.52 |
| 20 | 8.10 | 5.85 | 4.94 | 4.43 | 4.10 | 3.87 | 3.70 | 3.56 | 3.46 |
| 21 | 8.02 | 5.78 | 4.87 | 4.37 | 4.04 | 3.81 | 3.64 | 3.51 | 3.40 |

| | | | | 分子自由度（df₁） | | | | | |
|---|---|---|---|---|---|---|---|---|---|
| 10 | 12 | 15 | 20 | 24 | 30 | 40 | 60 | 120 | ∞ |
| 6,056.00 | 6,106.00 | 6,157.00 | 6,209.00 | 6,235.00 | 6,261.00 | 6,287.00 | 6,313.00 | 6,339.00 | 6,366.00 |
| 99.40 | 99.42 | 99.43 | 94.45 | 99.46 | 99.47 | 99.47 | 99.48 | 99.49 | 99.50 |
| 27.23 | 27.05 | 26.87 | 26.69 | 26.60 | 26.50 | 26.41 | 26.32 | 26.22 | 26.13 |
| 14.55 | 14.37 | 14.20 | 14.02 | 13.93 | 13.84 | 13.75 | 13.65 | 13.56 | 13.46 |
| 10.05 | 9.89 | 9.72 | 9.55 | 9.47 | 9.38 | 9.29 | 9.20 | 9.11 | 9.02 |
| 7.87 | 7.72 | 7.56 | 7.40 | 7.31 | 7.23 | 7.14 | 7.06 | 6.97 | 6.88 |
| 6.62 | 6.47 | 6.31 | 6.16 | 6.07 | 5.99 | 5.91 | 5.82 | 5.74 | 5.65 |
| 5.81 | 5.67 | 5.52 | 5.36 | 5.28 | 5.20 | 5.12 | 5.03 | 4.95 | 4.86 |
| 5.26 | 5.11 | 4.96 | 4.81 | 4.73 | 4.65 | 4.57 | 4.48 | 4.40 | 4.31 |
| 4.85 | 4.71 | 4.56 | 4.41 | 4.33 | 4.25 | 4.17 | 4.08 | 4.00 | 3.91 |
| 4.54 | 4.40 | 4.25 | 4.10 | 4.02 | 3.94 | 3.86 | 3.78 | 3.69 | 3.60 |
| 4.30 | 4.16 | 4.01 | 3.86 | 3.78 | 3.70 | 3.62 | 3.54 | 3.45 | 3.36 |
| 4.10 | 3.96 | 3.82 | 3.66 | 3.59 | 3.51 | 3.43 | 3.34 | 3.25 | 3.17 |
| 3.94 | 3.80 | 3.66 | 3.51 | 3.43 | 3.35 | 3.27 | 3.18 | 3.09 | 3.00 |
| 3.80 | 3.67 | 3.52 | 3.37 | 3.29 | 3.21 | 3.13 | 3.05 | 2.96 | 2.87 |
| 3.69 | 3.55 | 3.41 | 3.26 | 3.18 | 3.10 | 3.02 | 2.93 | 2.81 | 2.75 |
| 3.59 | 3.46 | 3.31 | 3.16 | 3.08 | 3.00 | 2.92 | 2.83 | 2.75 | 2.65 |
| 3.51 | 3.37 | 3.23 | 3.08 | 3.00 | 2.92 | 2.84 | 2.75 | 2.66 | 2.57 |
| 3.43 | 3.30 | 3.15 | 3.00 | 2.92 | 2.84 | 2.76 | 2.67 | 2.58 | 2.49 |
| 3.37 | 3.23 | 3.09 | 2.94 | 2.86 | 2.78 | 2.69 | 2.61 | 2.52 | 2.42 |
| 3.31 | 3.17 | 3.03 | 2.88 | 2.80 | 2.72 | 2.64 | 2.55 | 2.46 | 2.36 |

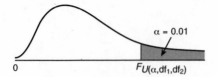

## 表C.4（續）

給定分子與分母的自由度後，表格內數字代表與特定右尾區面積（$\alpha$）相對應的F分配臨界值。

| 分母自由度 (df$_2$) | 分子自由度（df$_1$） | | | | | | | | |
|---|---|---|---|---|---|---|---|---|---|
| | 1 | 2 | 3 | 4 | 5 | 6 | 7 | 8 | 9 |
| 22 | 7.95 | 5.72 | 4.82 | 4.31 | 3.99 | 3.76 | 3.59 | 3.45 | 3.35 |
| 23 | 7.88 | 5.66 | 4.76 | 4.26 | 3.94 | 3.71 | 3.54 | 3.41 | 3.30 |
| 24 | 7.82 | 5.61 | 4.72 | 4.22 | 3.90 | 3.67 | 3.50 | 3.36 | 3.26 |
| 25 | 7.77 | 5.57 | 4.68 | 4.18 | 3.85 | 3.63 | 3.46 | 3.32 | 3.22 |
| 26 | 7.72 | 5.53 | 4.64 | 4.14 | 3.82 | 3.59 | 3.42 | 3.29 | 3.18 |
| 27 | 7.68 | 5.49 | 4.60 | 4.11 | 3.78 | 3.56 | 3.39 | 3.26 | 3.15 |
| 28 | 7.64 | 5.45 | 4.57 | 4.07 | 3.75 | 3.53 | 3.36 | 3.23 | 3.12 |
| 29 | 7.60 | 5.42 | 4.54 | 4.04 | 3.73 | 3.50 | 3.33 | 3.20 | 3.09 |
| 30 | 7.56 | 5.39 | 4.51 | 4.02 | 3.70 | 3.47 | 3.30 | 3.17 | 3.07 |
| 40 | 7.31 | 5.18 | 4.31 | 3.83 | 3.51 | 3.29 | 3.12 | 2.99 | 2.89 |
| 60 | 7.08 | 4.98 | 4.13 | 3.65 | 3.34 | 3.12 | 2.95 | 2.82 | 2.72 |
| 120 | 6.85 | 4.79 | 3.95 | 3.48 | 3.17 | 2.96 | 2.79 | 2.66 | 2.56 |
| ∞ | 6.63 | 4.61 | 3.78 | 3.32 | 3.02 | 2.80 | 2.64 | 2.51 | 2.41 |

| | | | | 分子自由度（$df_1$） | | | | | |
|---|---|---|---|---|---|---|---|---|---|
| 10 | 12 | 15 | 20 | 24 | 30 | 40 | 60 | 120 | $\infty$ |
| 3.26 | 3.12 | 2.98 | 2.83 | 2.75 | 2.67 | 2.58 | 2.50 | 2.40 | 2.31 |
| 3.21 | 3.07 | 2.93 | 2.78 | 2.70 | 2.62 | 2.54 | 2.45 | 2.35 | 2.26 |
| 3.17 | 3.03 | 2.89 | 2.74 | 2.66 | 2.58 | 2.49 | 2.40 | 2.31 | 2.21 |
| 3.13 | 2.99 | 2.85 | 2.70 | 2.62 | 2.54 | 2.45 | 2.36 | 2.27 | 2.17 |
| 3.09 | 2.96 | 2.81 | 2.66 | 2.58 | 2.50 | 2.42 | 2.33 | 2.23 | 2.13 |
| 3.06 | 2.93 | 2.78 | 2.63 | 2.55 | 2.47 | 2.38 | 2.29 | 2.20 | 2.10 |
| 3.03 | 2.90 | 2.75 | 2.60 | 2.52 | 2.44 | 2.35 | 2.26 | 2.17 | 2.06 |
| 3.00 | 2.87 | 2.73 | 2.57 | 2.49 | 2.41 | 2.33 | 2.23 | 2.14 | 2.03 |
| 2.98 | 2.84 | 2.70 | 2.55 | 2.47 | 2.39 | 2.30 | 2.21 | 2.11 | 2.01 |
| 2.80 | 2.66 | 2.52 | 2.37 | 2.29 | 2.20 | 2.11 | 2.02 | 1.92 | 1.80 |
| 2.63 | 2.50 | 2.35 | 2.20 | 2.12 | 2.03 | 1.94 | 1.84 | 1.73 | 1.60 |
| 2.47 | 2.34 | 2.19 | 2.03 | 1.95 | 1.86 | 1.76 | 1.66 | 1.53 | 1.38 |
| 2.32 | 2.18 | 2.04 | 1.88 | 1.79 | 1.70 | 1.59 | 1.47 | 1.32 | 1.00 |

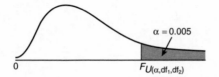

## 表C.4（續）

給定分子與分母的自由度後，表格內數字代表與特定右尾區面積（$\alpha$）相對應的F分配臨界值。

| 分母自由度 （df₂） | 分子自由度（df₁） | | | | | | | | |
|---|---|---|---|---|---|---|---|---|---|
| | 1 | 2 | 3 | 4 | 5 | 6 | 7 | 8 | 9 |
| 1 | 16,211.00 | 20,000.000 | 21,615.00 | 22,500.00 | 23,056.00 | 23,437.00 | 23,715.00 | 23,925.00 | 24,091.00 |
| 2 | 198.50 | 199.00 | 199.20 | 199.20 | 199.30 | 199.30 | 199.40 | 199.40 | 199.40 |
| 3 | 55.55 | 49.80 | 47.47 | 46.19 | 45.39 | 44.84 | 44.43 | 44.13 | 43.88 |
| 4 | 31.33 | 26.28 | 24.26 | 23.15 | 22.46 | 21.97 | 21.62 | 21.35 | 21.14 |
| 5 | 22.78 | 18.31 | 16.53 | 15.56 | 14.94 | 14.51 | 14.20 | 13.96 | 13.77 |
| 6 | 18.63 | 14.54 | 12.92 | 12.03 | 11.46 | 11.07 | 10.79 | 10.57 | 10.39 |
| 7 | 16.24 | 12.40 | 10.88 | 10.05 | 9.52 | 9.16 | 8.89 | 8.68 | 8.51 |
| 8 | 14.69 | 11.04 | 9.60 | 8.81 | 8.30 | 7.95 | 7.69 | 7.50 | 7.34 |
| 9 | 13.61 | 10.11 | 8.72 | 7.96 | 7.47 | 7.13 | 6.88 | 6.69 | 6.54 |
| 10 | 12.83 | 9.43 | 8.08 | 7.34 | 6.87 | 6.54 | 6.30 | 6.12 | 5.97 |
| 11 | 12.23 | 8.91 | 7.60 | 6.88 | 6.42 | 6.10 | 5.86 | 5.68 | 5.54 |
| 12 | 11.75 | 8.51 | 7.23 | 6.52 | 6.07 | 5.76 | 5.52 | 5.35 | 5.20 |
| 13 | 11.37 | 8.19 | 6.93 | 6.23 | 5.79 | 5.48 | 5.25 | 5.08 | 4.94 |
| 14 | 11.06 | 7.92 | 6.68 | 6.00 | 5.56 | 5.26 | 5.03 | 4.86 | 4.72 |
| 15 | 10.80 | 7.70 | 6.48 | 5.80 | 5.37 | 5.07 | 4.85 | 4.67 | 4.54 |
| 16 | 10.58 | 7.51 | 6.30 | 5.64 | 5.21 | 4.91 | 4.69 | 4.52 | 4.38 |
| 17 | 10.38 | 7.35 | 6.16 | 5.50 | 5.07 | 4.78 | 4.56 | 4.39 | 4.25 |
| 18 | 10.22 | 7.21 | 6.03 | 5.37 | 4.96 | 4.66 | 4.44 | 4.28 | 4.14 |
| 19 | 10.07 | 7.09 | 5.92 | 5.27 | 4.85 | 4.56 | 4.34 | 4.18 | 4.04 |
| 20 | 9.94 | 6.99 | 5.82 | 5.17 | 4.76 | 4.47 | 4.26 | 4.09 | 3.96 |
| 21 | 9.83 | 6.89 | 5.73 | 5.09 | 4.68 | 4.39 | 4.18 | 4.02 | 3.88 |
| 22 | 9.73 | 6.81 | 5.65 | 5.02 | 4.61 | 4.32 | 4.11 | 3.94 | 3.81 |
| 23 | 9.63 | 6.73 | 5.58 | 4.95 | 4.54 | 4.26 | 4.05 | 3.88 | 3.75 |
| 24 | 9.55 | 6.66 | 5.52 | 4.89 | 4.49 | 4.20 | 3.99 | 3.83 | 3.69 |

| | | | 分子自由度（df₁） | | | | | | |
|---|---|---|---|---|---|---|---|---|---|
| 10 | 12 | 15 | 20 | 24 | 30 | 40 | 60 | 120 | ∞ |
| 24,224.00 | 24,426.00 | 24,630.00 | 24,836.00 | 24,910.00 | 25,044.00 | 25,148.00 | 25,253.00 | 25,359.00 | 25,465.00 |
| 199.40 | 199.40 | 199.40 | 199.40 | 199.50 | 199.50 | 199.50 | 199.50 | 199.50 | 199.50 |
| 43.69 | 43.39 | 43.08 | 42.78 | 42.62 | 42.47 | 42.31 | 42.15 | 41.99 | 41.83 |
| 20.97 | 20.70 | 20.44 | 20.17 | 20.03 | 19.89 | 19.75 | 19.61 | 19.47 | 19.32 |
| 13.62 | 13.38 | 13.15 | 12.90 | 12.78 | 12.66 | 12.53 | 12.40 | 12.27 | 12.11 |
| 10.25 | 10.03 | 9.81 | 9.59 | 9.47 | 9.36 | 9.24 | 9.12 | 9.00 | 8.88 |
| 8.38 | 8.18 | 7.97 | 7.75 | 7.65 | 7.53 | 7.42 | 7.31 | 7.19 | 7.08 |
| 7.21 | 7.01 | 6.81 | 6.61 | 6.50 | 6.40 | 6.29 | 6.18 | 6.06 | 5.95 |
| 6.42 | 6.23 | 6.03 | 5.83 | 5.73 | 5.62 | 5.52 | 5.41 | 5.30 | 5.19 |
| 5.85 | 5.66 | 5.47 | 5.27 | 5.17 | 5.07 | 4.97 | 4.86 | 4.75 | 1.61 |
| 5.42 | 5.24 | 5.05 | 4.86 | 4.75 | 4.65 | 4.55 | 4.44 | 4.34 | 4.23 |
| 5.09 | 4.91 | 4.72 | 4.53 | 4.43 | 4.33 | 4.23 | 4.12 | 4.01 | 3.90 |
| 4.82 | 4.64 | 4.46 | 4.27 | 4.17 | 4.07 | 3.97 | 3.87 | 3.76 | 3.65 |
| 4.60 | 4.43 | 4.25 | 4.06 | 3.96 | 3.86 | 3.76 | 3.66 | 3.55 | 3.41 |
| 4.42 | 4.25 | 4.07 | 3.88 | 3.79 | 3.69 | 3.58 | 3.48 | 3.37 | 3.26 |
| 4.27 | 4.10 | 3.92 | 3.73 | 3.64 | 3.54 | 3.44 | 3.33 | 3.22 | 3.11 |
| 4.14 | 3.97 | 3.79 | 3.61 | 3.51 | 3.41 | 3.31 | 3.21 | 3.10 | 2.98 |
| 4.03 | 3.86 | 3.68 | 3.50 | 3.40 | 3.30 | 3.20 | 3.10 | 2.89 | 2.87 |
| 3.93 | 3.76 | 3.59 | 3.40 | 3.31 | 3.21 | 3.11 | 3.00 | 2.89 | 2.78 |
| 3.85 | 3.68 | 3.50 | 3.32 | 3.22 | 3.12 | 3.02 | 2.92 | 2.81 | 2.69 |
| 3.77 | 3.60 | 3.43 | 3.24 | 3.15 | 3.05 | 2.95 | 2.84 | 2.73 | 2.61 |
| 3.70 | 3.54 | 3.36 | 3.18 | 3.08 | 2.98 | 2.88 | 2.77 | 2.66 | 2.55 |
| 3.64 | 3.47 | 3.30 | 3.12 | 3.02 | 2.92 | 2.82 | 2.71 | 2.60 | 2.48 |
| 3.59 | 3.42 | 3.25 | 3.06 | 2.97 | 2.87 | 2.77 | 2.66 | 2.55 | 2.43 |

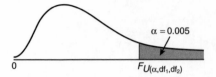

$\alpha = 0.005$

$F_{U(\alpha, df_1, df_2)}$

## 表C.4（續）

| 分母自由度 | 分子自由度（$df_1$） | | | | | | | | |
|---|---|---|---|---|---|---|---|---|---|
| （$df_2$） | 1 | 2 | 3 | 4 | 5 | 6 | 7 | 8 | 9 |
| 25 | 9.48 | 6.60 | 5.46 | 4.84 | 4.43 | 4.15 | 3.94 | 3.78 | 3.64 |
| 26 | 9.41 | 6.54 | 5.41 | 4.79 | 4.38 | 4.10 | 3.89 | 3.73 | 3.60 |
| 27 | 9.34 | 6.49 | 5.36 | 4.74 | 4.34 | 4.06 | 3.85 | 3.69 | 3.56 |
| 28 | 9.28 | 6.44 | 5.32 | 4.70 | 4.30 | 4.02 | 3.81 | 3.65 | 3.52 |
| 29 | 9.23 | 6.40 | 5.28 | 4.66 | 4.26 | 3.98 | 3.77 | 3.61 | 3.48 |
| 30 | 9.18 | 6.35 | 5.24 | 4.62 | 4.23 | 3.95 | 3.74 | 3.58 | 3.45 |
| 40 | 8.83 | 6.07 | 4.98 | 4.37 | 3.99 | 3.71 | 3.51 | 3.35 | 3.22 |
| 60 | 8.49 | 5.79 | 4.73 | 4.14 | 3.76 | 3.49 | 3.29 | 3.13 | 3.01 |
| 120 | 8.18 | 5.54 | 4.50 | 3.92 | 3.55 | 3.28 | 3.09 | 2.93 | 2.81 |
| ∞ | 7.88 | 5.30 | 4.28 | 3.72 | 3.35 | 3.09 | 2.90 | 2.74 | 2.62 |

| 分子自由度（df$_1$） | | | | | | | | | |
|---|---|---|---|---|---|---|---|---|---|
| 10 | 12 | 15 | 20 | 24 | 30 | 40 | 60 | 120 | ∞ |
| 3.54 | 3.37 | 3.20 | 3.01 | 2.92 | 2.82 | 2.72 | 2.61 | 2.50 | 2.38 |
| 3.49 | 3.33 | 3.15 | 2.97 | 2.87 | 2.77 | 2.67 | 2.56 | 2.45 | 2.33 |
| 3.45 | 3.28 | 3.11 | 2.93 | 2.83 | 2.73 | 2.63 | 2.52 | 2.41 | 2.29 |
| 3.41 | 3.25 | 3.07 | 2.89 | 2.79 | 2.69 | 2.59 | 2.48 | 2.37 | 2.25 |
| 3.38 | 3.21 | 3.04 | 2.86 | 2.76 | 2.66 | 2.56 | 2.45 | 2.33 | 2.21 |
| 3.34 | 3.18 | 3.01 | 2.82 | 2.73 | 2.63 | 2.52 | 2.42 | 2.30 | 2.18 |
| 3.12 | 2.95 | 2.78 | 2.60 | 2.50 | 2.40 | 2.30 | 2.18 | 2.06 | 1.93 |
| 2.90 | 2.74 | 2.57 | 2.39 | 2.29 | 2.19 | 2.08 | 1.96 | 1.83 | 1.69 |
| 2.71 | 2.54 | 2.37 | 2.19 | 2.09 | 1.98 | 1.87 | 1.75 | 1.61 | 1.43 |
| 2.52 | 2.36 | 2.19 | 2.00 | 1.90 | 1.79 | 1.67 | 1.53 | 1.36 | 1.00 |

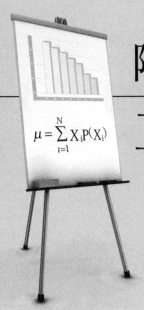

# 附錄D

# 工作表技巧

本章節介紹的工作表技巧可以彌補書中「圖表分析」欄位的不足,從這些製圖技巧與工作表統計功能開始,學習如何善用Microsoft Excel得到你要的結果。

# 製圖技巧

## 技巧一：在分類表中配置數據

你可以將數據由大到小排列。在繪製長條圖時，重整摘要表可以依大小排序；繪製圓餅圖時，由大到小排列摘要表數據，可以使圖中的切片由大至小、順時針排列。

## 技巧二：更改圖表格式

對圖表中的項目按右鍵，就能更改格式。這項技巧可以讓你消除不必要的格線和圖示、改變底色、文字字形、標題大小，以及座標軸標籤。

## 技巧三：繪製圖表

繪製圖表時，你得先將滑鼠移動到目標資料上，選取資料範圍。接著，在「插入」中（位於Office使用者介面「Ribbon」功能表），找到你要的「圖表」類型。若欲改變圖表的造型，可以選擇「圖表工具設計」。（使用Excel 2007版本時，選擇「格式」中的「圖表工具」。）

## 技巧四：繪製柏拉圖

欲繪製柏拉圖，首先要繪出摘要表，各欄項目包括分類、占比與累積百分率，數據由占比最大排到最小。接著利用這張摘要表繪製新圖表：選擇「群組直線圖」。在Excel 2007和2010的版本中，選取第二種直線圖（堆疊直線圖），接著在「圖表工具設計」中，點選「變更圖表類型」，從直條圖改為折線圖。在較新的Excel版本中，直接點選圖表，並選擇「圖表工具設計」中的「變更圖表類型」，在「變更圖表類型」對話框中，選擇左側的「組合式」，再選擇「群組直條圖—折線圖」，做為第二組數據的圖表類型。

利用類別欄位來新增數據標籤，調整主要（左）座標Y軸，讓刻度介於0到100％。新增次（右）座標Y軸，刻度相同。如需要修改格式，可參考技巧二。

## 技巧五：繪製直方圖

　　如果你之前已採用分析工具箱中的「**直方圖**」程序，請依照附錄E的分析工具箱技巧一來繪製直方圖。如果你選擇用函數FREQUENCY繪製次數分配表，或是已經將資料彙總成次數分配表，請建立一張新的**長條圖**（如有需要，請見技巧三），來繪製直方圖。你也可以將各資料中點獨立成欄，當作X軸的刻度，可參考第二章中的「粉絲費用指數」直方圖，在**第二章直方圖**（Chapter 2 Histogram）資料夾中可以找到這張表。

## 技巧六：繪製時間序列圖

　　首先，整理你的數據，將要繪成表的時間值整欄移到Y軸數值的左方欄，接著建立新圖表，圖表類型選擇「**XY（散布圖）**」。

## 技巧七：繪製散布圖

　　首先，整理你的數據，將要畫在X軸（水平軸）的值，整欄移動到Y軸值的左側。接著建立新圖表，選擇「**XY（散布圖）**」做為圖表類型。

# FT：函數技巧

## 技巧一：進行數值描述型分析時，如何鍵入函數

　　進行數值描述型分析時，以FUNCTION（所有數據儲存格範圍）的形式鍵入函數。利用函數AVERAGE（求平均）、MEDIAN和MODE求得這幾項集中趨勢量數；利用函數VAR.S（樣本變異數）、STDEV.S（樣本標準差）、VAR.P（母體變異數）和STDEV.P（母體標準差）計算變異數量數；利用函數MAX（最大值）和MIN（最小值）的差，來計算資料範圍。

## 技巧二：常態機率函數

　　運用函數STANDARDIZE、NORM.DIST、NORM.S.INV和NORM.INV計算和常態機率相關的數值。輸入函數的方法如下：

◎ STANDARDIZE（X, mean, standard deviation），公式中X是要標準化的值，mean和standard deviation則分別是實驗變數的平均和標準差。

◎ NORM.DIST（X, mean, standard deviation, True）。

◎ NORM.S.INV（P<X），其中P<X是指曲線下方、數值小於X構成的區域。

◎ NORM.INV（P<X, mean, standard deviation）。

函數STANDARDIZE會依據平均和標準差回傳X標準化後的值Z；函數NORM.DIST回傳小於X值的區域面積或機率；函數NORM.S.INV回傳機率值小於X的相對Z值；函數NORM.INV依據機率、平均和標準差傳回X值。

附錄E

# 進階技巧

# 進階操作方式

## 操作一：運用樞紐分析表建立雙向交叉分類表

　　你可以運用「樞紐分析表」（PivotTables）將手邊的數據繪製成雙向交叉分類表。樞紐分析表在工作表範圍內，自動彙整資料，效果等同於你手動輸入各種公式。圖表含有下鑽功能，可以檢視資料整合前的原始數據。

　　繪製樞紐分析表時，要將變數名稱拉進樞紐分析表。步驟如下：

1. 點開未彙整的數據所在的工作表。

2. 選取「插入」中的「樞紐分析表」。

3. 在「建立樞紐分析表」的對話框中，保持「選取表格或範圍」在勾選狀態，並在需要時調整「表格／範圍」，讓儲存格範圍涵蓋所有未統合的資料。接著選取「新工作表」後，按「確定」。

**表E.1**

**樞紐分析表欄位工作視窗圖例（以Excel 2013版本為例）**

4. 在「樞紐分析表欄位」工作視窗中，將列變數標籤拖曳到「圖例（數列）」窗格。再將同個標籤拖曳到「值」窗格（第二個標籤會變成「計數—變數名稱」）。將欄變數拖曳到「座標軸（類別）」窗格。（表E.1經過完整的頁面設計，以第二章第一節的例題為例。）

5. 此步驟可做、可不做，在樞紐分析表上按右鍵，點選快速選單中的「圖表選項」，在樞紐分析表選項的對話框中，調整設計和格式，再按確定。

# 操作二：繪製次數分配表

你可以利用Microsoft Excel分析工具箱中的直方圖程式，或是函數FREQUENCY來繪製次數分配表。（如果是用第一種方法，可以選擇同時繪製直方圖。）

不管採用哪種方法，都要先建立一個欄位，輸入各組數據的組界（bin value）。組界代表組內最大值，如果各組別的定義是一個低到高的數值區間，就像第二章中的數據組，那麼組界就是僅次於「最大值」的數。例如，組別「200到250以下」，相對應的組界可能是249.99，也就是正巧小於250的數。

建立組界後，繼續採用「直方圖」法（見本附錄後段的分析工具箱技巧一），或是FREQUENCY函數。如果選用FRQEUNCY函數，選擇欲加入次數計算的儲存格（以下頁的例子來看，就是儲存格範圍B3:B12）。在公式欄位輸入=FREQUENCY（cell range of data values, cell range of bins），但不按「Enter」或「Tab」鍵，公式中"cell range of data values"代表輸入範圍，"cell range of bins"代表組界範圍。接著同時按住Control和Shift（或是蘋果電腦Mac中的Command鍵），並按Enter。如此一來，輸入的公式就會是「陣列公式」，自動帶入你先前選取的所有儲存格中。如果要編輯或清除陣列公式，你得選取所有儲存格、進行調整，再次同時按住Control與Shift（或Command），並按Enter。

下方的例子出自第二章直方圖（Chapter 2 Histogram）檔案夾中的直方圖工作表，擷取A到C欄。若有需要，工作表中包含計算總合與比率的公式，

FREQUENCY函數中的「輸入範圍」鍵入Data!B2:B31，而不是B2:B31，因為數據值是從另一張工作表——Data中擷取的。在範圍前列出工作表名稱（後面加上驚嘆號），會引導Microsoft Excel到另一張工作表抓資料。

| ▲ | A | B | C |
|---|---|---|---|
| 1 | 粉絲費用指數之次數分析 | | |
| 2 | 組界 | 次數 | 比率 |
| 3 | 249.99 | =FREQUENCY(Data!B2:B31,A3:A12) | =B3/B$13 |
| 4 | 299.99 | =FREQUENCY(Data!B2:B31,A3:A12) | =B4/B$13 |
| 5 | 349.99 | =FREQUENCY(Data!B2:B31,A3:A12) | =B5/B$13 |
| 6 | 399.99 | =FREQUENCY(Data!B2:B31,A3:A12) | =B6/B$13 |
| 7 | 449.99 | =FREQUENCY(Data!B2:B31,A3:A12) | =B7/B$13 |
| 8 | 499.99 | =FREQUENCY(Data!B2:B31,A3:A12) | =B8/B$13 |
| 9 | 549.99 | =FREQUENCY(Data!B2:B31,A3:A12) | =B9/B$13 |
| 10 | 599.99 | =FREQUENCY(Data!B2:B31,A3:A12) | =B10/B$13 |
| 11 | 649.99 | =FREQUENCY(Data!B2:B31,A3:A12) | =B11/B$13 |
| 12 | 699.99 | =FREQUENCY(Data!B2:B31,A3:A12) | =B12/B$13 |
| 13 | 總和= | =SUM(B3:B12) | =SUM(C3:C12) |

# 操作三：運用"&"符號建立標籤

第五章常態（Chapter 5 Normal）資料夾中的「計算」（COMPUTE）工作表，利用A到D欄的公式，自動依據你輸入的資料建立標籤，這些公式大量運用"&"符號來建立實際標籤。舉例而言，儲存格A10的公式="P（X < = "&B8&"）" 呈現出來是P（X < = 6.2），因為儲存格B8（6.2）和"P（X < = "and"）" 做了結合。如果你在B8中輸入9，儲存格A10的標籤就會變成P（X< = 9）。點開第五章常態資料夾中的「紅利單」工作表，檢視所有「計算」工作表中，利用&符號的公式。

# 操作四：修改「第六章標準差未知」的檔案來處理未統合的資料

修改第六章標準差未知（Chapter 6 Sigma Unknown）的檔案處理未統合資料時，首先在E欄輸入未統合的資料，在儲存格E1中輸入變數標籤，接著在底下各列輸入數值，中間不要跳過任何一列。

接下來，更改B4到B6的內容，選取儲存格B4並輸入=STDEV.S（E:E），

再按Enter。選取儲存格B5，鍵入=AVERAGE（E:E），再按Enter。選取儲存格B6，輸入=COUNT（E:E），再按Enter。工作表內所有計算內容將更新，並顯示未統合的數據之信賴區間估計。

## 操作五：修改「第八章雙尾 t 檢定」的檔案來處理其他資料組

如何修改第八章雙尾 t 檢定（Chapter 8 Paired T）資料夾中的檔案，才能處理另一組資料，需要看欲分析的資料中有多少數據，假設數據組包含15個數值，依據工作表內的指示，輸入資料。或是直接選取E2:H2的儲存格範圍。

如果數據組內的資料少於15筆，先選擇資料範圍E3:H3，再進行以下步驟：

◎ 在已選取的資料範圍上按右鍵，並在快速選單中點選「刪除」。

◎ 在刪除的對話框中，選擇「所有儲存格上移」，並按「確定」。

不斷重複上述兩個步驟，直到表格列數和資料組中的資料筆數相同，接著在E到G欄中輸入新數據。

如果資料組中資料超過15筆，應進行以下步驟：

◎ 在已選取的資料範圍上按右鍵，並在快速選單中點選「插入」。

◎ 在插入視窗中，選擇「所有儲存格下移」，並按「確定」。

不斷重複上述兩個步驟，直到表格列數和資料組中的資料筆數相同，接著選取儲存格H2，並複製其中的公式，貼到剛剛插入的、H欄的新儲存格中。依最後一個步驟操作E到G欄。

## 操作六：利用LINEST函數計算迴歸結果

在Microsoft Excel中，你可以用LINEST函數進行迴歸分析，或是採用分析工具箱的迴歸程序，兩者結果相去不遠。

運用這項函數時，首先用滑鼠圈出空白儲存格範圍：五列、欄數等於應自變數X的個數加一。在建立簡單直線迴歸模型時，選擇五列乘二欄的表格；包含兩個自變數的多元迴歸模型中，選擇五列乘三欄。

在公式欄輸入=LINEST（Y變數儲存格範圍，X變數儲存格範圍，True，

True）但不按Enter或Tab。接著，按住Control和Shift，再按Enter。輸入的「陣列公式」自動帶入你之前選取的資料範圍，如果要修改或是清除公式，必須選取所有儲存格，進行修改，再次按住Control和Shift，再按Enter。（如果你用的是蘋果電腦，可以用Command鍵取代Control和Shift。）

陣列公式傳回的結果未經標籤，在多元迴歸分析中，部分資料會顯示為#N/A，這並不是系統錯誤。按照下方範例，在表格正左和正右的欄位中輸入標籤。

附錄E迴歸（Appendix E Regression）檔案夾中，SLR_LINEST和MR_LINEST工作表用圖表解析這項標籤技巧，下圖是SLR_LINEST工作表的截圖，數據選自第十章的搬運公司研究資料。工作表中，LINEST陣列函數的輸入範圍涵蓋B3到C7。

| | A | B | C | D |
|---|---|---|---|---|
| 1 | 搬運公司迴歸分析 | | | |
| 2 | | | | |
| 3 | 搬運量係數（b1） | 0.0501 | -2.3697 | 截距係數（b0） |
| 4 | 搬運量標準差 | 0.0030 | 2.0733 | 截距標準差 |
| 5 | R平方 | 0.8892 | 5.0314 | 標準差 |
| 6 | F | 272.9864 | 34 | 殘差自由度 |
| 7 | 迴歸均方 | 6910.7189 | 860.7186 | 殘差均方 |

# 操作七：修改「第十章簡單直線迴歸」的檔案來分析其他資料組

修改第十章簡單直線迴歸（Chapter 10 Simple Linear Regression）資料夾中的檔案來分析其他資料組時，開啟SLRData工作表，並且將新的X變數資料鍵入A欄、Y變數資料鍵入B欄，取代既有數據。接著，開啟SLR工作表，選取儲存格範圍L2:M6，依據新數據組的資料範圍修正儲存格範圍，接著按住Control和Shift鍵（或是蘋果電腦的Command鍵），再按Enter，工作表內的統計結果會依據新數據更新。

修正RESIDUALS工作表則要經過多個步驟。首先，將X變數貼到RESIDUALS工作表的B欄，Y變數貼到D欄。接下來，在樣本數小於36的狀況下，刪除多餘的列數。若樣本數大於36，複製C欄和E欄的公式，下拉到包含X、Y值的最後一列，並將新的觀察值填入A欄。

# 分析工具箱技巧

Microsoft Excel增益集中的分析工具箱提供許多額外的統計工具，參考附錄A「工作表技術配置」中的做法，確認你的電腦中已經安裝分析工具箱。（通常在安裝Excel時，不會內鍵分析工具箱，蘋果電腦的Excel 2008版本則沒有這項功能。）

欲使用分析工具箱的功能，首先要在「**資料**」欄中，選取「**資料分析**」。「資料分析」對話框會跳出（見下圖），選取你要進行的分析，再按「**確定**」。大部分的分析功能在點選後，都會跳出第二個對話框，讓你輸入內容和選取項目來完成分析。

# 技巧一：直方圖

開始操作前，先確定工作表中的數據包括「組界」欄位（見進階操作方法二），在直方圖對話框中，輸入資料範圍和組界範圍，如果選取範圍包括欄標題，記得勾選「**標記**」。如果在既定的次數分配表之外，欲同時繪製直方圖，勾選「**圖表輸出**」。

## 技巧二：敘述統計

　　將欲彙整的變數值輸入各欄位，並在第一列儲存格中、輸入欄標題。在敘述統計的對話框中，將「欄範圍」作為**輸入範圍**，並在分組方式選項中，勾選「**逐欄**」，再勾選「**類別軸標記是在第一列上**」。接著勾選「　**新工作與摘要統計**。敘述統計的表格將顯示在新工作表中。

## 技巧三：t 檢定：兩個母體平均數差的檢定，假設變異數相等

　　將兩組數據輸入不同的欄位，在第一列儲存格中輸入欄（群組）標題。在 t 檢定：兩個母體平均數差的檢定、假設變異數相等的對話框中，「**變數1的範圍**」輸入第一組儲存格範圍，「**變數2的範圍**」輸入第二組儲存格範圍。「**假設的均數差**」為0，並勾選「**標記**」欄位。 $\alpha$ 值設為0.05，選取「**新工作表**」選項，最後按「**確定**」。新工作表中的分析結果與下圖雷同：

| | A | B | C |
|---|---|---|---|
| 1 | t檢定：兩個母體平均數差的檢定，假設變異數相等 | | |
| 2 | | | |
| 3 | | 城市 | 市郊 |
| 4 | 平均數 | 49.3 | 44.4 |
| 5 | 變異數 | 222.4592 | 129.4694 |
| 6 | 觀察值個數 | 50 | 50 |
| 7 | 合併變異數 | 175.9643 | |
| 8 | 假設的均數差 | 0 | |
| 9 | 自由度 | 98 | |
| 10 | t 統計 | 1.84694 | |
| 11 | P（T<=t）單尾 | 0.03389 | |
| 12 | 臨界值：單尾 | 1.66055 | |
| 13 | P（T<=t）雙尾 | 0.06777 | |
| 14 | 臨界值：雙尾 | 1.98447 | |

# 技巧四：t 檢定：成對母體平均數差異檢定

　　將兩組數據分別輸入不同欄，在第一列儲存格中輸入欄（群組）標題。在t檢定：成對母體平均數差異檢定對話框中，「**變數1的範圍**」輸入第一組儲存格範圍，「**變數2的範圍**」輸入第二組儲存格範圍。「**假設的均數差**」為0，並勾選**標記**。α值設為0.05，選取「**新工作表**」選項，最後按「**確定**」。新工作表中的分析結果如下圖：

| ▲ | A | B | C |
|---|---|---|---|
| 1 | t檢定：成對母體平均數差異檢定 | | |
| 2 | | | |
| 3 | | 電視 | 網路 |
| 4 | 平均數 | 64.6429 | 68.0714 |
| 5 | 變異數 | 35.4780 | 25.4560 |
| 6 | 觀察值個數 | 14 | 14 |
| 7 | 皮耳森相關係數 | 0.9608 | |
| 8 | 假設的均數差 | 0 | |
| 9 | 自由度 | 13 | |
| 10 | t 統計 | -7.1862 | |
| 11 | P（T<=t）單尾 | 0.0000 | |
| 12 | 臨界值：單尾 | 1.7709 | |
| 13 | P（T<=t）雙尾 | 0.0000 | |
| 14 | 臨界值：雙尾 | 2.1604 | |

# 技巧五：單因子變異數分析

　　將各組數據輸入相對應的欄位中，第一列儲存格輸入欄（群組）標題。在單因子變異數分析的對話框中，「**輸入範圍**」涵蓋所有數據。選擇「**逐欄**」，並勾選「**類別軸標記在第一列上**」。α值設為0.05，選取「**新工作表**」選項，最後按「**確定**」。出現在新工作表中的輸出結果，會和第九章介紹的、單因子變異數分析工作表相似，不過實際操作的結果包含顯著水準。**第九章ATP單因子變異數分析**（Chapter 9 ATP One-Way ANOVA）檔案是依據第九章例題七的資料，以分析工具箱分析的結果。

## 技巧六：迴歸

　　將各組數據輸入相對應的欄位中，第一列儲存格輸入欄（群組）標題。將依變數Y輸入第一欄，緊接著在下一欄中輸入自變數X。（第十章中討論到簡單直線迴歸，只運用一個自變數。）在迴歸對話框中，「**輸入Y範圍**」中，輸入所有Y變數的儲存格範圍，在「**輸入X範圍**」中，輸入所有X變數的儲存格範圍。勾選「**標記**」和「**信賴度**」，在「**信賴度**」空格中輸入95（％）。如果要進行殘差分析，勾選「**殘差**」和「**殘差圖**」，按「**確定**」。新工作表呈現的結果，和第十、十一章中出現過的迴歸工作表非常相似。

　　**第十章ATP簡單直線迴歸**中，包含利用第十章例題二搬運公司的研究資料，採用分析工具箱所做的迴歸分析結果。**第十一章ATP多元迴歸**中，包含利用第十一章例題一，搬運公司的研究資料，採用分析工具箱所做的迴歸分析結果。

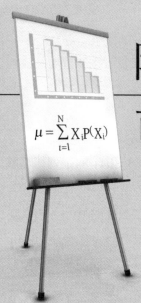

# 附錄F

# 可下載檔案列表

本附錄羅列並簡述所有你可以上網下載的教學檔案，搭配本書使用。請到www.ftpress.com/evenyoucanlearnstatistics3e下載。

# 可下載的數據檔案

書中多次出現「📑」符號，代表你可以搭配特定例題下載練習用的資料檔案。

每個數據檔案都分成兩種類型：

◎ Excel活頁簿檔案（.xlsx）

◎ TI.83m矩陣檔案或TI.831列表檔案，可下載到TI-83和TI-84系列德州儀器計算機

下列表格指出各個檔案中的欄數據，以及使用到該數據的章節。如果是Excel活頁簿檔案，下表中的各欄數據對應到活頁簿的文字欄。如果是TI.83m矩陣數據，則表中提到的欄數據是矩陣變數[D]欄。有種特殊狀況是單欄數據檔，例如壽司和時間，單欄數據會直接儲存為TI.831的列表檔。

以斜體呈現的欄位名稱，如「棒球」檔案中的團隊，是列標籤欄，並沒有包含在TI矩陣或列表檔案。

| | |
|---|---|
| 廣告（Advertise） | 銷售，廣播廣告費用，報紙廣告費用（第十四章） |
| 安斯康姆（Anscombe） | 數據組A、B、C和D，每組資料都包含十一組X、Y值組合。（第十章） |
| 汽車（Auto） | 50個汽車樣本的每加侖英里數、馬力、重量（第十一章） |
| 棒球（Baseball） | 隊伍、ERA、平均每場得分、勝場數（第十和十一章） |
| 瓶裝水（BottledWater） | 年份，每人飲用的瓶裝水量（第二章） |
| 裝箱（BoxFills） | 廠一麥片重，廠二麥片重，廠三麥片重，廠四麥片重（第九章） |
| 貓食（CatFood） | 腎臟、鮮蝦、雞肝、鮭魚、牛肉食用盎司數（第九章） |
| 穀片（Cereals） | 穀片品牌，熱量，含糖量（第二章） |
| 水泥（Concrete） | 樣本，兩天後抗壓強度，七天後抗壓強度（第八章） |
| 國內啤酒（DomesticBeer） | 品牌，酒精濃度，熱量、碳水化合物（第二、三、五、六章） |
| 速食連鎖（FastFoodChain） | 漢堡，雞肉，三明治，比薩，平均每單位銷售額（第九章） |
| 食物價格（FoodPrices） | 店名，總價，類型（第三章） |
| 格蘭寇弗（GlenCove） | 房屋市值，占地畝數，屋齡（第十、十一章） |
| 高爾夫球（GolfBall） | 設計一行進距離，設計二行進距離，設計三行進距離，設計四行進距離（第九章） |
| 保險（Insurance） | 處理所需時間（第六章） |
| 凹版（Intaglio） | 未處理鋼板表面硬度，處理後鋼板表面硬度（第八章） |
| 數學（Math） | 採用教材A數學成績，採用教材B數學成績，採用教材C數學成績（第九章） |

| | |
|---|---|
| 電影收入（Movie Revenues） | 年度，電影年收入（第二章） |
| 搬運（Moving） | 工時，搬運量（立方英尺），大型家具數（第二、十、十一章） |
| 骨髓瘤（Myeloma） | 病人，移植前量測結果，移植後量測結果（第八章） |
| NBA消費（NBACost） | 隊伍，球迷費用指數（四張門票、兩罐啤酒、四罐汽水、四支熱狗、兩份節目表、兩頂球帽、一個停車費）（第二、三、五章） |
| 網路價格（OnlinePrices） | 公司，總價（第六章） |
| 點餐時間母數（OrderTimePopulation） | 網站訂單處理時間母數（第六章） |
| 電話（Phone） | 向中央辦公室 I 說明問題的時間（分鐘）、向中央辦公室 II 說明問題的時間。兩辦公室各二十組顧客問題回報樣本（第八章） |
| 地價稅（PropertyTaxes） | 州，每人平均地價稅（第二章） |
| 蛋白質（Protein） | 食物，熱量，蛋白質，脂肪熱量百分比，飽和脂肪酸熱量百分比，膽固醇（第六章） |
| 紅杉樹（Redwood） | 樹高，胸高處樹直徑，樹皮厚度（第十一章） |
| 餐廳（Restaurants） | 地點，食物評價，環境評分，服務評分，總評分，地點代碼（0=城市，1=郊區），餐廳價格（第三、五、六、八、十章） |
| 點餐時間樣本（SamplesofOrderTimes） | 網路訂單處理時間樣本一，訂單處理時間樣本二，訂單處理時間樣本二十（第六章） |
| 滿意度（Satisfaction） | 滿意度，送達時間差，過去紀錄（第十四章） |
| 轎車（Sedans） | 每加侖里程數（第三章） |
| 運動（Sports） | 運動，移動速度，規則，團隊合作，肢體接觸程度（第十四章） |
| 超市（Supermarket） | 對數編號，採用新包裝的銷售額，採用舊包裝的銷售額，銷售差數（第八章） |
| 塔吉特沃爾瑪（TargetWalmart） | 產品編號，塔吉特成本，沃爾瑪成本（第八章） |
| 電視（Telecom） | 廠商，電視評價、網路評價（第八章） |
| 時間（Times） | 準備所需時間（第三章） |

　　利用TI連結中（TI Connect）中的TI數據編輯器（見線上附錄A的AC4節），將下載的TI數據資料移轉到計算機裡。點選TI連結並點選TI數據編輯圖示，打開數據編輯視窗後，選取「**檔案**」→「**開啟**」，並點選你要移轉的檔案，接著點選「**寄送檔案**」圖示，將數據資料夾的內容移轉到計算機上。

# 可下載圖表解題檔案

除了前述檔案外，書中「圖表解題」所用到的Excel活頁簿也能從線上下載。詳細活頁簿清單如下：

| | |
|---|---|
| 第二章：長條圖（Bar） | 第八章：樣本統計合併變異數 t（Pooled-Variance T with Sample Statistics） |
| 第二章：直方圖（Hitogram） | 第八章：加總資料合併變異數t（Pooled-Variance T with Unsummarized Data） |
| 第二章：柏拉圖（Pareto） | 第八章：兩占比差Z（Z Two Proportions） |
| 第二章：圓餅圖（Pie） | 第九章：ATP單因子變異數分析（ATP One-Way ANOVA） |
| 第二章：散布圖（Scatter Plot） | 第九章：卡方檢定（Chi-Square） |
| 第二章：時間序列圖（Time-Series） | 第九章：卡方檢定工作表（Chi-Square Spreadsheets） |
| 第二章：雙向樞紐分析表（Two-Way PivotTable） | 第九章：單因子ANOVA（One-Way ANOVA） |
| 第二章：雙向表（Two-Way） | 第十章：ATP簡單直線迴歸（ATP Simple Linear Regression） |
| 第三章：盒鬚圖（BoxWhisker Plot） | 第十章：簡單直線迴歸（Simple Linear Regression） |
| 第三章：描述型（Descriptive） | 第十一章：多元迴歸（Multiple Regression） |
| 第五章：二項（Binomial） | 第十一章：ATP多元迴歸（ATP Multiple Regression） |
| 第五章：常態（Normal） | 第十三章：子彈圖（Bullet Graph） |
| 第五章：卜瓦松（Poisson） | 第十三章：下鑽（Drilldown） |
| 第六章：比例（Proportion） | 第十三章：折線圖（Sparklines） |
| 第六章：標準差未知（Sigma Unkown） | 第十三章：樹狀圖（Treemap） |
| 第八章：ATP雙尾 t 檢定（ATP Paired T） | 附錄E：迴歸（Regression） |
| 第八章：ATP合併 t 檢定（ATP Pooled-Variance T） | |
| 第八章：雙尾 t 檢定（Paired T） | |

# 相關術語解釋

◎ 對立假設（Alternative hypothesis，即$H_1$）：相對於虛無假設（null hypothesis, $H_0$）的假設。

◎ 變異數分析（Analysis of variance, ANOVA）：一種統計方法，用來測試各種變因對特定變數的影響。

◎ 統計分析（Analytics）：利用描述型和推論型的統計法，針對手邊資料進行分析，找出規則或建立假設。

◎ 長條圖（Bar chart）：圖表的一種，以長方型（柱體）呈現，各長條的長度表示各類別的數量、數值或百分比。

◎ 大數據（Big data）：快速蒐集大量且多元的數據，利用創新方法分析資料，提出更深入的觀點並做為下決策時的輔助。

◎ 二項分配（Binomial distribution）：一種分配法。呈現在固定實驗次數和成功機率下，達成特定成功次數的機率。

◎ 箱型圖（Box-and-whisker plot）：又稱為方塊圖，簡單呈現五個數字：最小值、第一四分位數（即第二十五個百分位數）、中位數、第三四分位數（即第七十五個百分位數），以及最大值。

◎ 子彈圖（Bullet graph）：在長條圖中，各長條底下加上色塊，如此一來，除了總體數字，也能看出細項分類數值。

◎ 類別變數（Categorical variable）：從既有的分類中挑選出的變數。

◎ 儲存格（Cell）：在雙向交叉分類表中，行與列交錯出的空格。

◎ 卡方分配（Chi-square distribution）：一種機率分布，用來測試雙向交叉分類表中的數據關聯性。

◎ 分類樹（Classification tree）：一種預測分析工具。將資料依據自變數（X）分類，藉以預測類別依變數（Y）。

◎ 叢聚分析（Cluster analysis）：一種預測分析工具。將統計資料依據特定標準分成若干群體，群體內的差異性小於群體間的差異性。

◎ 直線相關係數（Coefficient of correlation）：用以衡量兩個變數之間線性關係的大小。

◎ 判定係數（Coefficient of determination）：用以衡量迴歸模型中，依變數（Y）可以用自變數（Y）解釋的變動占比。

◎ 互補事件（Collectively exhaustive events）：在眾多事件中，其中一件必然會發生。

◎ 完全隨機設計（Completely randomized design）：又稱為單因子變異數分析（one-way ANOVA），在設計實驗時，只以單一因子分析單一變數。

◎ 信賴區間估計（Confidence interval estimate）：估算母體參數，設定信賴上限與信賴下限。

◎ 連續數值變數（Continuous numerical variables）：變數值為量數。

◎ 臨界值（Critical value）：區隔拒絕域與接受域的值。

◎ 儀表板（Dashboard）：呈現決策或達成企業目標時所需、最重要的幾項變數。

◎ 資料探勘（Data mining）：預測分析方式，用來找出未知的大數據規則。

◎ 自由度（Degrees of freedom）：可以自由變化的數值個數。

◎ 依變數（Dependent variable）：在迴歸分析中，要預測的變數。也稱為反應變數（response variable）。

◎ 描述型分析（Descriptive analytics）：總結大量數據或變數的統計方法，用以呈現經常更新的資訊。

◎ 描述型統計（Descriptive statistics）：統計分析的一種，著重在蒐集、總結並呈現一組數據。

◎ 離散型數值變數（Discrete numerical variables）：變數值為數量。

◎ 下鑽（Drill-down）：從較高層級的摘要資訊中，找出較低層級的數據。

◎ 誤差平方合（Error sum of squares, SSE）：在迴歸分析中，因X與Y變數之間的關係以外的原因，而造成的誤差值的平方合。

◎ 事件（Event）：各種可能發生的事情。

◎ 預期次數（Expected frequency）：若虛無假設為真，在雙向交叉分類表中，特定儲存格內的預期次數。

◎ 實驗（Experiments）：控制情況以找出各種變數改變時，對實驗變數的影響的過程。

◎ 解釋變數（Explanatory variable）：在迴歸分析中，用來預測依變數或回應變數的變數。又稱為自變數。

◎ F分配（F distribution）：一種分配。在變異數和迴歸分析中，用來測試兩個變異數的比。

◎ 第一四分位數（First quartile，即Q1）：將數值依大小分為最小的25％和最大的75％的切點。

◎ 五數概括法（Five-number summary）：將數值分成最小值、第一四分位數（Q1）、中位數、第三四分位數（Q3）和最大值的總括法。

◎ 組織體（Frame）：母體中所有數值列表，樣本從母體中抽取。

◎ 次數分配（Frequency distribution）：將數值分組後製成的兩欄工作表，左欄列出各組名稱，右欄列出各組數據出現次數。

◎ 直方圖（Histogram）：長條圖的一種，將數值分組後，以獨立柱體呈現各組出現的次數或占比。

◎ 假設檢定（Hypothesis testing）：利用抽樣數據，對母體參數做出假說後，進行檢定的方式。

◎ 獨立事件（Independent events）：第一個事件的發生不影響第二個事件發生的機率，則兩者為獨立事件。

◎ **自變數**（Independent variable）：在迴歸分析中，用來預測依變數（反應變數）的變數。又稱為解釋變數。

◎ **推論統計**（Inferential statistics）：從樣本推估母體的統計方式。

◎ **聯合事件**（Joint event）：事件結果同時符合二或多個標準。

◎ **顯著水準**（Level of significance）：發生型 I 錯誤的機率。

◎ **平均數**（Mean）：將所有數據加總後，除以數據個數得到的值。

◎ **均方**（Mean squares）：變異數分析表中的變異數。

◎ **中位數**（Median）：將數據從小排到大後，中間的數即為中間數。

◎ **眾數**（Mode）：在一組數據中，最常出現的數。

◎ **多維標度法**（Multidimensional scaling）：在二維度以上的空間中，標記出數據點的預測分析。

◎ **多元迴歸分析**（Multiple regression）：不只包含一個自變數的迴歸分析。

◎ **互斥事件**（Mutually exclusive events）：兩個互斥、不會同時發生的事件。

◎ **常態分配**（Normal distribution）：呈現鐘型，由中位數（$\mu$）和標準差（$\sigma$）定義。

◎ **常態機率圖**（Normal probability plot）：衡量數據是否按照常態分配的圖形工具。

◎ **虛無假設**（Null hypothesis，即$H_o$）：假設參數等於特定值，或是假定二或多個母體參數相等。

◎ **數值變數**（Numerical variables）：涵蓋個數或量數的變數。

◎ **觀察次數**（Observed frequency）：交叉分類表中，某一儲存格內的實際值。

◎ **$p$ 值**（p-value）：虛無假設為真時，計算實驗數據大於或等於樣本數據測出的結果的機率。

◎ **成對樣本**（Paired samples）：依據某種特性將各數據分類，並分析相對應的數值之間有什麼不同。

◎ **參數**（Parameter）：形容母體某種特徵的量數。

◎ **柏拉圖**（Pareto chart）：長條圖的一種。各個分類由左至右，依據數值或占比、由小到大排列，同時在上方以直線呈現累計百分率。

◎ **百分比分配**（Percentage distribution）：將數據資料分組、製表，第一欄填上各組的名稱，第二欄則填入各組數據出現的比例。

◎ **圓餅圖**（Pie chart）：圓形圖表，每一塊扇形區域（一片「派」）都代表各個類別的數量或占比，而整個圓（派）則代表總數。

◎ **卜瓦松分配**（Poisson distribution）：一種統計分配。在區間內，找出事件發生的機。

◎ **母體**（Population）：你要分析的群體中的所有數據。

◎ 統計效能（Power of a statistical test）：在虛無假設不為真且應該被拒絕時，拒絕的機率。

◎ 預測分析（Predictive analytics）：一種分析法，用來發掘近期可能發生的事件，並找出數據之間、利用敘述型分析法分析時，尚不鮮明的關聯性。

◎ 機率（Probability）：特定事件發生的機率、可能性或機會。

◎ 離散隨機變數機率分配（Probability distribution for a discrete random variable）：條列出各個可能出現且相異的結果，以及其發生機率。

◎ 機率抽樣（Probability sampling）：在抽樣過程中，考慮各個選項被挑中的機率。

◎ 公開資訊（Published sources）：紙本或電子數據，包括網路上的數據。

◎ 範圍（Range）：一組數據中，最大與最小值的差。

◎ 拒絕域（Region of rejection）：若虛無假設為真，落在拒絕域內的實驗數值就不太可能出現。

◎ 迴歸係數（Regression coefficient）：迴歸模型中，Y截點和斜率。

◎ 迴歸平方和（Regression sum of squares, SSR）：各數據點X和Y的差平方和。

◎ 迴歸樹（Regression tree）：一種預測分析方式。依據自變數（X）將資料分組，用來預測依變數（Y）的值。

◎ 殘差（Residual）：固定（一或多個）自變數，對依變數的觀察值和預測值之間的差。

◎ 回應變數（Response variable）：在迴歸分析中，要預測的變數。又稱為依變數。

◎ 樣本（Sample）：從母體中擷取出來、進行分析的數據。

◎ 抽取樣本（Sampling）：從母體挑選樣本的過程。

◎ 抽樣分配（Sampling distribution）：設樣本數為$N$，所有樣本數據（例如，平均值）的機率分布。

◎ 抽樣誤差（Sampling error）：抽樣統計會因抽取的樣本而有所不同，不同樣本造成的差異即為抽樣誤差。

◎ 重置抽樣（Sampling with replacement）：每次抽取樣本時，都將前一次取出的樣本放回組織體中，以確保每個數字、每次被抽到的機率是一樣的。

◎ 不重置抽樣（Sampling without replacement）：每次抽取樣本時，不會將前一次取出的樣本放回母體中，換言之，每個數據只會抽到一次。

◎ 散布圖（Scatter plot）：在圖表上繪出各個變異數的組合，並以點表示。在散布圖中，X軸（水平軸）代表第一個變數，Y軸（垂直軸）則代表第二個變數。

◎ **簡單直線迴歸**（Simple linear regression）：一種統計方法。利用自變數（X）預測依變數（Y）的值，並假定X與Y呈現線性或直線關係。

◎ **簡單隨機抽樣**（Simple random sampling）：採用簡單隨機抽樣方法時，所有個體或項目被從母體中抽出來的機率完全相同。

◎ **偏態**（Skewness）：具偏態的分布是不對稱的，極端值會出現在分布的最高或最低點。

◎ **斜率**（Slope）：X變動一單位時，Y的變量。

◎ **折線圖**（Sparklines）：呈現一段時間內量數的圖表，表較小且緊密，通常會搭配文章或表格。

◎ **標準差**（Standard deviation）：各數據和總體平均值的差。

◎ **估計標準誤**（Standard error of the estimate）：迴歸線周邊數據的標準差。

◎ **統計量**（Statistic）：用來形容樣本特徵的量數。

◎ **統計學**（Statistics）：數學的分支，利用各種方法來處理並且分析數據，以做出理性的決定。

◎ **組間離均差平方和**（Sum of squares among groups, SSA）：算出各組的樣本平均數和整體平均數的差，再以樣本數為基礎進行加權平均後，得出的加總值即為組間離均差平方和。

◎ 總均差平方和（Sum of squares total, SST）：各個值和總體平均之間的差值的平方和。

◎ 組內離均差平方和（Sum of squares within groups, SSW）：算出各個數據和組內整體平均的差值，進行加總後，得出的值即為組內離均差平方和。

◎ 摘要表（Summary table）：兩欄表格，第一欄列出所有分類，第二欄列出數目、數量或百分比。

◎ 調查（Survey）：一種蒐集資料的方式。利用問卷或其他方法，取得受試者回應。

◎ 對稱（Symmetry）：分配中，任一半永遠是另一半的鏡像結果。

◎ t 分配（t distribution）：一種分配。用來預估母體平均數的信賴區間，並針對平均數和斜率進行假設檢定。

◎ 檢定統計量（Test statistic）：用來決定是否要拒絕虛無假設的統計量。

◎ 第三四分位數（Third quartile Q）：將某一數值分為較小的75％和較大的25％的切分點。

◎ 時間序列圖（Time-series plot）：圖中每一點都代表特定時間的試驗結果。在時間序列圖中，X軸（水平軸）代表時間單位，Y軸（垂直軸）則用來表示數值結果。

◎ **樹狀圖**（Treemap）：圖表的一種。用來比較二或多個變數，利用不同大小和顏色的長方形來呈現數值。

◎ **雙向交叉分類表**（Two-way cross-classification table）：圖表的一種。用來呈現兩個不同種類的變數（即各變數互斥或交叉分類的分類）造成的共同結果，可能是數量或百分比。其中一個變數的分類設為圖表的列，另一種變數的分類則設為欄。

◎ **型 I 錯誤**（Type I error）：虛無假設（$H_0$）明明為真，卻被拒絕，稱為型 I 錯誤。發生型 I 錯誤的機率以 $\alpha$ 表示。

◎ **型 II 錯誤**（Type II error）：虛無假設（$H_0$）沒有被拒絕，但實際上是錯誤的，稱為型 II 錯誤。型 II 錯誤發生的機率以 $\beta$ 表示。

◎ **變數**（Variable）：項目或個體將透過統計方法分析的特徵。

◎ **變異數**（Variance）：標準差的平方。

◎ **變異數**（Variation）：數據的離散或分散程度。

◎ **Y截距**（Y intercept）：當X等於0的時候，Y的值。

◎ **Z分數**（Z score）：求出各值和總平均的差異後，除以標準差，即為Z分數。

# 中英對照表

| 英文 | 中文 |
|---|---|
| $\alpha$ | $\alpha$ 值 |
| Alternative Hypothesis | 對立假設 |
| Analysis of Variance（ANOVA） | 變異數分析 |
| Analysis ToolPak Tips | 分析工具箱 |
| Analytics | 統計分析 |
| ANOVA summary table | 變異數分析摘要表 |
| Arithmetic mean | 算術平均數 |
| Arithmetic and algebra review | 算術與代數複習 |
| Assumptions | 假設 |
| $\beta$ | $\beta$ 值 |
| Bad charts | 壞表 |
| Bar and pie charts | 長條與圓餅圖 |
| Big Data | 大數據 |
| Binomial distribution | 二項分配 |
| Binomial probabilities | 二項機率 |
| Bootstrapping | 拔靴法 |
| Box-and-whisker plot | 盒鬚圖／箱型圖 |
| Bullet graphs | 子彈圖 |
| Categorical variable | 類別變數 |
| Cell | 儲存格 |
| Central limit theorem | 中央極限定理 |
| Certain event | 特定事件 |
| Chart Tips | 圖表工具 |

| 英文 | 中文 |
|------|------|
| Chi-square distribution | 卡方分配 |
| Chi-square distribution table | 卡方分配表 |
| Chi-square tests | 卡方檢定 |
| Classical approach to probability | 古典機率法 |
| Classification trees | 分類樹 |
| Cluster analysis | 叢聚分析 |
| Coefficient of correlation | 相關係數 |
| Coefficient of determination | 判定係數 |
| Coefficient of multiple determination | 多元判定係數 |
| Collectively exhaustive events | 互補事件 |
| Complement | 互補 |
| Completely randomized design | 完全隨機設計 |
| Confidence interval estimate | 信賴區間估計 |
| Confidence interval estimate for the mean（$\sigma$ unknown） | 平均（標準差 $\sigma$ 未知）信賴區間估計 |
| Confidence interval estimate for the proportion | 比例信賴區間估計 |
| Confidence interval estimate for the slope | 斜率信賴區間估計 |
| Continuous numerical variables | 連續數值變數 |
| Critical value | 臨界值 |
| Dash boards | 儀表板 |
| Data mining | 資料探勘 |

| 英文 | 中文 |
|---|---|
| Degrees of freedom | 自由度 |
| Dependent variable | 依變數 |
| Descriptive analytics | 描述型分析 |
| Descriptive statistics | 描述型統計 |
| Discrete numerical variables | 離散型數值變數 |
| Discrete probability distribution | 離散機率分配 |
| Discrete values | 離散數 |
| Double-blind study | 雙盲研究 |
| Donwloadable files | 可下載的檔案 |
| Drill-down | 下鑽 |
| Elementary event | 基本事件 |
| Empirical approach to probability | 經驗機率法 |
| Entering data | 輸入數據 |
| Equation Blackboard | 進階公式 |
| Event | 事件 |
| Expected frequency | 預期次數 |
| Expected value of a variable | 變數的期望值 |
| Experiments | 實驗 |
| Explanatory variable | 解釋變數 |
| F distribution | F分配 |
| F distribution tables | F分配表 |
| F test statistic | F檢定統計量 |
| Factor | 因子 |

| 英文 | 中文 |
|---|---|
| Five number summary | 五數概括法 |
| For the difference between two proportions | 兩母體比率差異 |
| For the difference between the means of two independent groups | 兩獨立群組的均差 |
| Frame | 組織體 |
| Frequency distribution | 次數分配 |
| Function tips | 函數工具 |
| Histogram | 直方圖 |
| Hypothesis testing | 假設檢定 |
| Hypothesis testing steps | 假設檢定的步驟 |
| Independent events | 獨立事件 |
| Independent variable | 獨立變數 |
| Inferential statistics | 推論統計 |
| Joint event | 聯合事件 |
| Least-squares method | 最小平方法 |
| Lest-skewed | 左偏 |
| Level of significance | 顯著水準 |
| Mean | 平均數 |
| Mean and standard deviation of a discrete probability distribution | 離散型機率分配的平均與標準差 |
| Mean Squares | 均方 |
| Mean Squares Among Groups（MSA） | 組間均方 |

| 英文 | 中文 |
|---|---|
| Mean Squares Total（MST） | 總均方 |
| Mean Squares Within Groups（MSW） | 組內均方 |
| Measures of central tendency and position | 趨中／位置量數 |
| Measures of shape | 形狀量數 |
| Measures of variation | 變異量數 |
| Median | 中位數 |
| Mode | 眾數 |
| Multidimensional scaling | 多維標度法 |
| Multiple regression | 多元迴歸 |
| Multiple regression model | 多元迴歸模型 |
| Mutually exclusive | 互斥 |
| Net regression coefficients | 淨迴歸係數 |
| Normal distribution | 常態分配 |
| Normal distribution tables | 常態分配表 |
| Normal probabilities | 常態機率 |
| Normal probability plot | 常態機率圖 |
| Null event | 零事件 |
| Null hypothesis | 虛無假設 |
| Numerical variable | 數值變數 |
| Observation | 觀察 |
| Observed frequency | 觀察次數 |

| 英文 | 中文 |
|------|------|
| One-tail test | 單尾檢定 |
| One-Way Analysis of Variance | 單因子變異數分析 |
| Operational definition | 操作定義 |
| Overall F test | 整體 F 檢定 |
| p-value | $p$ 值 |
| Paired t test | 雙尾 t 檢定 |
| Parameter | 參數 |
| Pareto chart | 柏拉圖 |
| Percentage distribution | 百分比分配 |
| Pie chart | 圓餅圖 |
| Pivot Tables | 樞紐分析表 |
| Placebo | 安慰劑效應 |
| Point estimate | 點估計 |
| Poisson distribution | 卜瓦松分配 |
| Poisson probabilities | 卜瓦松機率 |
| Pooled-variance t test | 合併變異數 t 檢定 |
| Pooled-variance t test for the difference in two means | 平均差合併變異數 t 檢定 |
| Population | 母體 |
| Power of the test | 統計效能 |
| Practical significance | 實務顯著性 |
| Prediction | 預測 |
| Predictive analytics | 預測分析 |

| 英文 | 中文 |
|---|---|
| Primary data sources | 初級資料 |
| Probability | 機率 |
| Probability distribution for a continuous variable | 連續變數的機率分配 |
| Probability distribution for discrete random variables | 離散隨機變數之機率分配 |
| Probability sampling | 機率抽樣 |
| Published sources | 公開資訊 |
| Quartiles | 四分位數 |
| Random variable | 隨機變數 |
| Range | 範圍 |
| Region of nonrejection | 接受域 |
| Region of rejection | 拒絕域 |
| Regression measures of variation | 迴歸模型變異量數 |
| Regression model prediction | 迴歸模型預測 |
| Regression analysis | 迴歸分析 |
| Regression assumptions | 迴歸假設 |
| Regression trees | 迴歸樹 |
| Residual analysis | 殘差分析 |
| Response variable | 回應變數 |
| Right-skewed | 右偏 |
| Rules | 規則 |
| Sample | 樣本 |

| 英文 | 中文 |
|---|---|
| Sampling | 抽樣 |
| Sampling distribution | 抽樣分配 |
| Sampling distribution of the mean | 平均抽樣分配 |
| Sampling distribution of the proportion | 占比抽樣分配 |
| Sampling error | 抽樣誤差 |
| Sampling with replacement | 重置抽樣 |
| Sampling without replacement | 不重置抽樣 |
| Scatter plot | 散布圖 |
| Shape | 形狀 |
| Simple linear regression | 簡單直線迴歸 |
| Simple random sampling | 簡單隨機抽樣 |
| Skewness | 偏態 |
| Slope | 斜率 |
| Software for analytics | 分析軟體 |
| Sparklines | 折線圖 |
| Spreadsheet operating conventions | 工作表操作設定 |
| Spreadsheet Solutions | 圖表解題 |
| Spreadsheet technical configurations | 工作表技術配置 |
| Spreadsheet Tips | 工作表實務技巧 |
| Standard deviation | 標準差 |
| Standard deviation of a variable | 變數的標準差 |
| Standard error of the estimate | 估計標準誤 |

| 英文 | 中文 |
| --- | --- |
| Standard（Z）scores | 標準（Z）分數 |
| Statistic | 統計量 |
| Statistics | 統計學 |
| Subjective approach to probability | 主觀機率法 |
| Sum of Squares Error（SSE） | 誤差平方和 |
| Sum of Squares Regression（SSR） | 迴歸平方和 |
| Sum of Squares Total（SST） | 總均差平方和 |
| Sum of Squares Among Groups（SSA） | 組間離均差平方和 |
| Sum of Squares Within Groups（SSW） | 組內離均差平方和 |
| Summary table | 摘要表 |
| Surveys | 調查 |
| Symmetric | 對稱 |
| T distribution | t 分配 |
| T distribution table | t 分配表 |
| T test for the slope | 斜率 t 檢定 |
| Test of hypothesis | 假設檢定 |
| Test statistic | 檢定統計量 |
| Time-series plot | 時間序列圖 |
| Treemap | 樹狀圖 |
| Two-tail test | 雙尾檢定 |
| Two-way cross-classification tables | 雙向交叉分類表 |

| 英文 | 中文 |
|---|---|
| Two-way tables | 雙向表 |
| Type I error | 型 I 錯誤 |
| Type II error | 型 II 錯誤 |
| Variable | 變數 |
| Variance | 變異數 |
| Y intercept | Y截距 |
| Z scores | Z分數 |
| Z test for the difference in two proportions | 兩母體比率差異之 Z 檢定 |

## 關於作者

## 大衛・勒凡（David M. Levine）

　　大衛・勒凡為紐約市立大學柏魯克分校的統計與電腦資訊系統名譽教授。他在紐約市立學院獲得工商管理學士與工商管理碩士學位，主修統計學，並在紐約大學獲得博士學位，主修工業工程與作業研究。他是全國知名的商業統計教育先驅，也是多本暢銷統計學教科書的共同作者，知名著作包括了《經理人Excel統計學》（*Statistics for Managers Using Microsoft Excel*）、《基本商用統計學：觀念與應用》（*Basic Business Statistics: Concepts and Applications*）、《商用統計學：第一課》（*Business Statistics: A First Course*）、《工程師和科學家的應用統計學：應用Excel與Minitab》（*Applied Statistics for Engineers and Scientists Using Microsoft Excel and Minitab*）。

　　他同時也是《六標準差綠帶盟主的統計學》（*Statistics for Six Sigma Green Belts and Champions*）（由Financial Times-Prentice-Hall出版）的作者，以及《六標準差綠帶盟主》（*Six Sigma for Green Belts and Champions*）、《六標準差綠帶與盟主的設計》（*Design for Six Sigma for Green Belts and Champions*）的共同作者，這兩本書亦由Financial Times-Prentice-Hall出版；《品質管理第三版》（*Quality Management*），由McGraw-Hill-Irwin出版。他也是《統計學複習錄影帶》（*Video Review of Statistics*）與《機率複習錄影

帶》（*Video Review of Probability*）的作者，兩者皆由Video Aided Instruction 出版。他也在眾多期刊中發表論文，包括了*Psychometrika*、 *The American Statistician*、*Communications in Statistics*、*Multivariate Behavioral Research*、 *Journal of Systems Management*、*Quality Progress*、*The American Anthropologist* 等，亦曾在許多機構與場合發表過演說，包括美國統計協會、美國決策科學 會、讓統計學在商學院更有效會議（Making Statistics More Effective in Schools of Business conference）等。在柏魯克分校中，勒凡博士獲得了無數的傑出教 學獎。

## 大衛‧史蒂芬（David F. Stephan）

　　大衛‧史蒂芬為獨立講師技術人員。他在紐約市立大學柏魯克分校任 教超過20年，為使用電腦教室與跨學科多媒體工具的先驅，也是美國教育部 FIPSE計畫的副主任，這個計畫主要為應用互動媒體來支援教學，並發展商 業應用電腦程式的教學技巧。他經常參加美國決策科學會的統計學在商學院 更有效會議的小型會議，也是《商用統計學：第一課》和《經理人Excel統計 學》的共同作者。此外，他也是PHStat的研發者。這套軟體為培生教育機構 發行的Excel外掛統計軟體。

國家圖書館出版品預行編目（CIP）資料

一次搞懂統計與分析：大數據時代的必勝競爭力 / 大
衛‧勒凡（David M. Levine），大衛‧史蒂芬（David F.
Stephan）著. -- 初版. -- 臺北市：商周出版：家庭傳媒城邦
分公司發行, 民104.12
　　面；　公分
譯自 : Even you can learn statistics and analytics
ISBN 978-986-272-947-2（平裝）

1.統計學

510　　　　104026760

最佳實務系列　BW3048

一次搞懂統計與分析：大數據時代的必勝競爭力
Even You Can Learn Statistics and Analytics

| | |
|---|---|
| 作　　　者 | 大衛・勒凡（David M. Levine）、大衛・史蒂芬（David F. Stephan） |
| 譯　　　者 | 游懿萱、李立心 |
| 企畫選書 | 陳美靜 |
| 責任編輯 | 張曉蕊 |
| 行銷業務 | 周佑潔、黃崇華、林秀津 |

| | |
|---|---|
| 總 編 輯 | 陳美靜 |
| 總 經 理 | 彭之琬 |
| 事業群總經理 | 黃淑貞 |
| 發 行 人 | 何飛鵬 |
| 法律顧問 | 台英國際商務法律事務所 |
| 出　　版 | 商周出版　臺北市中山區民生東路二段141號9樓 |
| | 電話：(02)2500-7008　傳真：(02)2500-7759 |
| | E-mail：bwp.service@cite.com.tw |
| 發　　行 | 英屬蓋曼群島商家庭傳媒股份有限公司　城邦分公司 |
| | 台北市104民生東路二段141號2樓 |
| | 電話：(02)2500-0888　傳真：(02)2500-1938 |
| | 讀者服務專線：0800-020-299　24小時傳真服務：(02)2517-0999 |
| | 讀者服務信箱：service@readingclub.com.tw |
| | 劃撥帳號：19833503 |
| | 戶名：英屬蓋曼群島商家庭傳媒股份有限公司城邦分公司 |
| 香港發行所 | 城邦（香港）出版集團有限公司 |
| | 香港灣仔駱克道193號東超商業中心1樓 |
| | 電話：(825)2508-6231　傳真：(852)2578-9337 |
| | E-mail：hkcite@biznetvigator.com |
| 馬新發行所 | 城邦（馬新）出版集團 |
| | Cite (M) Sdn Bhd |
| | 41, Jalan Radin Anum, Bandar Baru Sri Petaling, |
| | 57000 Kuala Lumpur, Malaysia. |
| | 電話：(603)9057-8822　傳真：(603)9057-6622　email: cite@cite.com.my |

封面設計／黃聖文　　內文設計排版／陳昭麟　　印刷／鴻霖印刷傳媒股份有限公司
經銷商　聯合發行股份有限公司　電話：(02)2917-8022　傳真：(02) 2911-0053
地址：新北市231新店區寶橋路235巷6弄6號2樓

ISBN 978-986-272-947-2（平裝）　版權所有・翻印必究（Printed in Taiwan）定價／460元

2015年（民104）12月初版
2021年（民110）9月7日初版3.4刷

城邦讀書花園
www.cite.com.tw

## 104　台北市民生東路二段141號2樓

英屬蓋曼群島商家庭傳媒股份有限公司城邦分公司　收

- - - - - - - - - - - - - - - - - - - - - - - - - - - - - - - - - - - - - - - - - - - - -

請沿虛線對摺，謝謝！

| 書號：BW3048 | 書名：一次搞懂統計與分析 | 編碼： |
|---|---|---|

# 讀者回函卡

感謝您購買我們出版的書籍！請費心填寫此回函卡，我們將不定期寄上城邦集團最新的出版訊息。

不定期好禮相贈！
立即加入：商周出版
Facebook 粉絲團

姓名：＿＿＿＿＿＿＿＿＿＿＿＿＿＿＿＿＿＿＿＿ 性別：□男 □女

生日：西元＿＿＿＿＿＿＿年＿＿＿＿＿＿月＿＿＿＿＿日

地址：＿＿＿＿＿＿＿＿＿＿＿＿＿＿＿＿＿＿＿＿＿＿＿

聯絡電話：＿＿＿＿＿＿＿＿＿＿ 傳真：＿＿＿＿＿＿＿＿

E-mail：

學歷：□ 1. 小學 □ 2. 國中 □ 3. 高中 □ 4. 大學 □ 5. 研究所以上

職業：□ 1. 學生 □ 2. 軍公教 □ 3. 服務 □ 4. 金融 □ 5. 製造 □ 6. 資訊

□ 7. 傳播 □ 8. 自由業 □ 9. 農漁牧 □ 10. 家管 □ 11. 退休

□ 12. 其他＿＿＿＿＿＿＿＿＿＿＿＿＿＿＿＿＿＿

您從何種方式得知本書消息？

□ 1. 書店 □ 2. 網路 □ 3. 報紙 □ 4. 雜誌 □ 5. 廣播 □ 6. 電視

□ 7. 親友推薦 □ 8. 其他＿＿＿＿＿＿＿＿＿＿＿＿＿

您通常以何種方式購書？

□ 1. 書店 □ 2. 網路 □ 3. 傳真訂購 □ 4. 郵局劃撥 □ 5. 其他＿＿＿

您喜歡閱讀那些類別的書籍？

□ 1. 財經商業 □ 2. 自然科學 □ 3. 歷史 □ 4. 法律 □ 5. 文學

□ 6. 休閒旅遊 □ 7. 小說 □ 8. 人物傳記 □ 9. 生活、勵志 □ 10. 其他

對我們的建議：＿＿＿＿＿＿＿＿＿＿＿＿＿＿＿＿＿＿＿

＿＿＿＿＿＿＿＿＿＿＿＿＿＿＿＿＿＿＿＿＿＿＿＿＿＿